封面图样：太庙戟门彩色效果图
　　　　　1942 年实测图纸
　　　　　中国文物研究所藏品

中國文物研究所

七十年

1935–2005

中国文物研究所　编

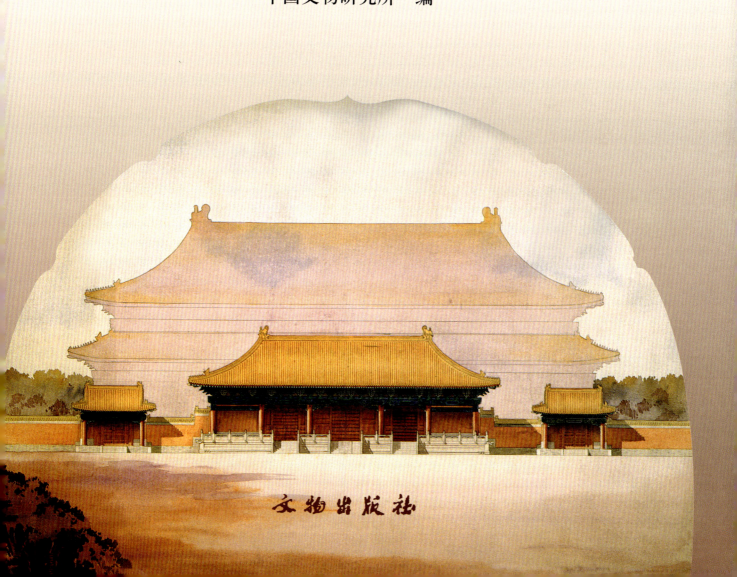

文物出版社

科技支撑　引领未来

——纪念中国文物研究所建所七十周年

岁在乙酉，金鸡献瑞。中国文物研究所迎来了70周年华诞，值此之际，我谨代表国家文物局向中国文物研究所表示最热烈的祝贺。

长期以来，中国文物研究所坚决贯彻落实党的文物工作方针、政策，遵循文物保护基本规律，抢救和保护了大批珍贵的文物及文物研究资料，造就了一批享誉中外的文物保护专家，为祖国的文化遗产保护事业做出了重要贡献。经过不断的开拓发展，中国文物研究所已形成了社会科学、自然科学、技术科学交叉融合的文物保护专业体系，建立起了先进的文物保护实验室和科研基地。其辉煌的发展历程，折射出了我国文化遗产保护发展的历史。

进入21世纪，科技进步日新月异，科技革命不仅带来了文化遗产保护技术、保护手段的高科技化、信息化，而且引起了保护理念、保护方式的改变。要实现中华民族文化遗产大国向遗产保护强国的跨越，我们必须紧紧抓住本世纪头20年重要战略机遇期，牢固树立和认真落实科学发展观，把科技进步和自主创新作为文物保护事业发展的首要推动力，以科学技术为支撑，引领文化遗产保护事业的未来。运用科学的思维、科学的方法、科学的管理，推进文化遗产保护科学技术现代化、信息化、规范化，全面构建文物保护科学体系。我们必须不断创新，深化改革，大跨度、多领域实施学科交叉，通过理论创新、体制创新、科技创新、管理创新，加强同文化遗产保护先进国家和地区的交流与合作，加强同国内外科研院所的横向联合，整合文物保护科研资源，搭建国家级文化遗产保护研究平台，建立文物保护科研基地、示范基地，实施联合攻关，全面推进基础研究、战略研究和试验科学研究，解决制约我国文化遗产保护的瓶颈问题和重大理论问题。我们必须紧紧围绕国家需求，围绕文化遗产保护实际，努力创建国际一流的文物保护科学技术研究院所。通过战略性、前瞻性的理论体系构建以及重大课题、重大项目研究，努力使我们的文物保护科研院所成为基础研究和高新技术前沿领域原始性创新的重要源头；成为理论创新和战略研究的重要力量；成为汇集优秀创新人才的重要平台和培养创新人才的重要基地；成为文物保护科学技术的应用推广中心和信息集散中心。全面推进文化遗产保护学科建设与学科发展。

当今世界，各种文明彼此融合和竞争，文化与经济和政治相互交融。在新的历史背景下，加强对于文化遗产保护带有战略性、普遍性和全局性的重大理论问题的研究，加强文化遗产保护科学技术研究与应用，从而使我们文物保护的各项实际工作建立在科学发展观指导下的理论基础之上，以科学技术支撑发展，以科学技术引领未来，切实保护好我们民族的文物并适应我国社会经济文化发展的需要，我们面临的任务还十分艰巨。但是我相信，有全国广大文物科技保护工作者几十年来丰富的工作实践，有国外许多成功的经验可以借鉴，有科技工作者创新求是的精神，这个任务一定能够完成，而且必须完成。因为惟其如此，我们的文化遗产保护管理工作才能与我们这样一个历史文化博大精深的文明古国的地位相一致，才能真正做到不负于历史，无愧于子孙。

国家文物局局长　

《中国文物研究所七十年》
编辑委员会

主　　任：张廷皓
副 主 任：孟宪民　荣大为　付清远　马清林
编　　委：刘维平　嵇益民　岳志勇　杨朝权
　　　　　刘兰华　沈　阳　王金华　陈　青
　　　　　乔　梁　詹长法　侯石柱　刘小兰
　　　　　罗来营　刘志雄
执行编辑：刘志雄　王小梅　黄　彬
摄　　影：杨树森
编　　务：理炎

目 录

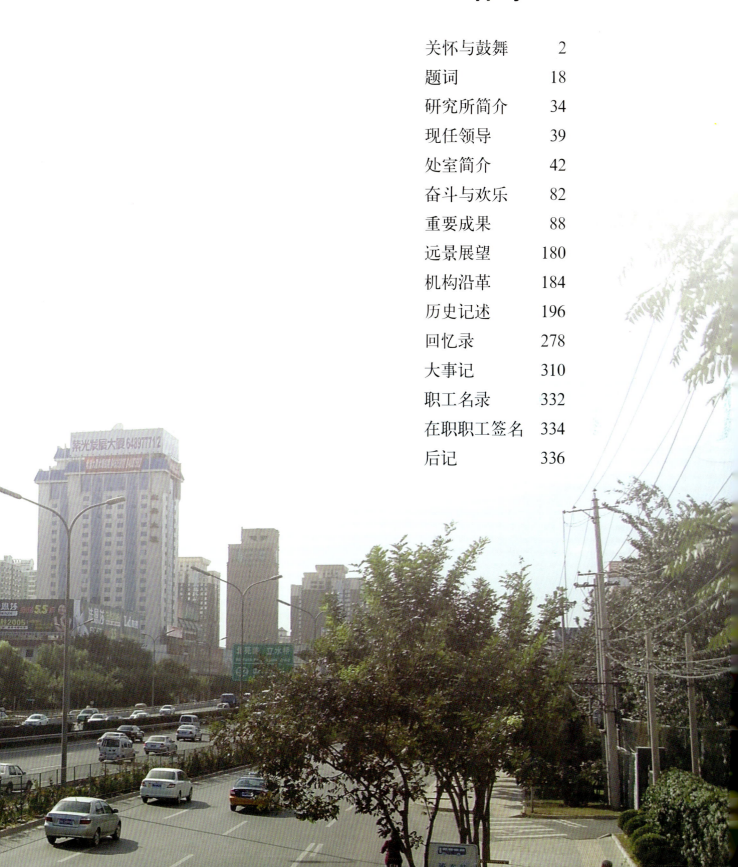

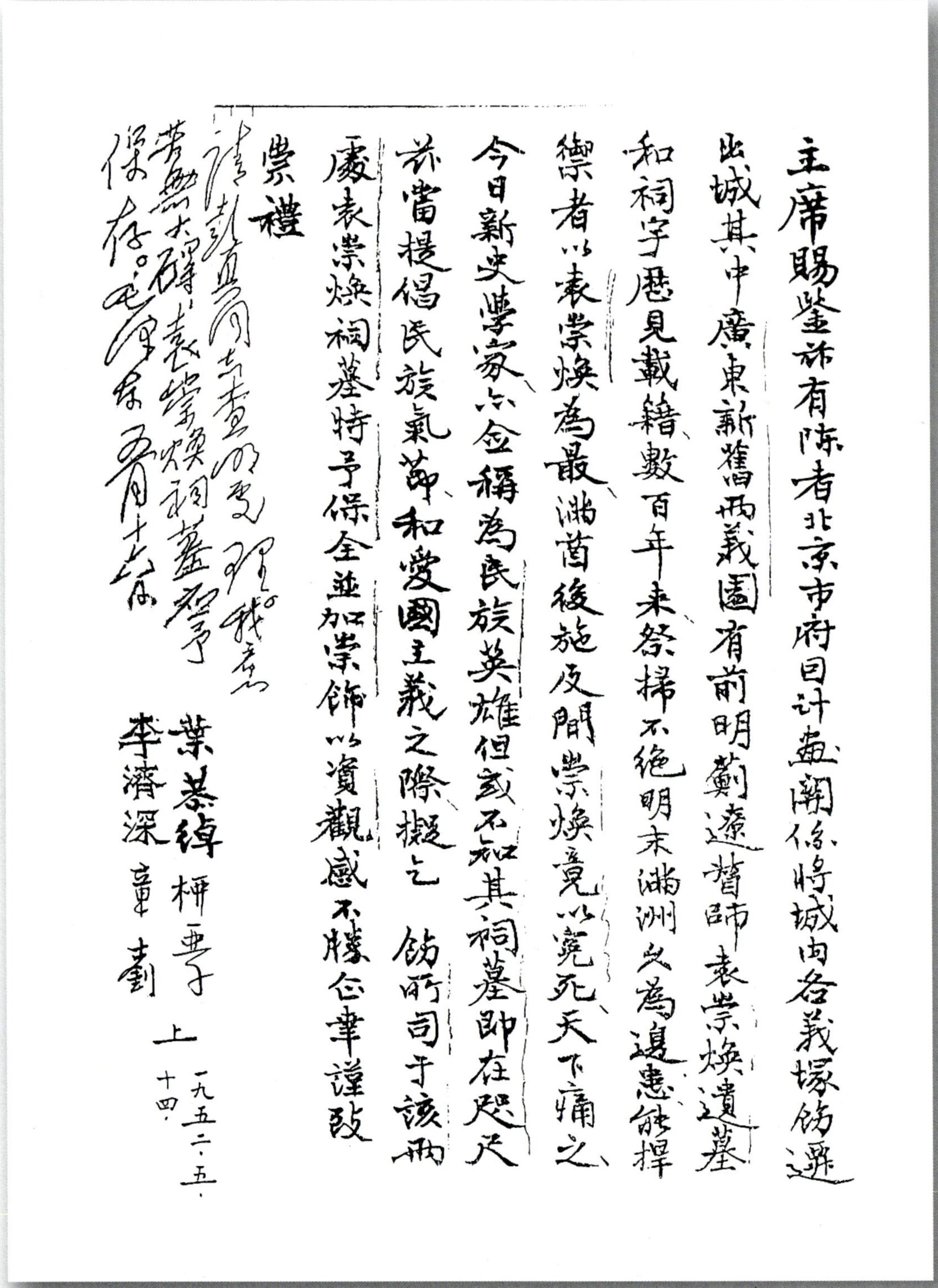

主席賜鑒：茲有陳者北京市府日計畫闢係將城內各義塚飭遷
出城其中廣東新舊兩義園有前明薊遼督師袁崇煥遺墓
和祠宇歷見載籍數百年來祭掃不絕明末滿洲之為邊患能捍
禦者以表崇煥為最滿酋後施反間崇煥竟以寃死天下痛之
今日新史學家僉稱為民族英雄但或不知其祠墓即在咫尺
蘇當提倡民族氣節和愛國主義之際擬之
應表崇煥祠墓特予保全並加崇飾以資觀感不勝公誼謹啟
崇禮

　　　　　葉恭綽
　　　　　李濟深　柳亞子
　　　　　章士釗　　上
　　　　　一九五二·五·十四

毛泽东主席对叶恭绰、柳亚子、李济深、章士钊关于保护袁崇焕祠墓书信（1952年5月14日）的批示："请彭真同志查明处理。我意若无大碍，袁崇焕祠墓应予保存。毛泽东　五月十六日"。

1973年9月15日周恩来总理陪同法国总统乔治·蓬皮杜参观云冈石窟，周总理对随行的中外记者宣布："云冈石窟艺术，我们一定要想办法保存下来，刚才说有一个十年规划，时间太长了，要三年修好。"为落实周总理的这一指示，1974～1976年中国文物研究所和当地政府有关单位对云冈石窟展开了大规模的维修保护工程。

邓小平、李先念、彭真、邓颖超等国家领导人会见文化工作者
二排左三为中国文物研究所专家罗哲文

2000年11月江泽民同志与柬埔寨王国西哈努克亲王视察中国文物研究所承担的中国援柬项目吴哥窟周萨神庙修复工程

江泽民同志右侧为中国文物研究所专家姜怀英

1992年1月胡锦涛等中央领导同志亲切会见中国文物研究所等参加西藏布达拉宫维修工程的工作人员

李瑞环同志与中国文物研究所专家王世襄亲切交谈

李瑞环同志与中国文物研究所专家罗哲文亲切交谈

李岚清同志亲切会见长沙走马楼出土三国吴简整理小组人员

李岚清同志与中国文物研究所专家胡继高亲切交谈

李铁映同志（中）视察中国文物研究所承担的西藏布达拉宫第一期维修工程

尉健行同志（前排右二）在中国文物研究所专家姜怀英（前排右三）陪同下视察中国援柬工程

吴仪同志（前排右四）视察中国援柬工程

顾秀莲同志（右）视察中国援柬工程

阿沛·阿旺晋美同志视察中国文物研究所援藏工程

迟浩田（中）夫妇视察中国援柬工程

郑振铎（中）、王冶秋（左）、罗哲文（右）同志合影（1953年）

王冶秋同志陪同外国朋友参观十三陵（1956年）

文化部副部长徐平羽视察山西云冈石窟工程时与中国文物研究所同志合影（1976年）

文物局副局长彭则放（左三）视察中国文物研究所山西云冈石窟维修工程（1976年）

文化部部长孙家正（左）、副部长
赵维绥（右），国家文物局副局长张柏
（中）视察中国文物研究所文物资料信
息中心善本库

国家文物局原局长张
德勤（右）参观中国文物
研究所"北京古都风貌"
图片展

国家文物局原局长张文彬观赏中国文物研究所藏古代建筑模型

国家文物局领导在中国文物研究所检查全国重点文物保护
单位记录档案、全国馆藏一级文物建档备案工作
前排左起：童明康副局长、董保华副局长、单霁翔局长、张柏副局长

国家文物局局长单霁翔（右）在中国文物研究所
指导工作

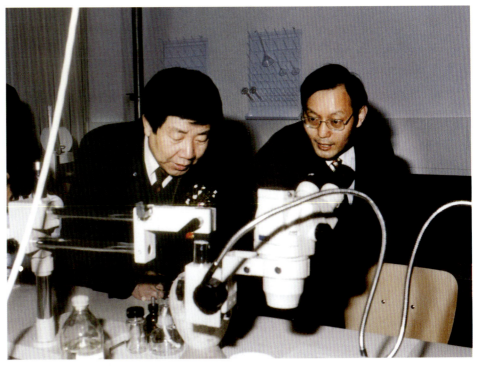

国家文物局副局长张柏
视察中国文物研究所文物修
复技术教学工作

国家文物局副局长董保华参观中国文物研究所"北京古都风貌"图片展

国家文物局副局长童明康（中）听取中国文物研究所历代金石拓片抢救整理项目工作汇报

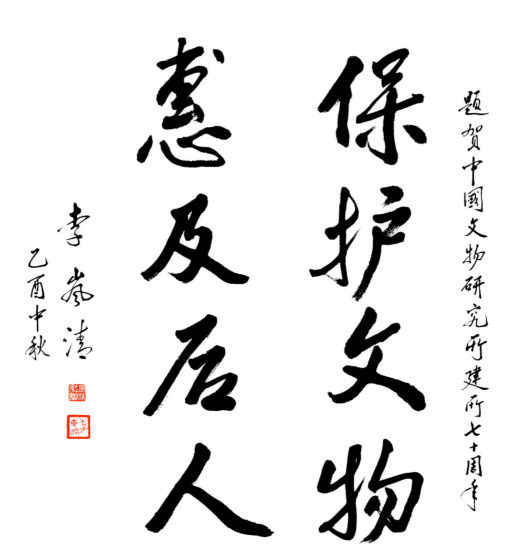

保护文物
惠及后人

题贺中国文物研究所建所七十周年

李岚清
乙酉中秋

李岚清同志题词

李铁映同志题词

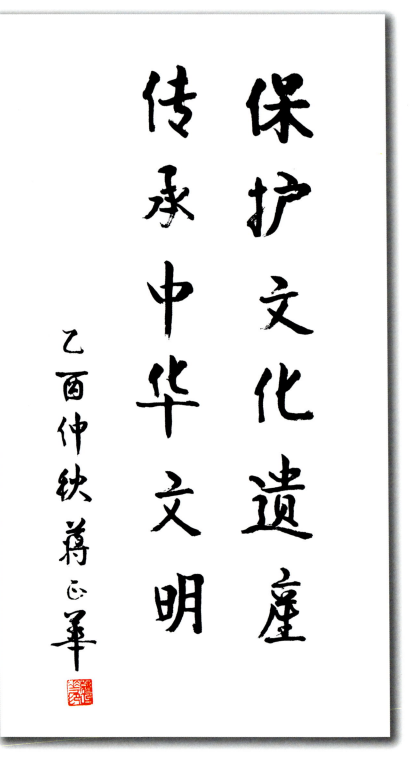

蒋正华同志题词

恢宏中华民族优良文化

大有益于爱国主义教育

丙子处暑九一叟傅振伦於北京

傅振伦

　　字维本，1906 年出生，河北新河人，历史学家。

　　1929 年北京大学毕业，历任北大研究所国学门助教，故宫博物院古物馆科员。1946 年任战时文物损失清理委员会副代表。1949 年后，任中国历史博物馆保管部主任、研究员。著有《中国方志通论》、《明代瓷器工艺》、《博物馆学概论》等。

启 功

字元白，满族，北京人，生于1912年。
历任辅仁大学讲师、副教授，北京师范
大学教授，国家文物鉴定委员会主任委员，
全国书法家协会主席。

中华文物博大精深
锁而不舍座右良箴
乙酉中秋
畅安王世襄敬书

王世襄

字畅安，1914 年生于北京，祖籍福州。

燕京大学文学学士、硕士。

历任中国营造学社助理研究员，清理战时文物损失委员会平津区助理代表、故宫博物院古物馆科长、陈列部主任，中国音乐研究所副研究员，中国文物研究所研究员，国家文物鉴定委员会委员，中央文史研究馆研究馆员。

火龍黼黻昭其
文也五色比象
昭其物也錫鸞
和鈴昭其聲也
三辰旂旗、昭其
明也夫德儉而
有度登降有數
文物以紀之聲
明以發之 一九九八年四月録左傳一則
朱家溍

朱家溍

　　字季黄，浙江萧山人，生于 1914 年。
　　1941 年毕业于北京大学历史系。
　　1945 年入故宫博物院，后任研究员，国家文物
鉴定委员会委员，著名宫廷史与宫廷文物专家。

　　图中左二为朱家溍先生

文物科研荟萃群英

继往开来与时俱进

祝中国文物研究所成立七十周年

二〇〇五年
乙酉初秋

罗哲文

时年
八十又二

罗哲文

　　1924 年出生于四川宜宾。

　　1940 年加入中国营造学社工作。

　　1948 年中国建筑研究所研究生毕业。

　　历任文化部文物局、国家文物局文物处处长、文物档案资料研究室主任，中国文物研究所所长。兼任国家文物局古建筑专家组组长、中国文物学会会长、中国长城学会副会长。

祝贺中国文物研究所建所七十周年

继承优秀传统
再创新的辉煌

乙酉立秋书于北京　杜仙洲

杜仙洲

1915 年出生于河北迁安。

1942 年毕业于北京大学工学院建筑工程系。

曾任北平文物整理委员会技士。新中国成立后，历任文化部文物局古代建筑修整所工程师，文化部文物保护科学技术研究所高级工程师，中国文物研究所教授级高级工程师，中国建筑学会第三届、第四届理事会理事，中国长城学会理事，中国建筑史学分会委员、顾问，国家文物局古建专家组成员。

保護文物
任重道遠

余鳴謙　二〇〇五年　八月

余鸣谦

　　江苏省镇江市人，1922年1月出生于北京。

　　1943年北京大学工学院建筑工程系毕业后留校任助教两年。

　　1945年任北平文物整理实施处技士，长期从事古建筑修缮保护工作迄今。

保护文化遗产
弘扬中华文明

贺中国文物研究所成立七十周年

宿白

宿　白

　　字季庚。生于 1922 年 8 月，辽宁省沈阳市人。

　　1944 年北京大学史学系毕业，1952 年任教于北京大学历史系考古研究室，历任教研室副主任、副教授、教授，考古学专业博士生导师。1953～1956 年出任北京文物整理委员会顾问。1979 年兼任中国社会科学院考古研究所学术委员。1983 年任北京大学考古学系主任、文化部国家文物委员会委员。2000 年出任中国考古学会名誉理事长。

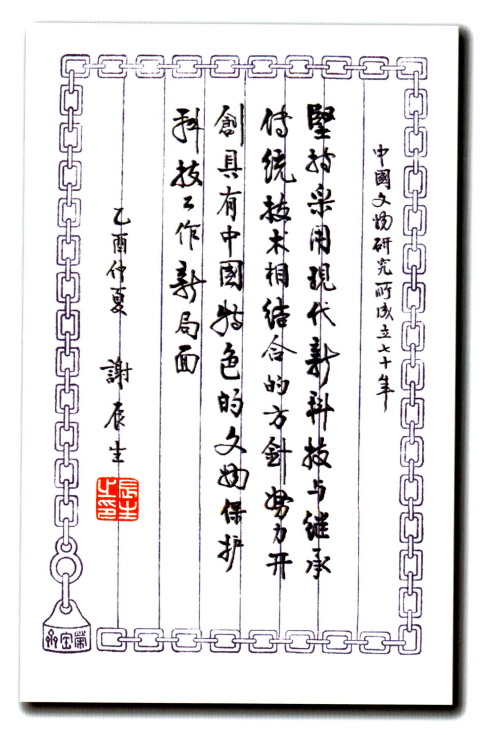

中國文物研究所成立七十年

堅持采用現代新科技与继承
传统技术相结合的方针勇力开
创具有中国特色的文物保护
科技工作新局面

乙酉仲夏 謝辰生

谢辰生

　　1922 年 7 月 26 日生于北京，祖籍河南安阳。

　　历任文化部文物局、国家文物局文物处业务秘书、副处长、研究室主任、副秘书长、顾问。

协人文
召取鼎

中国文物研究所

题贺

己卯饶宗颐

饶宗颐

　　字国庵，又字伯濂、伯子，号选堂。1917年生于广东潮安。

　　幼承家学，精通多种外语，在文学、语言学、古文字学、敦煌学、宗教学及华侨史料等方面成就卓著。

　　1949年迁居香港。历任香港大学中文系讲师、高级讲师，香港中文大学中文系教授兼系主任。退休后任香港中文大学中国文化研究所荣誉高级研究员。

印文：中国文物研究所七十周年纪念
制印：刘绍刚

硕果图——贺中国文物研究所建所七十周年

胡继高　作

中国文物研究所简介

中国文物研究所是中国的国家级文物保护科学技术机构，受国家文物局直接领导，主要从事历史文化遗产保护的基础与战略研究、重大遗产地及大遗址保护、文物保存与修复的科技研发及推广、出土文献研究等工作；并负责整理、保存全国重点文物保护单位和馆藏一级文物档案，承担对各地文物保护专业骨干人员的培训任务。

中国文物研究所建于1935年，时为"旧都文物整理委员会"，1945年改名"北平文物整理委员会"，1949年成为新中国第一个文物保护管理机构——"北京文物整理委员会"，1956年更名"古代建筑修整所"，1962年保留原所名，增名"文物博物馆研究所"，1973年更名"文物保护科学技术研究所"，1990年与文化部古文献研究室合并为中国文物研究所。

中国文物研究所以服务国家文物事业发展战略目标、服务文物保护需求为宗旨，半个多世纪以来，承担、完成了文物保护维修设计以及指导施工项目400多项（含重点项目100余项），文物保护科技项目300余项（含国家级项目20余项），国家出土文献研究项目20余项；主办有《出土文献研究》、《文物科技研究》等出版物，出版专业著作100余种，发表学术论文1000余篇；逐步形成了社会科学、自然科学、技术科学交叉融合的文物保护专业体系，造就了一批享誉中外的文物保护专家，培养起优秀的工作传统以及雄厚的科研实力，具备了国家考古发掘团体领队资格和文物保护工程甲级勘察设计资质，多次获得国家以及省部级奖荣誉。

中国文物研究所致力于搭建国家文物保护科研中心，注重人才的引进以及科研环境的完善。目前，中国文物研究所在职员工105人，其中，高级科技人员30名，具有博士学位者10名、硕士学位者25名；内设6个科研机构——文物保护基础理论研究室、古文献与文物研究中心、古代建筑与古迹保护中心、文物保护科技中心、文物资料信息中心、文物保护修复培训中心。科技中心配备超软X射线仪、XGT荧光能谱、派拉纶气相真空沉淀设备等大中型科学仪器37台（套）；资料信息中心藏书30万册，线装古籍达到19万册，包括善本、明刻本、方志等珍贵资料，另有历史照片10.6万张、古建筑图纸7000余张、历代金石拓本3.6万张、古代建筑及各式斗栱模型40件；培训中心修复实验区约1000平方米，内建7个符合国际标准的修复实验室。此外，中国文物研究所同日本、德国、美国、英国、意大利、荷兰、奥地利、香港、台湾等国家或地区的研究机构有着学术交流，与日本东京文化财研究所、日本奈良文化财研究所、美国盖蒂文物保护所等有着合作关系，还是中意两国政府合作进行保护修复文物的培训项目基地。

　　中国文物研究所近来承担的一些影响较大的项目与课题，令人瞩目。如：历史文化遗产保护领域科学和技术发展"十一五"规划研究，文化遗产保护科技基础平台建设专项规划研究，中华文明早期遗存综合研究，中国古代发明创造综合研究，大运河整体综合性保护研究，铁质文物保护综合研究，全国重点文物保护单位记录档案工作，全国馆藏一级文物建档备案工作，全国馆藏文物腐蚀损失调查，遗址大型木构件原址保存技术研究，长沙走马楼出土三国吴简整理，《新中国出土墓志》，吉林高句丽王城、王陵及贵族墓地保护工程设计等。培训中心举办的2004年中国TCCR非洲文物保护修复技术和管理人员培训班，是我国文博系统首次面向国际开展培训；古建与科技中心实施的我国政府第一个文物保护援外项目——中国政府援助柬埔寨吴哥窟古迹保护项目，正谱写着我国文物保护科技迈出国门的新篇章。

　　"物不因不成，不革不生"。在充分肯定成就、继承已有辉煌的同时，顺应国际文物保护科技发展的趋势，中国文物研究所将通过科研体制、人事制度、分配制度改革，真正建立起"开放、流动、竞争、协作"的管理体制和运行机制，完善以人才为本、科技为先、服务社会的新型文物保护科研管理体制，推出更多在国内外有影响的科技成果，为实现中国从世界文化遗产大国到文化遗产保护强国的转变，再攀高峰。

Brief Introduction to China National Institute of Cultural Property

China National Institute of Cultural Property, which directly under The State Administration of Cultural Heritage is a national level academic organization in China for cultural heritage preservation. It is mainly engaged in the strategic and foundation research for the cultural heritage preservation, the scientific & technological studies on preservation of the important heritage and large heritage, the preservation and restoration of the cultural properties, takes charge of classifying and preserving the documents of the first-class cultural property and the state-level selective cultural property protection units, and also undertakes the training for the cultural heritage preservation professionals.

China National Institute of Cultural Property, once called The Old Town Cultural Property Classifying Committee, was set up in 1935. It got its name changed on 1945 as to The Beiping Cultural Property Classifying Committee. It became the first preservation administration of cultural heritage —— Peking Cultural Property Classifying Committee of the Newly founded China on 1949. Its name also was changed to The Ancient Architecture Repairing Institute on 1956. On 1962, the original name was reserved, with new title added —— The Cultural Property and Museum Institute.The name was changed again on 1973 to The Scientific and Technical Research Institute of Cultural Property. In 1990, the organization was combined with Institute of Philology of the Ministry of Culture and founded China National Institute of Cultural Property (CNICP).

China National Institute of Cultural Property is on the principle of serving the strategic development on the national cultural property career and serving the requirements of the cultural property preservation development. It has undertaken and fulfilled the maintaining design and instructional projects over 400 ones since half century ago (including over 100 key projects), the technical cultural property preservation projects over 300 ones(including over 20 ones state-level projects), the research reports on the unearthed national cultural property over 20 ones; It issues two main publications which are The Research on The Unearthed Literature and Scientific and Technological Research, with 100 kinds of professional publications, over 1000 pieces of academic theses published in them. It gradually comes into a professional cultural property preservation system with social, natural, technical science combined together. It is the seedbed for a lot of famous cultural property professionals home and abroad, it also has the rich working experience and rich technical potentials. It possesses the national group qualification of archaeological excavation and first-class qualification of cultural property preservation reconnaissance project, also gains the state-level and provincial rewards for times.

China National Institute of Cultural Property applies itself to set up the technical center for national cultural property preservation, pays close attention to absorb professional talents and perfect the scientific circumstance. At present, there are 105 employees in-service in China National Institute of Cultural Property, which including 30 high-grade scientific and technical professionals, 10 with doctor degree, 25 with master degree; There are 6 scientific and technical institutions in it —— The Preservation Center for Ancient Architectures and Heritage, The Technical Center for Cultural Property Preservation, The Resarch

Center of Ancient Philology and Cultural Relics, The Fundamental Theory on Cultural Property Preservation Institute, The information Center of Cultural property files and The Training Center of Cultural Property Preservation and Maintenance. The Technical Center owns 37 ones (sets) of Super-flexible X-ray, XGT fluorescent Scintilloscope, Parylene vacuum gas chromatography etc. counts for the value of millions RMB; There are over 300,000 books in the information center, the ancient traditional thread binding books are over 190,000, including Shan Ben, Ming ke Ben, Fang Zhi etc. precious files, in addition, there are 106,000 pieces of historical pictures, 7,000 pieces of ancient architecture designs, 36,000 inscriptions rubbing books of past dynasties, 40 ones ancient architecture and various Dougong (Dougong is a system of brackets in Chinese building; wooden square blocks inserted between the top of a column and a crossbeam) modes; The Maintenance restoration laboratorial area of The Sino-Italian Cooperation Training Center takes the area of 1000 sq.m., with 7 international standard restoration laboratories. Moreover, China National Institute of Cultural Property has a close academic connection and communication with the academic research institutes in Japan, Italy, Germany, America, England, Holland, Austria, Hong Kong, Taiwan etcs. It cooperates with National Research Institute for Cultural Properties. Tokyo, Nara Research Institute for Cultural Properties, and the American Getty Conservation Institute. It is the training project base for maintaining the cultural property between Italy and China government.

China National Institute of Cultural Property has fulfilled several influential projects, such as The eleventh Five-yeas plan of the Scientific and Technical Development of the Historical Cultural Heritage Preservation., Specialized Programming for Set up of the Fundamental base of the Cultural Heritage Preservation, the Integrative Research on Early Chinese Heritage Civilization, the Integrative Research on Chinese Ancient Invention, the Integrative Protective Research on the Grant Canal, the Integrative Research on Ferric Cultural Property Preservation, the Document Project on National Key Cultural Property Protective Units and the First-Class Cultural Property, the Investigation on the Cultural Property Loss and Rust, the Technical Research on the Maintain of the Large-scale Wooden Architecture Heritage, Zou ma lou Three kingdoms Wujian of Changsha, the Unearthed Epitaph Research of Newly founded China, the Preservation Project Design for Capital Cities and Tombs of the Ancient Koguryo Kingdom in Jilin Province. 2004, The technical and management training for African country held by The Training Center, which is the first training course faced to the world in our country; The Chinese Aid on Preservation of Angkor Wat Heritage of Cambodia project is the very first foreign aid project of our government which carry out by The Preservation Center for Ancient Architectures and Heritage and The Technical Center for Cultural Property Preservation, it is indicates the preservation technology of our cultural property is greatly advancing now.

With the challenge for protection science development of international cultural property, holding the past glory of the institute, China National Institute of Cultural Property with catching up the chance of the reforming in system, through reforming the science research system, manpower management, and payment systems, to establish a mechanism with Open, exchangeable, competition and coordination administration and operation system. The new model of cultural property protection management based on excellent scientists and advanced technology will create more influential research results, and ranked in the line of the first class research institution in the world. It is our high goal to change the China's position from the great country of the world cultural relics to the powerful country for cultural relics protection.

中国文物研究所在职职工

所长致词：

中國文物研究所有着光榮的歷史、精彩的現在，也必將會有輝煌的未来。

张廷皓

所长　张廷皓

　　1948 年 9 月出生，籍贯河南省。硕士学位、研究员。

　　历任陕西省文物局文物处副处长、副局长、党组成员、局长、党组书记；中国文物研究所所长、党委副书记。

副所长　孟宪民

　　1949年1月出生，籍贯山东省东阿。大学本科学历。

　　历任国家文物局流散文物处副处长、处长，文物处处长，文物二处处长，文物保护司副司长兼考古管理处处长，文物保护司副司长，博物馆司司长；中国文物研究所副所长、党委书记。

副所长　荣大为

　　1949年8月出生，籍贯吉林省。大学本科学历。

　　历任北京市文物事业管理局文物处副处长、处长，办公室主任，党组成员，局长助理兼办公室主任；首都博物馆馆长，局党组成员；中国文物研究所副所长、党委委员。

总工程师　付清远

　　1946年12月出生，籍贯河北省承德市。专科学历、高级工程师。

　　历任河北省承德市文物局副局长、党组成员、代局长、党组副书记，河北省承德市文物园林管理局局长、党组书记、总工程师；曾在国家文物局计财处、文物保护司修缮处工作；中国文物研究所所长助理、副总工程师；中国文物研究所总工程师、党委委员。

副所长　马清林

　　1964年2月出生，籍贯甘肃省华亭县。博士学位、研究员。

　　历任甘肃省博物馆文物科学保护部副主任、主任，副馆长；中国文物研究所副所长。

处室简介

办公室

　　办公室是中国文物研究所的重要职能部门之一。1998年办公室和业务处合并为办公室（科研处），承担着办公室和科研处的双重职责。2004年，中国文物研究所进行文化事业单位体制改革后，重新将办公室与科研处分开，强化了各自的职能。

　　办公室担负着上情下达、下情上报、对外交往和后勤服务等项工作，处于协调各部门、连接领导和基层的枢纽地位，具有参谋、助手、协调、服务、把关、督办等六大职能。多年来，办公室完成了全所日常的事务性管理工作，保证了全所各项工作的正常运转，并把工作重点放在规章制度建设上，目标是逐步提高科学管理水平，补充、完善、建立有关办公科技管理方面的各项规章制度，从而提高工作质量与效率。

　　办公室的日常工作内容即"办会、办文、办事"，决定了其工作性质必然具备综合性、机密性、服务性，既要强调管理职能，也要强调服务意识，逐步实现各项管理工作的规范合理化和科学系统化。中国文物研究所办公室的主要工作有：

　　机要交通，文件交换，公文传输、传递，所务值班，保密，印章使用，紧急重大情况报告等。2001年办公室人员参加国家文物局举办的"公文处理培训班"，根据中央、国务院和上级行文的规定，结合本单位的实际情况，制定出一整套公文处理办法，从收文到发文，从

办公室工作人员
左起：李兵、刘爱河、嵇益民

办公室工作人员处理电子文件

办理到归档，都有明确的步骤程序和规定要求，规范了我所的公文处理办法，保证所内上下级之间、部门之间和所内外的正常联系与信息传递。建立健全一套严密的规章制度。

制定所内会议制度，综合汇总所内情况。承办所内会议，根据不同的会议特点和要求，制定一套流程，细化工作环节。除了所内的日常工作会议外，还于1998年6月承办ICOMOS木质委员会年会，组织中国ICOMOS《中国文物古迹保护纲要》座谈会及顾问组会议；1999年组织举办"中国考古学跨世纪回顾与前瞻"国际学术研讨会等。

树立一切为科研工作的思想，与各业务部门互相尊重与配合。使办公室的工作逐渐步入正常化、规范化、制度化轨道。主动组织、协调各部门的工作，承担大量繁杂的事务性工作。

起草工作计划、工作总结、所领导讲话，调查研究，综合上报，督促检查，宣传教育，外事接待。编印中国文物研究所《工作简讯》；在有关报刊上撰稿宣传文研所的工作；1998年组织实施并完成《前进中的中国文物研究所》展览工作；2000年策划、采编《文物快讯》（共38期）；认真办理外事活动，积极开展对外联络，接待日本、意大利、德国、美国等国家和台湾、香港地区的来访专家、学者。

办公室除了完成以上日常工作外，近年来还承担了一些科研工作：2002年参加国家文物局"全国文物博物馆单位基本情况普查工作"，完成了中国文物研究所的普查录入和上报；2003年接受了与国家标准研究中心、陕西省标准研究所共同修改《文物藏品代码与条码》（国家标准）的任务。

人事处（党委办公室）

　　人事处是中国文物研究所的重要职能部门。1998年5月中国文物研究所进行机构改革，人事保卫处调整为人事处，并和党委办公室合署办公。

　　人事处（党委办公室）职责和功能是：贯彻执行国家人事、劳动规章制度，掌握本所人员进出状况，组织干部考察和年度考核。拟定人才队伍建设规划，承办职称评审，安排岗位培训和职业培训。负责劳资工作、安全保卫、离退休干部工作，办理、调解人事劳动争议事宜。管理人事档案，负责监察及审计工作。

　　人事处（党委办公室）认真执行所党委和上级党组织的各项决议，保证党的各项方针政策贯彻落实，起草党委工作计划、总结、文件、简报。检查党员和党员领导干部遵守党章、党纪、政纪的情况，承办理论学习与政治思想教育、民主评议、评选表彰先进等工作。负责党委与支部联系，进行党风廉政建设和纪律检查，开展工、青、妇、统战等工作。

　　近年来，在所党委的领导下，坚持以人为本的科学发展观，充分做到尊重人、理解人和信任人，树立人才意识，增强实施人才发展战略的责任感和紧迫感，多方面工作进展显著。

　　中国文物研究所基本完成改革工作，人事处承担了我所改革重要文件、政策、方案的制定工作，组织各种会议、协调各部门关系等，保证了改革任务的顺利完成。

人事处工作人员
左起：付红领、岳志勇、葛琴雅

　　人事处（党委办公室）积极加大人才引进力度，努力构建吸引、培养和用好高层次人才的保障体系，面向海内外公开招聘各层次人才。积极引进了一批新生科研力量16人，其中博士9名，硕士11名，海外留学回国博士、硕士各1名。现有博士10人，比原来增加了9倍；硕士研究生25人，比原来增加了1.1倍；大学本科36人。总计大学本科学历以上71人，占全所人员的68%，比原来增加了19%。

　　人事处（党委办公室）高度重视精神文明建设工作，积极落实《中央国家机关文明单位建设及管理暂行办法》，围绕中心，服务大局，为我所改革、发展和稳定营造昂扬向上、团结奋进的良好氛围。从1999年开始成立精神文明建设的各个专门领导小组，下设安全保卫领导小组、安全稳定领导小组、保密委员会、爱国卫生领导小组、计划生育办公室（兼职）、义务献血办公室（兼职）等，组织健全，分工合作。我所连续五年被评为中央国家机关、文化部精神文明先进单位。

科 研 处

　　科研处是全所组织和管理科研业务工作的职能部门，是学术委员会的办事机构，主要作用是：业务参谋、计划与组织、管理与协调、联络与服务、执行有关决策等。

　　1990年文化部文物保护科学技术研究所与文化部古文献研究室合并成立中国文物研究所，设置业务处，负责科研业务管理工作。1998年撤销业务处，科研管理工作划归办公室。2004年中国文物研究所进行中央文化体制改革（试点），为了加强科研业务管理工作，成立了科研处。

　　科研处的主要职责是：落实国家文物局和本所的科研规划及相关任务的组织、指导和协调工作。制定科研规划，编制业务年度计划和业务报表，对科研课题、工程项目、学术活动等各项工作进行立项、审批、实施，协调、检查和验收。组织审核本所的科研合同、协议和各类文物保护方案，办理申报国家级科研奖励，开展与国内外相关科研机构的联系，指导信息化服务体系的实施和管理。

　　科研处成立以来主要业绩：

　　组织实施重大文物保护科技工作，编制《历史文化遗产保护领域科学和技术发展"十一五"规划》、《文化遗产保护科技基础条件平台建设专项规划》等。

科研处工作人员
左起：杨朝权、何流、张兵峰

组织中国文物研究所承担的科技部、财政部、国家文物局科研课题和专项的申报、跟踪问效、验收工作。组织、管理国家科技攻关计划课题——遗址大型饱水木构件原址保护技术研究，编制执行情况验收自评估报告，绩效考评报告和总结报告；组织开展出土竹木漆器脱水保护规模化研究、中国珍贵文物数据库、中国青铜文物保护修复传统技术的科学化研究等科技部课题；组织开展财政部国情调查项目——全国馆藏文物腐蚀损失调查；组织我所和业内外专家开展中国古代发明创造综合研究、中华文明早期遗存综合研究、大运河整体综合性保护研究和铁质文物保护综合研究等国家文物局重大专项的项目预研究。

组织实施中国政府援助柬埔寨吴哥古迹周萨神庙维修保护工程，援柬工程办公室设置在科研处。

加强科研管理，健全规章制度。制定《中国文物研究所课题管理办法》、《中国文物研究所文物保护工程项目管理办法》；清理1998年以来我所的科研课题、工程项目；编制《中国文物研究所科研课题、工程项目统计表》；审核签署我所文物保护工程项目合同书、科研课题和专项合同书；组织审核文物保护方案；进行我所年度全国科技统计调查工作。

组织申报国家文物局文物保护科技创新奖，2004年获奖2项。

办理中国文物研究所申报国家文物局文物保护工程勘察设计、施工单位资质和个人资质。中国文物研究所获得文物保护勘察设计第一号资质。

积极开展国际合作。为全国文物外事工作会议准备国际合作与学术交流情况资料，提出：中国文物研究所作为国家级文物研究所应拓展国际合作与学术交流的思路和渠道，改变以往国际合作的观念和模式，跟踪国际文化遗产保护科学技术的学术发展前沿，利用国际文物保护科学技术资源，有计划地开展国际合作项目，加大科技力度，注重为我所用，解决我国文物保护领域中的重大需求和技术问题。联络马耳他、日本、韩国等文物保护科研机构，开展国际合作与学术交流；根据《中孟文化合作协定2004～2006年执行计划》，联络中国文物研究所为孟加拉国文物保护工作者举办培训班事宜；与德国德累斯顿工业大学建筑物理研究所、比利时鲁汶天主教大学、北京交通大学共同向欧盟申请文物建筑保护方面的基础性研究项目。

开展学术活动，营造学术氛围。邀请日本独立行政法人文化财研究所、东京文化财研究所专家作"遗址的保护"、"文化财的保存和利用"讲座；瑞士苏黎世大学 Heinz Berke 教授作"古代化学——蓝色与紫色颜料的发展"学术报告；美国康宁玻璃博物馆 Robert Brill 博士作"古代中国玻璃的化学分析和铅同位素研究"学术报告；法国 MENSI 公司、加拿大 Arius 公司作"3D技术在文物保护中的应用"讲座；翻译部分国外文物保护著作简介，向科研人员介绍国际文物保护动态；组织召开"中国文物研究所2005年科技工作研讨会"，主题是"坚持科学发展观，深化改革，落实整改措施，研讨文研所科技发展战略思路"。起到了国家级研究所向业内外提供学术交流和研讨平台的作用。

协助国家文物局开展文物保护及管理工作。协助国家文物局科研课题管理办公室日常管理工作，科研课题立项、验收；协助国家文物局筹办"全国文物保护科学和技术工作会议"；会同国家文物局课题办组织开展国家文物局重点科研基地的遴选工作；配合国家文物局开展行业标准化工作，起草《文物、博物馆行业标准管理办法》，修改编制标准框架体系，起草成立标准化委员会的报告；编制《国家文物局咨询活动费用支出标准暂行规定》；参加《国家文物局科研项目管理体系研究》课题工作。

财 务 处

中国文物研究所的财务部门1998年以前由行政处管理，1998年成立中国文物研究所财务科，2004年7月文化体制改革后，提升为财务处。

财务处先后参加了国家文物保护维修设计和指导施工项目400多项、各类文物保护项目300余项、国家级文物保护科技课题项目20余项、国家出土文献研究项目20多项的财务管理和会计核算工作。2005年财务处被文化部评为"巾帼建功"先进集体。

财务处将建立健全财务规章制度作为财务工作的首要任务，先后制定了《创收定额目标责任制管理办法》、《中国文物研究所财务管理暂行规定》、《低值易耗品和固定资产管理办法》、《中国文物研究所部门预算编制管理办法》、《中国文物研究所经费支出审批权限》，重新修订了《中国文物研究所差旅费报销规定》。

2003年，文研所财务实现了会计电算化。在我所原有的会计核算体系基础上，按照财政部预算编制规定，结合本所项目、课题较多，资金来源渠道多的特点，制定了会计电算化核算程序。设置了项目、部门核算。会计电算化的实现，在我所项目资金增加较快的情况下，减轻了会计人员的工作强度，提高了工作效率，也提高了会计工作水平和质量。

近年来，财务处坚决贯彻执行财政部进行的收支两条线、部门预算、政府采购、国库集

财务处工作人员
左起：李雅君、贾永红、刘小兰

财务处工作在紧张进行中

中支付等几项改革，使我所财务基础工作始终处于良性循环的状态。

财务处的同志努力做好本职工作，服务于群众；加强业务学习，提高业务水平；加强预算管理，建立科学的预算管理方法；坚持准则，廉洁自律；严格按规章制度办事；积极配合各类财务检查，严格执行报销审批程序。

随着国家对文物保护事业的日益重视、财政部和国家文物局经费支持的不断增加，中国文物研究所的固定资产和项目经费也逐年增加，财务处的工作任重而道远。

文物保护基础理论研究室

文物保护基础理论研究室是2004年中国文物研究所文化体制改革后新组建的研究部门。据国家文物局2004年2月提出的《历史文化遗产保护领域中长期科学和技术发展规划战略研究报告》要求，文物保护基础理论研究室的学科中长期发展规划为：形成独特学科，具备学术影响，取得创新成果；成为国家科研基地和国家科研平台；依据国家的需要，组织开展对文物保护科学基础性和综合性基础理论研究及宏观管理、政策法规等软科学研究，成为国家文化遗产保护决策的咨询机构。

学科发展方向：

软科学、宏观决策研究。推动文物保护研究的学科集成与创新，整体推进我国对文化遗产保护的科学和系统战略研究，加强文物科技研究中的宏观决策研究。研究室将拓展和提升文化遗产保护软科学研究的范围、深度和水平，使之与国家整体国民经济和科学技术发展同步。

基础研究和基础性工作。为文化遗产保护决策和科研服务，推动文物保护研究的学术化、科学化、规范化和现代化。研究室将围绕文物保护主线，组织开展对文物保护科学、文物博物馆学等学科基础理论的思想研究、理论研究、学术研究、科学研究和创新研究。研究室还将致力于为文物保护研究服务的基础性工作。

文物保护基础理论研究室工作人员
左起：彭跃辉、刘兰华、于冰

综合性、应用性研究。研究室将致力于理论研究与保护实践的结合，学术研究与经济建设的结合，研究成果向现实生产力的转化，推动文物保护科学领域内部各学科以及与其他领域之间跨学科的边缘性、综合性研究，促进先进科学技术研究成果在文博系统的应用。此外，研究室将加强文物保护研究领域内的管理研究。促进文物保护研究的国际合作也将是研究室的工作重点。

实行资源共享、横向合作的创新研究模式。研究室将充分利用文研所跨人文科学和自然科学的多学科研究人才与成果资源，打破部门界限，联合攻关。加强与文博系统内单位的合作，同时建立与科技系统、高教系统、经贸系统、旅游系统和外交系统的广泛联系，拓展文物保护事业的社会支持范围，开阔研究视野，提高公众的认知度。

学科发展重点领域：

文化遗产保护整体及科学技术发展战略研究。以国家文物局为牵头部门，协同相关部门，提高全社会对文化遗产保护事业的认识，凝聚全社会资源，提出国家级的文化遗产保护长期发展战略。

文化遗产调查及数据库管理系统建设。文化遗产调查及数据库管理系统建设是文化遗产保护的重要基础性工作，同时又是一项系统工程，需与文博系统内各领域的标准化、信息化和制度化的管理，科研与保护实践工作协调配合，应用现代先进技术手段，形成一个高效、共享、开放的数据库体系框架，既可为文物保护科研服务，又可为管理决策服务。

重大遗产地的综合保护研究。如长城的保护和南水北调工程中的文物保护等。

文物保护标准化工作。国家文物局已颁布了《文物保护行业标准管理办法》（试行），基础理论研究室将积极参与这项工作的深入开展。

文物保护领域内的管理研究。管理研究是文物保护研究领域中的弱项，也是很重要的研究方向，如：文物保护领域中项目管理技术应用；社会文物管理研究；文化遗产保护经济学研究；文化遗产保护事业的公共关系（营销）策略研究。

文物保护研究领域内的国际合作。积极开展国际合作是文物科技实现跨跃式发展的有效途径。目前有法国文化遗产保护管理与科研体制比较研究、发展中国家文化遗产保护实践比较研究等项目将开展国际合作。

目前研究室正在进行《文化遗产保护"十一五"科技发展规划纲要》、《文物商店管理体制与机制研究》、《全国文物保护项目及资金需求"十一五"专项规划》、《文物科技数据及政策分析与数据化》等课题研究。

古文献与文物研究中心

　　古文献与文物研究中心的前身是国家文物局古文献研究室。20世纪70年代初，先后出土了长沙马王堆竹简帛书、云梦睡虎地秦简、临沂银雀山汉简等重要的古代文献文物，受到毛泽东、周恩来等党和国家领导人的重视，为了领导和组织全国性的重点出土文献文物的整理与研究工作，1974年起成立了马王堆简牍帛书整理小组、银雀山汉简整理组、睡虎地秦简整理组和吐鲁番文书整理组等机构，前期附属于文物出版社，后由当时的国家文物局局长王冶秋同志筹组上报，经李先念同志批准，1978年成为国家文物局的直属机构，全称为文化部古文献研究室。1990年与文物保护科学技术研究所合并为中国文物研究所，成为下设的古文献研究机构，2004年体制改革后改称"古文献与文物研究中心"。

　　古文献研究室成立之初的定位，就是全国重点出土文献与文物的整理研究工作的领导者和组织者。当时，为了及时向毛泽东同志提供出土简牍的新资料，在全国范围内调集了一大批全国最著名的一流学者来到古文献研究室，参加出土文献文物的整理研究工作，如唐兰、

古文献与文物研究中心工作人员
左起：杨小亮、乔梁、李均明、王昕、邓文宽、刘军、胡平生、刘绍刚

王素在整理新中国出土墓志

任昉在整理新中国出土墓志

《新中国出土墓志》（书影）

罗福颐、商承祚、朱德熙、张政烺、李学勤、裘锡圭、曾宪通、顾铁符、傅熹年等几十位专家学者。唐长孺先生担任古文献研究室主任后，开始出版不定期学术刊物《出土文献研究》，自1985年以来已出版6辑；《文物天地》编辑部出版《文物天地》（双月刊），广发国内外，受到读者喜爱。先后出版学术著作百余种、论文800余篇，在国内外有较大的影响。

古文献研究室，初期有简牍帛书整理和吐鲁番文书及墓志两个课题组，后来又增加了文物考古研究方向。

目前，古文献与文物研究中心研究工作主要围绕着三个方向：

简牍整理研究 主要从事出土简牍、帛书和古文字及相关文物的整理与研究工作。先后承担了睡虎地秦简、银雀山汉简、居延新简、阜阳汉简、尹湾汉简、张家山汉简、龙岗秦简、马王堆帛书、走马楼三国吴简、大通上孙家寨汉简等集体项目。参与编撰出版的《睡虎地秦墓竹简》获全国首届古籍整理图书一等奖、第一届国家图书奖提名奖；《银雀山汉墓竹简（壹）》获全国首届古籍整理图书二等奖；《居延新简——甲渠候官与第四隧》获第九届国家图书奖、中国社会科学院第二届优秀科研成果奖、首届郭沫若中国历史学三等奖；《尹湾汉墓简牍》获全国第二届古籍整理图书二等奖；《长沙走马楼三国吴简·嘉禾吏民田家莂》获全国第三届古籍整理图书二等奖；《中国珍稀法律典籍集成·屯戍遗简法律志》获中国社会科学院第二届优秀科研成果荣誉奖；《中国古代文化史》获全国教育图书二等奖；《中国简牍集成》获全国第四届古籍整理图书二等奖。

文书、墓志整理研究 主要从事吐鲁番、敦煌文书和墓志的整理研究工作。吐鲁番文书整理工作在唐长孺教授的主持下进行，与新疆维吾尔自治区博物馆、武汉大学合作，经过十余年的努力，完成了《吐鲁番出土文书》平装本十册和图版精装本四册整理编辑，由文物出版社出版。《吐鲁番出土文书》十册平装本在1991年全国首届古籍整理图书评奖中荣获一等奖；图版精装本在1997年第三届国家图书评奖中荣获提名奖，1999年全国第二届古籍整理图

出土文献整理出版物

书评奖中荣获一等奖，同年首届郭沫若历史学评奖中荣获三等奖，同年国家社会科学基金研究图书评奖二等奖。《敦煌天文历法文献辑校》获江苏省古籍图书二等奖；《敦煌吐鲁番天文历法研究》获第14届国家图书奖。

墓志整理与研究分为"传世墓志"与"新中国出土墓志"两个课题。"传世墓志"项目，编辑出版了《唐代墓志汇编》，收录唐代墓志3607方。"新中国出土墓志"课题是国家文物局的重点项目，由中国文物研究所与全国各省、自治区、直辖市的文博考古及古籍整理单位合作进行。计划分省编辑，共三十卷。已出版的有《新中国出土墓志·河南卷》壹、贰；《陕西卷》壹、贰；《重庆卷》；《北京卷》；《河北卷》。

文物考古研究　参与了国家文物局考古领队培训班的组织、教学工作，负责我国承担的柬埔寨吴哥窟周萨神庙的考古调查与发掘工作；参与三峡库区、南水北调文物保护规划工作；主持三峡库区奉节县和巫山县等古遗址、墓群的考古发掘保护工作；参加了各地窑址的调查发掘工作。另外，在沙漠考古、古代少数民族文物等方面也取得一定成果。

著名学者王世襄先生在古典家具、漆器、竹刻、画论等方面造诣极高，在社会文化方面，如葫芦、养鸽、蓄虫、蓁鹰、獾狗等诸方面均有深入研究与重要著述，探幽继绝，引起社会关注；在传统工艺方面的研究，亦有丰硕成果。2003年荣获荷兰颁发的"克劳斯亲王奖"，这是华人首次获此殊荣。

古文献与文物研究中心与国内外学术界联系密切，交流频繁。每年都要接待许多来自海外的学者，相互通报学术动态，切磋琢磨。中心的研究人员也经常到欧、美、日本及港、台等国家与地区作学术访问或研究。

启功先生为《长沙走马楼三国吴简》题写书签

敦煌马圈湾汉简

李岚清同志（右二）亲切会见长沙走马楼出土三国吴简整理小组

文化部部长孙家正（左三）、国家文物局局长张文彬（右一）、博物馆司司长侯菊坤（左二）、中国文物研究所研究员胡平生（左一）

古代建筑与古迹保护中心

　　古代建筑与古迹保护中心，是中国文物研究所的主要业务部门之一，也是中国文物研究所的前身旧都文物整理委员会延续至今的主体部门，从事文物建筑与古迹保护已有70年的历史，在保护技术研究和文物保护方面取得诸多成果。

　　目前，该中心业务主要由古代建筑保护、岩土建筑保护和文物保护规划三个学科构成。其职责是：从事中国建筑历史与理论和文物建筑保护理论与保护科学研究，组织开展中国传统建筑工艺技术、材料的研究，探索新材料、新工艺、新方法、新技术在中国文物建筑保护工程中的应用；从事中国文物保护工程体系研究，参与制定中国文物建筑、文物遗址保护和

古代建筑与古迹保护中心工作人员
一排左起：袁毓杰、张秋艳、丁燕、杨新、冯丽娟、张金风、王雪莹、肖东
二排左起：闫明、永昕群、李宏松、杨招君、王金华、沈阳、张兵峰
三排左起：葛川、颜明、陈超平、顾军、刘忠平

天安门维修施工现场

规划的规范标准，建立文物勘查和现状评估规程和标准；承担不可移动文物的保护工程设计，编制国家重点文物古迹的保护规划，参与工程指导、方案实施和施工监理。

70年来，该中心承担了文物建筑和古迹保护工程的勘察设计与施工指导数百项，其中全国重点文物保护单位的保护与维修项目百余项。

在古代建筑保护方面，首创山西永济县永乐宫文物建筑群整体易地保护技术，主持河北省隆兴寺大型古建筑维修工程，河北赵州安济桥维修工程；利用多学科研究优势，完成了山西著名建筑唐代南禅寺大殿的复原设计，河北正定开元寺钟楼复原设计，北京十三陵昭陵维修和复建工程，福建福州华林寺大殿搬迁工程，河北东陵裕陵、孝陵和西陵昌陵大碑楼落架维修工程，承德普宁寺大乘阁维修加固工程，河北蓟县白塔维修工程，云南大理崇圣寺三塔维修工程，内蒙古辽中京大塔维修工程，北大红楼加固工程，新疆喀什阿巴和加麻札墓维修加固工程，河北定州开元寺料敌塔维修，世界文化遗产吉林集安高句丽王城、王陵及贵族墓地保护工程设计，西藏布达拉宫第一、二期保护工程，天津蓟县独乐寺观音阁局部落架大修，福建泉州洛阳桥维修，福建漳州文庙保护维修，青海塔尔寺维修，天安门城台保护维修，北京历代帝王庙局部复建工程，北京故宫中和殿两庑建筑维修，北京十三陵庆陵现状保护及局部复原等保护工程项目。同时还参与一些援外项目，如：20世纪50年代参与蒙古人民共和国建筑维修项目，80年代参与美国大都会博物

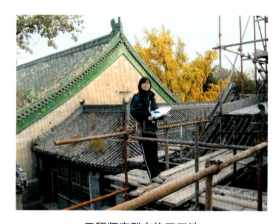

工程师查群在施工工地

援柬技术人员刘江（左）、王磊（右）
在周萨神庙维修工地

故宫中和殿区古建勘测现场

设计人员在十三陵庆陵进行勘测

馆中国馆室内设计，90年代参与新加坡双林寺维修工程、香港志莲净苑仿唐建筑设计以及柬埔寨吴哥窟周萨神庙修复工程等。

在石窟寺保护方面开展的保护工程技术研究中，成功地解决了锚杆加固、灌浆加固、石窟防渗漏和壁画揭取等关键技术，完成并参与了大同云冈石窟、重庆大足石刻、河南龙门石窟、新疆克孜尔石窟、宁夏须弥山石窟、辽宁万佛堂石窟、新疆库木吐喇石窟等保护工程项目。

在保护规划方面，从基础研究入手，突出文物古迹，特别是遗址与遗址群、王陵与墓地、文物建筑与历史街区的保护，形成了文物本体保护、区域保护、景区保护和风貌保护的理念。承担的规划项目有：三峡库区文物、吉林集安高句丽王城王陵及贵族墓地（合作）、宁夏西夏王陵、黑龙江渤海国上京遗址、内蒙古辽上京遗址、江西瑞昌铜矿遗址、四川三星堆遗址、湖南里耶古城遗址、广西桂林石刻桂海碑林等。

该中心是中国援助柬埔寨吴哥窟保护项目的主要承担者。吴哥窟周萨神庙保护工程是该中心在采用中国文物保护传统技术的同时，广泛汲取国际文物古迹保护理念和经验，取得了国际同行公认的成绩，为国家赢得荣誉。

在研究方面，先后承担了石质文物保护工程勘察技术规范的研究、古建筑木构件年代测定与材质材性评价、近景摄影测量技术在石窟测绘中的应用研究等课题。

中心承担的文物保护项目和科研课题曾多次获得各种奖励。近景摄影测量技术在石窟测绘中的应用研究获国家科委科技成果奖，蓟县独乐寺白塔维修工程获得文化部科技成果四等奖，北大红楼加固设计获文化部科技成果三等奖，云南大理崇圣寺三塔维修工程获得文化部科技成果三等奖，香港志莲净苑仿唐建筑设计获美国建筑工会优秀建筑奖和香港十大建筑奖，居庸关二期工程获得信息产业部工程优秀勘察设计一等奖（我所承担二期工程中居庸关古街方案设计），合作项目吐鲁番地区文物保护和旅游发展规划获建设部建筑设计一等奖，江苏镇江昭关石塔维修工程获联合国亚太地区杰出贡献奖，蓟县独乐寺维修工程获国家文物局2004年科技成果二等奖。

70年的发展也造就了一批在全国具有影响的文物保护专家。罗哲文、祁英涛、杜仙洲、余鸣谦等前辈在北平文物整理委员会时代就从事古建筑保护维修工作，是我国古建筑保护方面的开拓者和奠基人，不仅在古建筑保护实践上积累了丰富的经验，也培养了一大批后继人才。杨玉柱、李竹君、姜怀英、贾瑞广、孔祥珍、梁超、宋森才、高念祖等在古建筑、石窟寺保护方面做出过巨大贡献，还有于倬云、汪德庆、陈继忠、何云祥、何凤兰、李良姣、崔淑贞、孟繁兴、陈国莹、王仲杰、井庆升、律鸿年、李全庆、赵仲华、张中义、秦秀云、李惠岩、张智等一些同志先后在古代建筑修整所工作过，他们共同创造过中国文物研究所的辉煌时代。

今天，老前辈仍在为国家的文物保护事业尽心尽力，一批中青年专业技术人员正在成为业务骨干，一大批年轻人则以老前辈为榜样，满怀热情地投身文物保护事业，力争早日成才。一支有理想、有抱负、勇于进取、充满朝气的文物保护队伍正在壮大。近年来，经过文化体制改革，产生中心新的领导，在总结前人经验的基础上，重新确立中心发展目标和任务，力争开创中心事业发展的新局面。

改革后的古代建筑与古迹保护中心更加重视学科的发展，努力转变思想，正视自己，发挥优势，弥补不足，集中相关学科力量，主动出击，从承担、组织具有学科代表性的项目入手，加强文物保护的科技理论研究，在文物保护领域发挥优势，发挥特色；树立平台意识，积极筹划和组织全国性的学科领域发展、文物保护难点和关键技术的攻关与研讨。加强项目的总结、提炼，提高保护项目的理论水平，提升中心在文物保护技术和科研方面的学术水平，显示中国文物研究所的影响力。在近一年里，完成了湖南里耶古城遗址文物保护规划和文物保护工程设计、内蒙古大窑遗址文物保护规划、江苏徐州龟山汉墓保护规划、内蒙古阿尔寨石窟保护规划、北京市恭王府府邸保护维修等保护项目，同时还承担了大足石刻文物保护规划、广西花山文物保护规划、广西桂林石刻（桂海碑林片）文物保护规划等大型文物保护项目。

三峡库区石刻文物保护

未来的古代建筑与古迹保护中心将以文物保护工程理论研究和文物保护工程技术应用为核心。根据现有基础条件和文物保护事业发展的需要，在文物保护规划、古代建筑保护、岩土类文物保护以及现代测绘和勘察技术在文物保护上的应用等方面作更深入的探索。

学科重点主要包括：大型文化遗产地背景环境的保护研究、大型遗址的保护和利用研究、大型古建筑村落的保护和利用研究等。还要有意识地介入保护项目的实施过程，锻炼队伍，积累经验，最终实现保护项目设计、研究、施工一条龙的目标。充分借助中国文物研究所的影响和多年积累的丰富经验，积极主动地参与国家在文物保护工程方面的标准、规范的编制工作，争取尽快成为在文物保护工程，特别是古代建筑保护工程和石质文物保护工程方面的学科骨干。

中国文物研究所专家在柬埔寨周萨神庙维修工地指导工作

维修竣工后的塔尔寺

维修后的新疆喀什阿巴和加麻札主墓室

布达拉宫维修现场

维修中的布达拉宫

文物保护科技中心

　　文物保护科技中心是中国文物研究所利用和引进国内外先进技术、设备，开展对馆藏及室外文物的保护科学技术研究以及有关的咨询、协调和指导工作的主要业务部门。主要开展文物保护科学基础理论及技术应用研究，参与制定国家文物保护相关规范及标准；承担国家重大项目及重点课题、国家文物局重大课题研究，参与国家重点实验室、重点行业科研基地、地方文物保护机构科研建设及保护与修复实践，承担各级文物保护单位科学技术保护与修复

文物保护科技中心工作人员
前排左起：杨淼、宋燕、赵桂芳、陈青、冯耀川、沈大娲、田兴玲、孙延忠
后排左起：张治国、周霄、王志良、高峰、马菁毓、刘意鸥、梁宏刚、胡源

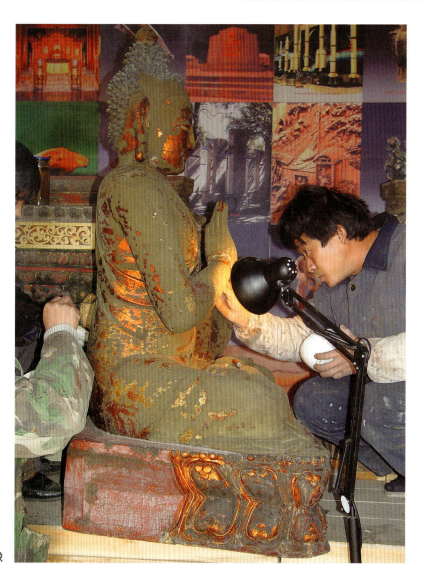

维修中的智化寺佛像

工作，为搭建"国家研究中心"和所内外文物保护研究提供技术支撑，促进文物保护新技术成果转化和推广，带动文物保护行业科学技术发展。

20世纪60年代初，国家文物局拟定建立全国的三大中心即文物保护中心、图书资料情报中心和文物研究中心。为适应我国文物保护和修复工作的需要，1960年中国文物研究所的前身——古代建筑修整所正式成立化学组。1961年，邱百明、岳瑾瑜从大学分配而来，1962年，王丹华、胡继高从波兰哥白尼大学深造回国。随后，孙铁宗、蒋滢、李勋仕、蔡润、陆寿麟、陈中行、徐毓明、施子龙、张贻义、奚三彩、崔晓麟等陆续从北京大学、复旦大学、北京师范大学、南开大学等全国重点高等学府分配而来，文物保护研究系统应运而生。当年的年轻学子现在都已成为全国知名的文物保护专家。1973年6月，成立文化部文物保护科学技术研究所，我部门名为化学组。1985年1月更名为化学室，不久改为馆藏文物保护研究室。正式建立了专门从事文物保护研究工作的化学组，承担起全国重点文物保护单位、馆藏文物以及考古发掘文物的保护任务。先后建立了石质文物保护实验室，竹、木、漆器文物保护研究室，壁画文物保护研究室，纺织品、纸张文物保护研究室，金属文物保护研究室，以及断代（碳十四、热释光）实验室。1990年成立中国文物研究所，我室改名为文物保护科技部，1998年更名为文物修复科技中心，2004年体制改革后，再次更名为文物保护科技中心。

四十多年来，文物保护科技中心随着国家的发展，经历了创业、过渡、发展三个时期。

物理化学样品制备

在20世纪60年代中期至90年代中期，文物保护科技中心全体科技人员在老一代专家的带领下以文物保护事业为己任，为保护祖国的文化遗产，勤奋工作、刻苦钻研、艰苦创业，在文物保护和修复技术的研究中，克服重重困难，坚决贯彻国家的文物保护方针，取得了一个又一个可喜成绩，并获得了许多奖项。如：针对敦煌莫高窟壁画存在的问题，采用先进的科学技术，运用新材料，解决了干燥气候条件下壁画的龟裂起甲、酥碱的难题，经过近30年的观察，证实了保护技术的科学性、材料的可靠性，取得了令人满意的结果，荣获文化部科技进步一等奖；在石质文物（石窟寺、石雕刻）防风化保护方面，通过采用有机硅复合材料渗透加固技术，针对不同类型的石质文物和不同腐蚀状况，不断改进配方，使问题得以成功的解决，其中广州西汉南越王墓墓室加固工程，荣获国家文物局科技进步三等奖；龙门石窟洞窟漏水病害的治理研究，探索出低温潮湿条件下的灌浆配方，灌注潮湿裂隙，杜绝了水害，有利于石雕的长久保存，此项研究获得国家文物局科技进步三等奖；防紫外线胶片的研制成功与应用，使大量的珍贵文物（特别是博物馆库房、展厅的纺织品、纸张、书画及壁画等）免受紫外线的伤害，起到了极好的保护作用，获得文化部科技进步三等奖；帛画的揭取与保护研究，出土彩绘陶制艺术品颜色的保护方法，北周李贤墓壁画揭取新技术，长沙马王堆出土的竹、木、漆器的保护研究，高句丽墓壁画的修复加固，碳十四实验室的技术改进等也都取得了一定成绩。近年来，在文物保护的环境因素及文物保护的环境质量标准、纺织品金饰花纹的保护方面也取得了可喜成绩。

文物保护科技中心承担、参与、完成了许多国家级文物保护项目，如：长沙马王堆汉墓出土文物保护；湖北擂鼓墩曾侯乙墓出土文物保护；敦煌、龙门、云冈石窟和壁画的保护；安徽、山东、湖南、湖北等地出土竹、木、漆器的脱水保护；北京大葆台出土文物的保护；北京老山汉墓出土文物保护；参加河北、内蒙古、山东、山西、辽宁、安徽、河南、云南、福建等地壁画、彩塑的保护；广州南越王墓文物的保护；毛主席纪念堂、湖南、湖北、黑龙江、河北、新疆等地纺织品、纸张文物的保护等等，为我国的文物保护事业的发展作出了重要贡献。

近十年来，在各级领导和老专家的指导下，文物保护科技中心的中青年科技骨干先后承担国家科技部等部委和国家文物局的多项重大科研课题，有中国古代壁画和彩塑及其保护的研究、影响文物保存的环境因素和文物保护的环境质量标准的研究、出土竹木器脱水规模化保护研究、遗址大型木构件原址保存技术研究课题、仪器总线改造及文物保护分析标准体系

出土的银盘

清理后的银盘

课题、木构件文物科学分析及新型环保型防腐药剂开发、有机质地文物常见菌种中对文物的危害、中国少数民族文物保护状况的前期调研、泉州海洋铁锚保护研究等科研课题。

近些年来，还积极参与文物保护和修复项目，承担着国家文物局重点文物保护项目长沙走马楼出土的三国竹木简牍的保护；完成西藏阿里壁画以及本所收藏的图书资料的防虫防霉保护，青海都兰香加乡出土唐代丝织品的保护，内蒙古吐尔基山辽墓出土文物保护等近二十余项，以及辽宁省牛河梁遗址前期实验及方案设计、河南洛阳出土东周车马坑的保护方案、长沙铜官窑遗址保护设计方案、连云港将军崖岩画和孔望山摩崖石刻保护设计方案、厦门胡里山炮台保护方案、魏源故居防腐方案设计、燃灯塔保护方案设计等近四十项。

在国际合作方面，分别加强了与日本、美国、意大利、奥地利的合作项目，如与日本东京文化财研究所合作开展了智化寺壁画保护，与日本奈良文化财研究所关于真空冷冻干燥和地层揭取研究，参与中美合作共同研究保护敦煌莫高窟壁画项目，参加柬埔寨周萨神庙的石质文物化学保护等。参与联合国教科文中日合作文物保护项目新疆库木吐喇千佛洞保护项目等。同时开展了与日本、德国、美国、英国、意大利、荷兰、奥地利等国的学术交流，2002年底，成功召开了"中国北京文物保护学术研讨会"，日本、韩国、德国的三十几位文物保护学者、专家参加了学术交流。会议收到了文物保护技术方面的论文41篇，推动了学术的交流。此次研讨会受到专家学者的好评，取得了圆满成功。

出土漆器清理、修复之前

出土漆器清理、修复之后

黑龙江阿城金齐国王墓丝织品出土时情景

保护处理后的金齐国王墓出土褐地翻鸿金锦绵袍

在实验室的建设方面，经历了从无到有，从小到大的过程。特别是20世纪90年代中期以来，在所里的支持下积极争取资金和国际援助。1986年和1994年两次通过日本政府赠款购置文物保护和研究方面的器材，用于中国文物保护科研与培训工作。通过努力，在原来仅有碳十四和热释光断代实验室的基础上逐步建立了显微镜分析室、X光分析室、X荧光分析室、冷冻干燥实验室、材料性能实验室、材料老化实验室、环氧乙烷熏蒸室等，现已具有一定的规模，为科技人员从事文物保护研究提供了有利条件和手段。从2003年开始，在国家财政部和文物局的大力支持下，国家拨款1500万元，中国文物研究所开始着手建设国家文物保护技术与修复中心，超软X射线仪、XGT荧光能谱、扫锚电镜、能谱仪、派拉纶气相真空沉积设备、老化机等一大批研究与应用仪器设备将投入使用，为我所"三个中心"平台的搭建，为文物保护事业向更高层次的发展提供了有力的保证。一个崭新、开放的科研基地即将建成并投入使用。

近年来，文物保护科技中心紧紧围绕国家抢救保护文化遗产的战略目标，以"加大投入，转换机制，增强活力，改善服务"为基本方针，优化结构，整合资源，建立起"开放、流动、竞争、协作"的运行机制，以人才结构调整与优化为主线，高度重视在竞争中引进高素质科技人才和重点培养学科带头人，引进博士3人，硕士7人，形成老、中、青并重的合理人才结构，从而为科研事业的可持续发展提供了保障。

内蒙古吐尔基山辽墓出土文物的修复保护

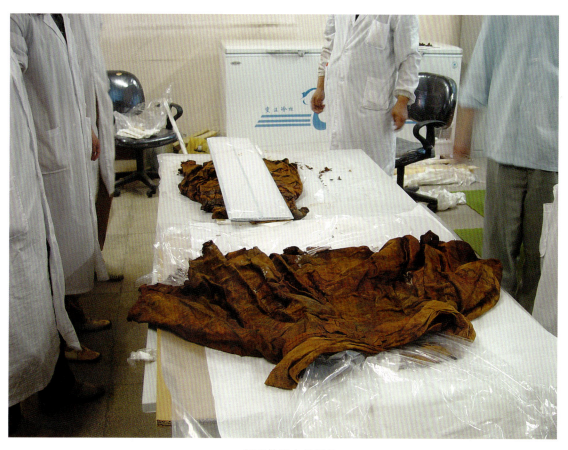

揭取的出土丝织品

文物资料信息中心

　　文物资料信息中心是中国文物研究所负责图书、档案、资料及相关信息收集、保藏、研究、利用的业务部门，下设：图书部、资料档案部、编辑部、信息部。除本部门业务工作外，对所内外相关专业的科学研究提供服务。

　　图书部藏书30余万册，分古代图书、近现代图书期刊及外文图书三大类，内容以文物、考古、文物保护科学技术等学科为主。线装古籍19万册，其中善本两千余种，《壬寅消夏录》、《装余偶记》等均系海内孤本，弥足珍贵。中心藏古代地方志多达三千余种，其数量在全国各大图书馆名列第四。其他极具科学研究价值的珍贵图书，如清乾隆官抄本《内廷圆明园内工诸作现行则例》等更是不胜枚举。

文物资料信息中心工作人员
前排左起：李戈、陈秀、郑一萍、步晓红、黄彬、黄田帛、邢淑琴、王小梅、赫俊红
后排左起：杨琳、张庆华、尚立成、侯石柱、刘志雄、鲁民、杨树森、理炎

僅有文物不研究
有關資料不可秘
真正了解文物有
些資料本身就
是珍貴文物資料
和資料工作之重要
不言而喻

一九九八年四月 王世襄

王世襄先生为文物资料信息中心题词

资料档案部藏品可分为档案、图纸、照片、拓片、模型五大类。

文物资料信息中心藏档案主要为全国重点文物保护单位记录档案、全国馆藏一级文物档案，以及1935～1954年北京文物整理委员会工程档案等历史档案。前两项档案，于近年建立，内容包括31个省、自治区、直辖市的1271处全国重点文物保护单位记录档案和31个省、自治区、直辖市及国务院文物行政部门直属博物馆的5万份馆藏一级文物档案等。

中心所藏古建筑图纸7000余张，分墨线图、晒蓝图、橡皮纸图和彩画。其中1941～1944年所绘北京中轴线重要建筑实测图纸，南起永定门、北至钟

中国文物研究所国家文物档案库外观

全国重点文物保护单位记录档案备案工作研讨会

馆藏一级文物档案整理、归档工作紧张进行中

期刊阅览室

古籍库房

图纸库房

楼，堪称瑰宝。此外中心藏明清古代建筑彩画，内容丰富，绘制精美，是研究明清彩画式样的权威性资料。

中心藏历史照片（含底片）10.6万张。内容以19世纪以来所摄全国各地的古代建筑及工程实况为主。其中1929~1931年拍摄的老北京寺庙照片，拍摄对象为老北京旧城区内的500多个寺庙，内容系统、完整，质量颇高；1959~1960年拍摄西藏文物照片，拍摄对象为西藏那曲、拉萨、山南、日喀则地区的寺庙、遗址及有关文物等，数量较多，内容丰富，均极具文物价值。

中心藏历代金石拓本3.6万张（册），近2万种。内容含：碑碣、石刻、石刻造像、画像砖、法帖、文物（含青铜器、玉器、封泥、兵器、钱币）等。其中1929~1931年打拓北京寺庙碑碣拓片尤为珍贵。

中心藏古代建筑及各式斗栱模型共40多件，制作于20世纪50年代初期。其中：天津独乐寺，北京西安门，山西南禅寺、佛光寺、应县木塔等，均为中国有代表性的古代建筑。模型用旧金丝楠木制作，比例精准，做工细腻，系文物级藏品。

编辑部负责编辑出版《文物科技研究》（代所刊）及中国文物研究所编撰的各类图书。

信息部负责中国文物研究所资料信息的收集、整理与利用，近年来的软件研制工作主要有开发"全国一级文物藏品档案数据库系统"、"珍贵文物数据库系统"、"中国文物研究所藏古籍善本数据库系统"等。建立、开通中国文物研究所局域网并开发网页。

文物资料信息中心还开展了标准化和法规性研究工作。由中国文物研究所组织，国内部分文博部门参加，共同编制了《重点文物保护单位信息指标体系》、《全国馆藏文物信息指标体系》、《全国重点文物保护单位记录档案工作规范（试行）》和《全国一级文物藏品档案工作规范（试行）》等一系列规范和标准。另外配合全国文物建档备案工作，根据国家文物局要求，由本所组织包括国家档案局等有关单位参加，共同编制了《文物档案管理办法》、《一级文物藏品认定办法》等法规性

拓片库房

照片库房

文件;《全国馆藏一级文物建档备案工作"十一五"规划》、《全国非文物系统国有文物收藏单位文物建档备案工作建议》等规划报告。

近年来，文物资料信息中心加大了资料抢救、收集、保护、整理、研究、利用的力度，努力建成名副其实的"立体图书馆"，为科学研究与社会应用提供强有力的支撑与服务。

档案信息工作室

编辑部

著名文物、古建筑学家参加文物资料信息中心
学术研讨会
前排左起：傅熹年、谢辰生、罗哲文、吴良镛、徐苹芳

文物资料信息中心藏品选录

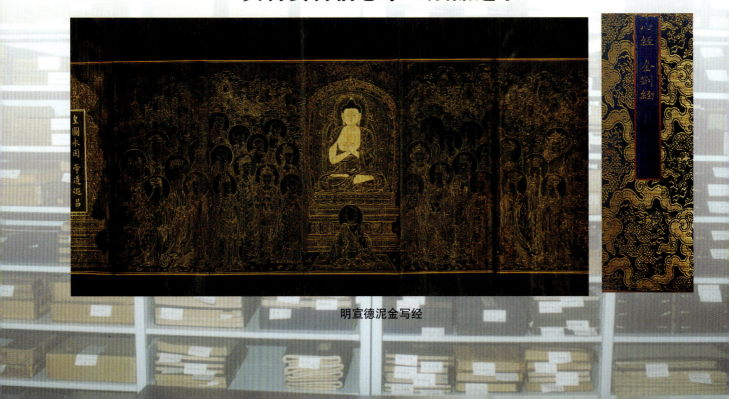

明宣德泥金写经

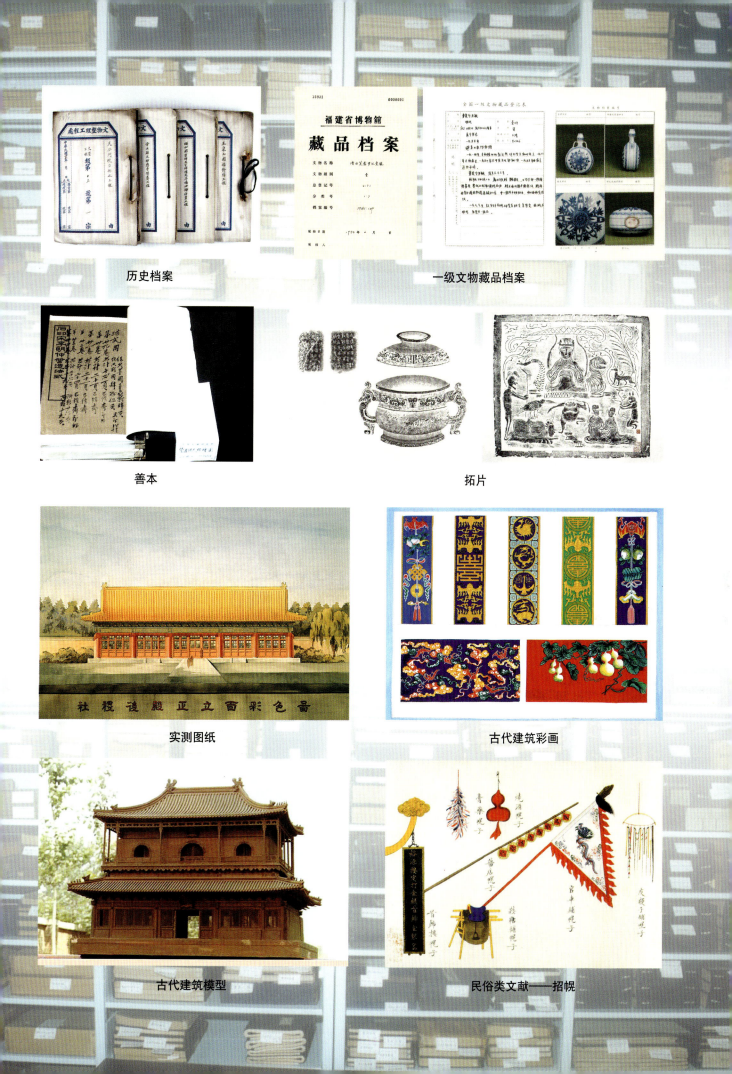

历史档案

一级文物藏品档案

善本

拓片

实测图纸

古代建筑彩画

古代建筑模型

民俗类文献——招幌

文物保护修复培训中心

　　文物保护修复培训中心（简称"培训中心"）成立于2002年，是依托中意两国政府联合实施的"中意合作支持北京中国文物研究所文物保护修复培训项目"而建立的培训部门。培训中心在中国文物研究所整体学科布局和发展框架下，坚持"教学、研究、技术、工程"相结合的指导思想，以教育培训为主，侧重教育培训的行业政策辅助、策划、组织、实施，文物保护修复规范研究、应用技术推广，国际合作交流等。经过三年的发展完善，已成为机构设置完善、运行机制良好、专业方向明确的培训机构。

　　培训中心的主要职能是，为行业教育培训规划、政策制定提供辅助；从事文博领域专业技术人员和行政管理人员专业培训的策划、组织、实施工作；承担国家文物局重点教育培训任务。培训中心还进行文物保护修复及相关研究；文物保护修复理念比较研究；文物保护修

文物保护修复培训中心工作人员
左起：王云峰、张晓彤、詹长法、张可

中、意专家学术研讨会

复规范制定；与教学相关的保护修复实践；技术、方法、材料的应用研究及推广；文物保护修复方案设计、技术指导。

进行广泛的国际交流与合作，与国外文物保护机构建立联系，进行合作培训，举办学术论坛和研讨会，推动国外文化遗产保护修复资料与著作的引进、翻译、出版等工作。

培训中心通过中意两国政府合作建设，目前拥有近2000平方米的场地，具有划分明确、设施完备的办公、教学、实验、检测、文物保管、材料存放、信息处理、会议等功能区。培训中心设有教育培训部、修复技术部、综合管理部三个部室。教学区具有幻灯、投影、网络连接、影音录播等功能，可同时进行60人的多媒体教学，并支持远程教育服务系统；办公区设施先进，具备办公、会议、信息处理、资料编辑等功能；修复实验区面积约1000平方米，按照文物保护修复的专业标准建设，具有陶瓷、金属、石质、木质彩绘、壁画、纺织品、纸质等文物材质的七个高标准配置修复实验室，可同时满足60人的修复实习。另有一个化学处理室、两个修复诊断测试室、独立的文物库房和材料库房。实验室内设施、修复专用设备器材、无损检测仪器均为意大利政府援助提供。具备开展文物保护修复、样品制备、修复检测、环境监测、考古现场保护等工作的条件。

为保证培训中心的管理与运行按照制度化、规范化方向发展，制定了完备的规章制度。同时，培训中心还根据国际及国内合作培训项目的需要，制定了中外教员聘用、翻译（口译、笔译）、外聘工作人员等各类合同文本。以上各项制度、合同的制定都为培训工作的有序进行和明确各方责任、权利与义务提供依据。

三年来，培训中心主要做了以下几方面工作：

中意两国政府合作文物保护修复培训项目（一期）。中意合作支持北京中国文物研究所文物保护修复培训项目（一期支持项目），是中意两国政府为增进国际友谊，促进双方在"文化遗产保护"的合作与交流框架协议下，开展的新一轮科学技术合作。教学中采用了理论和实践相结合的教学模式，注重多学科在现代文物保护修复中的交叉融合。通过双方教员、全体学员和工作人员的共同努力，培训项目在人才培养、文物修复等方面取得了丰硕的教学成果。中意合作文物保护修复培训项目获得商务部"双边多边政府合作项目管理优秀奖"。

全国古建研究所（所长）保护中心（主任）专业管理培训班项目。培训中心先后举办两期全国古建研究所（所长）保护中心（主任）专业管理培训班。来自全国各个省、自治区、直辖市的36名学员参加了培训。培训班的侧重方向是专业技术和行政管理。培训计划以政治理论、政策法规、行政管理、综合业务、专题讨论、参观考察和毕业考核等七大环节安排授课。采取专题报告、文保论坛、现场教学、考察实习等多形式的教学模式进行教学，为学员在教学中交流工作经验，探讨行业发展，理论联系实际提供了保障。

2004年中国政府TCCR非洲文物保护修复技术和管理人员培训班。这次培训是新中国成立以来文博系统首次面向国际招生的文物保护技术与管理培训。培训的课程涉及四个方面：国际文化遗产管理法规、宪章及发展现状；中国文物保护管理体系的机构与管理；中国传统文物保护技术；现代科技在文物保护中的应用等。此项目是我国文博事业发展日益得到国际社会关注的一个重要标志，对于我国在文化交流领域加深与世界各国的合作具有深远的影响及意义。

中意合作文保护修复培训项目暨故宫文物保护修复技术人员培训班。这次培训是中意合作文物保护修复培训项目拓展项目，由中国文物研究所和意大利非洲和东方研究院执行。项目的培训对象为故宫博物院的14名保护修复技术人员，对学员进行了理论和实践两个方面的培训，并配合意大利罗马修复中心的专家和技术人员共同对故宫太和殿进行试验性局部修复，在实践中检验和丰富了学习成果，为太和殿的整体维修培养了技术力量。

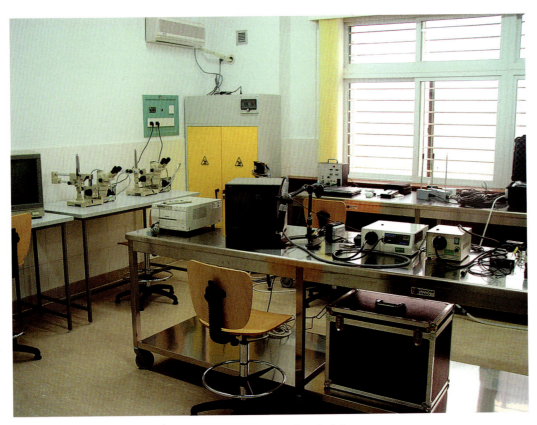

文物保护修复培训中心实验室

文物保护修复培训中心实验室

文物保护修复专业实践。培训中心利用人员和技术资源优势，积极在专业业务领域开展工作，先后编制完成了多项文物保护修复方案、保护修复项目和研究课题。

行业政策研究。培训中心发挥资源优势和特长，先后承接了国家文物局相关行业条例的调研、编制任务，在工作中提升了整个培训中心的科学管理水平。包括：《文物修复师职业资格认证制度汇编》；《文博行业文物修复管理办法》；《文博行业师承制管理办法》；《国家文物局部门预算手册》；《文博系统在职教育中长期规划》（草案）。

文物保护修复培训中心远景发展目标：文物保护修复培训中心建立初期便确立自己在我国文物保护事业中人才培养和继续教育的定位与职责，根据国家文物局"十一五"规划及文博系统继续教育规划，仔细分析我国文博事业现状和需求，按照中国文物研究所的战略发展规划，制定了《文物保护修复培训中心"十一五"及远景发展规划》，以探索培训方向、培训模式为基础，形成完善的培训体系和独有的培训特色，全面提升综合培训能力，开放流动、协调发展、求实创新，以增强核心竞争力。

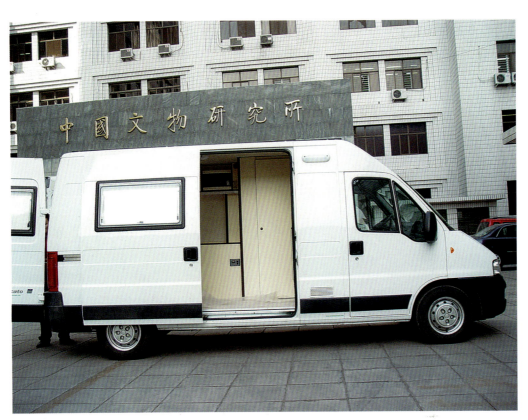

移动试验车

中、意专家调试设备

中、意专家交流文物修复技术

中国与意大利合作壁画培训项目签字仪式

服务中心

　　服务中心成立于2004年6月，其前身为行政处。行政处成立于1991年，担负全所的后勤管理、服务、保障职能，集行政管理和服务工作为一体。

　　原行政处负责管理全所的固定资产（包括房产、地产、交通和通讯工具，科研和办公所需的一般设备）；负责安排、调配和管理全所办公室、职工住房和家属宿舍；承办职工食堂，为职工的工作与生活提供保障；负责职工的卫生保健工作和治病就医的报销工作；负责全所建筑、设备的修建；负责水、电、暖、绿化、卫生、环境、生活等后勤保障工作。

　　原行政处还承担了中国文物研究所科研楼的筹建、选址、施工。1985年10月，开始筹

服务中心工作人员
前排左起：宫建杰、苗清林、周保华、罗来营、谢顺
后排左起：刘刚、瞿亚平、张立国、殷新杰、郑芝梅、刘晓、张金容、常飞

由服务中心负责加固装修后的中国文物研究所科研楼一层大厅

建中国文物研究所科研楼；1986年，在朝阳区北四环东路高原街征地6000平方米，作为中国文物研究所的新所址；1990年5月，新科研楼建设工程开工；1992年10月，建设二期工程（食堂、锅炉房、变电室、传达室等）开工，建筑面积1340平方米；1993年7月竣工，科研楼建筑面积10600平方米；1994年4月，中国文物研究所正式从北京大学红楼搬迁到新所址办公。

2004年7月，中国文物研究所服务中心正式成立。服务中心是中国文物研究所科研服务管理的一个主要职能部门，是中国文物研究所科研体系中的重要组成部分。代表中国文物研究所负责行政事务管理和科研服务保障工作。

在新的形势下，服务中心积极探讨建立"大科研"服务体系的改革思路，逐步探索完善新的管理制度，走向规范管理；实行企业化管理，自主经营，独立核算，自负盈亏，用人自主，引入社会竞争机制；承担中国文物研究所科研服务和重大科研项目与课题的辅助服务工作；对外开展文博咨询服务；逐步过渡，三年实现科研服务社会化。

目前，服务中心负责管理中国文物研究所大院、科研楼及家属宿舍，总共占地面积1121平方米，建筑面积1363平方米；负责拟定科研服务和行政管理事务的规章制度及管理办法并组织实施；负责全所科研服务的组织管理；负责全所办公物品的采购、保管、分配和维修；负责全所房产和其他固定资产管理；负责全所安全工作及职工医疗保健；负责本所科研楼、附属用房，电梯，水泵房，人防工程，自管职工宿舍，集体宿舍的电、水、暖、气的供应，管理，日常维护，维修及安全工作；负责车辆管理，保障所内日常工作用车；负责食堂管理工作；负责绿化工作和办公家具及门窗的维修等。

近年来，服务中心承担了中国文物研究所科研楼的装修改造工程和国家文物局文物档案库房的装修工程。随着中国文物研究所事业的发展，服务中心也将进入一个崭新的发展阶段。

国家文物局副局长张柏视察中国文物研究所承担的中国援柬文物保护工程

2005年8月中国文物研究所所长张廷皓等与柬埔寨副总理宋安商谈吴哥窟二期保护工程事宜

中国文物研究所科研项目大遗址保护工程学术研讨会

中国文物研究所文物保护修复培训中心青铜器修复实践教学

荷兰王子约翰·佛利苏向王世襄先生颁发克劳斯亲王奖最高荣誉奖，王世襄先生随即将获得的 10 万欧元奖金全部捐赠给中国希望工程。

启功先生在文物资料信息中心讲授文物资料整理经验

国际古迹遗址理事会（ICOMOS）主席米歇尔·佩塞特夫妇在中国文物研究所进行学术交流

香港范徐丽泰女士为中国文物研究所工程技术人员颁发"香港十大杰出工程项目奖"

中国文物研究所离退休职工游览金海湖

中国文物研究所工作人员荣获国家文物局"纪念中国共产党成立80周年党的知识竞赛"第二名

中国文物研究所体育代表队荣获 2005 年国家文物局运动会总分第一名

中国文物研究所合唱团荣获 2005 年国家文物局"党旗在我心中"歌咏比赛第一名

修缮前的隆兴寺转轮藏殿

河北正定隆兴寺转轮藏殿修缮工程

河北正定隆兴寺坐落在县城内东门里，又名大佛寺，是现存宋代佛寺建筑总体布局的一个重要实例。1961年由国务院公布为第一批全国重点文物保护单位。隆兴寺转轮藏殿修缮工程始于1953年测量勘察，1954年动工，1955年竣工。

转轮藏殿为楼阁式两层建筑，又称转轮阁。它和摩尼殿是隆兴寺现存古建筑群中两座历史、艺术价值最高的宋代建筑。转轮藏殿面阔进深各三间，绿琉璃瓦剪边，其一层前檐还有一个雨搭。修缮前是两层柱子三层檐（中间一层檐为后人修缮中新加之"腰檐"）总高约20米，是一座高大的宋代楼阁式建筑。阁内还遗存着宋代的一座大型木构转轮经藏。转轮藏殿前檐柱子上部柱头外倾达1米。20世纪50年代初为防其倒塌，决定进行落架修缮。

转轮藏殿的修缮是北京文物整理委员会承担的第一个外省市古建筑大修工程。建筑学界著名专家朱启钤、梁思成、刘致平、莫宗江、陈明达以及杨廷宝等均参加会议发表意见，文整会先后派出十余名技术干部参加工程。施工期间文物局、所领导都前往工地视察。修缮工程中，经过热烈讨论，决定按梁思成先生意见撤除后世维修所加腰檐，恢复宋代建筑原状，故又称局部复原。这种"复原修缮"是中国古建筑修复工程中的首次。

修缮工程的勘察测量绘图是在听取了梁思成先生意见，实测多组斗栱，然后从中找出合理的斗口做出设计，对以后的勘测工作起到了示范作用。勘测中还发现山花上和转轮上有元、清时期的题字。对木构转轮经藏也做了维修。故宫博物院瓦工师傅邓九安和民间师傅徐庚申出力尤多。当时，大型木材缺少，经研究设计决定试用钢筋混凝土仿木柱埋在墙体内代替木柱。

维修后撤除"腰檐"，复原平座后的转轮藏殿，经与大同市现存辽代建筑相比较风格一致，建筑工艺也较为合理。

项目主持人：余鸣谦；参加人员：李良姣、李全庆、梁超、何凤兰、姜怀英、汪德庆、李竹君、贾瑞广。

上：隆兴寺宋代木构转轮经藏
右：修缮后的隆兴寺转轮藏殿

施工中的永乐宫三清殿

山西永乐宫建筑群搬迁保护工程

永乐宫是元代的一组重要的道教建筑群。共有五座建筑物——宫门、龙虎殿、三清殿、纯阳殿、重阳殿。宫门为清代所建，其余均为元代建筑。四座元代建筑中都有不同内容的元代精美壁画、彩画及泥塑等艺术品。

永乐宫旧址在山西永济县黄河岸边的永乐镇，相传那是"仙人"吕洞宾的故乡。因为它在三门峡水库淹没范围之内。因之，于1957年决定整体搬迁。经过多方选址，最后定在芮城县北郊的龙泉附近。

1957年由杜仙洲领队先期临摹彩画，参加人员有金荣、王仲杰等七人。同时临摹壁画的还有中央美术学院和华东美术学院的师生。

1958年由祁英涛主持，选定新址之后开始勘测、绘图、设计、建筑物编号、壁画清洗、补裂缝、分块、画线、揭取壁画，制作壁画、彩画、各种彩塑搬运时的填充物及搬迁的木箱等。至1959年底旧址的壁画揭取、建筑物的落架等各项工程圆满完成。

1960年开始新址复建工程。按照1/20图纸的比例注明各殿座的基础、立柱、梁枋构件的搭接、壁画揭块的背面化学加固、上墙归安、对揭取时所割的画缝进行补色，旧有吻兽及拱眼壁琉璃饰品作了复制品，原件放在陈列室内专供参观研究。大约在1964年永乐宫搬迁工程告竣。

搬迁永乐宫，我所分批次派出了技术人员几十人次。项目主持人：祁英涛；参加人员：杜仙洲、金荣、王仲杰、刘世厚、陈长林、李惠岩、吕俊岭、张中义、陈继宗、王真、梁超、赵仲华、贾瑞广、张智、崔淑贞、秦秀云、王德庆、律鸿年、姜怀英、何云祥、黎辉、张思信等。

移建后的永乐宫三清殿

山西云冈石窟抢险加固工程

云冈石窟第9窟、第10窟外景

云冈石窟位于大同市西郊16公里处，创建于北魏和平初年（460年），以规模宏大、题材多样、雕刻精美、内涵丰富而驰名中外。1961年国务院公布为全国重点文物保护单位。2001年联合国教科文组织将其列入《世界遗产名录》。

云冈石窟所在山形为凸镜体，东西长1公里，崖壁距地面垂直高约30米。山崖开凿后由于洞窟高大、深凹，洞窟相邻之间距离过近，岩体受力重新分布后使各种裂隙交错切割，特别是崖边裂隙的产生连绵不断。石窟历经1500余年的自然损伤和人为破坏，已是遍体鳞伤。云冈石窟的自然破坏包括：裂隙、渗漏、边坡不稳定、浸蚀、岩体崩塌和雕像表面风化剥落等。新中国成立后的二十多年里，经常采用土木工程对石窟进行维修保护，那里也是中国文物研究所对石窟保护的"研究基地"。为落实1973年9月周恩来总理在云冈现场作出的"云冈石窟要三年修好"的指示。1974～1976年我所石窟组、化学组投入主要力量在云冈石窟的抢险加固工程中，涉及范围包括五华洞（第9～13窟）和昙耀五窟（第16～20窟）及第5、6窟、西部51窟内及第7号窟上方危岩局部加固。采取的维修措施即在隐蔽部位用钢筋混凝土支顶在受力处，用金属锚杆牵拉和环氧树脂为主体的化学灌浆材料对裂隙进行灌浆粘结，对断裂岩体加以粘结。修补石雕造像必须修复的重要部位。采用山顶排水、地面修路和环境整理等工程，减少自然对石刻的破坏。

通过三年抢修加固保护工程措施，挽救了云冈石窟一大批濒临崩塌的洞窟及雕刻艺术品。基本上解决了主要洞窟及雕像的稳定性问题。通过三年工程实现了王冶秋局长提出的为地方培养技术力量，留下一支不走的石刻保护技术队伍的要求。在中央和地方各有关单位的支持合作下，我们实现了周恩来总理三年前的嘱托。

本次工程也为我所培养了人才，锻炼了队伍，为进一步解决石窟保护等问题打下良好基础。此项工程主持人：余鸣谦；参加人员：姜怀英、贾瑞广、蔡润、李哲元及云冈石窟解廷藩等。

云冈石窟三年抢险加固工程

云冈石窟抢险加固化学灌浆工程

修复后的第20号窟

第16窟主像

北京十三陵昭陵保护维修、复建工程

修复后的祾恩殿

勘测昭陵大墙

昭陵是明朝第十二位皇帝穆宗朱载坖及其皇后的陵寝，明末遭火焚，清代被改建，在以后长达 200 年的时间里一直没有得到修葺。因此，昔日壮丽的皇陵，已满目凄凉，除残坏的明楼、琉璃门、石桥和陵墙外，其余一片废墟。

1985 年 7、8 月份，文物科技保护研究所古建部接受任务，对北京十三陵昭陵进行全面勘测及维修、复建设计。当时，古建部的在京人员全部奔赴维修现场，冒着三伏酷暑，克服重重困难，完成实测任务。其后，直至1992年，先后根据史料和现场发掘资料的研究，陆续完成了昭陵中轴线上三座石桥、三座琉璃门、方城明楼、宝城以及陵墙、排水系统的保护维修工程和祾恩门、祾恩殿、东西配殿、碑亭、宰牲亭、神厨、神库的复建工程。使昭陵成为明十三陵中将地面建筑按原制完整展示给公众的惟一一座陵墓。

项目主持人：祁英涛；参加人员：孔祥珍、梁超、崔兆忠、张之平、杨新、贾克俭、袁毓杰、何流、闫明以及北京市文物局的同志。

昭陵明楼斗栱

修复中的祾恩门　　　　　　　修复后的祾恩门

红楼正面现状

横墙砖垛开裂

轻型钢桁架替换龙骨

木屋架节点加固

北京大学红楼维修加固工程

红楼坐落于北京市东城区五四大街，因其外墙、屋顶均呈红色故名。红楼建于1916年，本为宿舍，后改为教学用房。1919年5月4日爆发了伟大的"五四"运动，红楼为主要活动地点。李大钊、毛泽东、鲁迅和其他许多革命者、科学家、学者曾在此学习工作，在我国近代史上具有重大纪念意义。1961年由国务院公布为全国重点文物保护单位。

楼高5层（含半地下室），面积1万平方米，砖木结构，纵墙承重，横墙间距大，灰浆为掺灰泥。维修前地板颤动，砌体严重开裂、风化严重。邢台及唐山大地震更造成砌体酥碎、开裂、歪闪等破坏。

1977年国家文物局决定对其进行加固维修，由彭则放、夏义奎等局领导总负责成立设计组。抗震加固主要按照当时北京地区地震烈度进行设计，采取措施加强楼盖、横墙的刚度及整体性，并加强屋盖的屋架下弦部分节点及支撑系统，在不影响外貌的情况下用壁柱、圈梁、锚杆等措施加固外墙。

红楼维修竣工以后外表与维修前一样，保持了原有风貌。该设计得到国家文物局领导及有关专家的肯定，并获得1981～1982年度文化部科技成果三等奖。

项目主持人：罗哲文；结构设计人：崔兆忠；设备设计人：白丽娟；参加人员：傅连兴、陶宗震、杨玉柱、李建勋、张思信等。

修缮后的观音阁

天津蓟县独乐寺修缮工程

　　独乐寺位于距北京东90公里的天津蓟县城内。寺内主要建筑有984年重建的观音阁和山门。观音阁为五开间，外观两层，内加暗层，实为三层。阁中央耸立一尊16米高的木骨泥质彩塑观音像。由于观音阁和山门建筑年代久远且形制独特，使它们在中国建筑史上占有重要的地位。

　　观音阁在新中国成立后没有进行过大修，修前主要结构问题有：一层后檐明间两根檐柱及两根金柱歪闪变形严重并牵动相关结构变形，上檐转角斗栱普遍存在断裂、屋面下沉等。如何使维修工程达到既解决结构稳定问题又尽量减少对建筑扰动成为确定维修方案的焦点。

　　1990年开始前期勘测和方案论证，最终维修工程采取部分大木构架解体方式，进行大木拨正。同时维修的内容有：木构件修配；屋面翻修；局部墙体修复；拱眼壁揭取并加固归安；观音像拉固装置改装；重做避雷设施；木构件油饰、彩画；壁画保护等。

　　整个维修工程于1994年正式开工，1998年全部竣工。

　　由于该工程注重传统技术在维修过程中的传承与现代技术的应用，和在建筑原真性保护以及历史信息的保护方面所做的有益实践，使其成为中国文物保护理念的一次重要实践。该工程获得国家文物局2004年文物保护科技进步二等奖。

　　项目主持人：余鸣谦、杨新；参加人员：崔兆忠、孔祥珍、袁毓杰、顾军。

修缮现场

安装拱眼壁

专家视察现场

河北正定县隆兴寺摩尼殿外观

河北正定隆兴寺摩尼殿大修工程

　　河北正定隆兴寺摩尼殿是隆兴寺内现存宋代诸建筑中最大、最重要的建筑之一。20世纪50年代由我所派技术人员进行过精细的测量、绘图。

　　1977～1980年中央及河北省决定对摩尼殿进行比较彻底的修缮。对倾斜的柱子进行了打尖拨正、墩接。对残毁的梁、枋、斗栱进行了更换、补配。调整了参差不同的构件尺寸。修复了酥碱的壁画。测绘了梁、枋、斗栱构件的榫卯分件图。更重要的是在落架过程中从斗栱的零件上及内檐栏额处发现了北宋皇祐四年（1052年）的题记，这是隆兴寺摩尼殿建造于宋代的佐证。

　　项目主持人：祁英涛；参加人员：孔祥珍、梁超、李全庆、孔德埩、李良姣、李竹君、杨玉柱等。

隆兴寺摩尼殿内佛像

隆兴寺摩尼殿吻兽在修复中

隆兴寺摩尼殿修复工程

河北承德普宁寺大乘阁落架大修工程

河北省承德市普宁寺的大乘阁是"外八庙"中最高的一座木结构古建筑，高约39米，始建于乾隆二十年（1755年），是仿西藏三摩耶庙所建的皇家寺庙中的主体建筑。由于年久失修，其整体构架已向南偏东倾斜70厘米，观音雕像也随之前倾；瓦顶严重漏雨，南面二层檐坍塌，柱础石残裂，两山墙檐柱糟朽下沉。故此，国家于1958年组织技术力量对大乘阁进行勘察研究，按照"保存现状"的原则，制定出"先内后外，自下而上，逐层归安"的落架重修方案。工程主要集中于以下三个方面。

中心木框架的加固：大乘阁的平面由两层柱框组成，外圈柱即老檐柱，柱根严重糟朽下沉，里圈柱由高达24米的16根攒金柱组成，是大乘阁整体建筑的中心木框架。因中置大佛，各柱间缺乏联系构件，加之原拼接不够严实和受外力（以风力为主）的影响，各柱都有不同程度的倾斜，为此先更换倾斜弯折的16根攒金柱糟朽的柱心木和包镶板，然后重新拼接包镶，并用铁活加固，在中心柱框归安后，在攒金柱的棋枋板外，离地面约15米高的隐蔽处增加一圈木斜撑。同时，在整个柱框的顶部，于水平方向增加十字铁拉杆，以加强中心框架的整体刚度。

大修前的普宁寺大乘阁

更换山面通柱：两山面的通柱高13米，由于柱根都有不同程度的糟朽，所以须将自柱根向上高达1/3的部分全部更换。限于当时条件，改换钢筋混凝土柱代替。

木雕大佛的复位加固：木雕观音内部用木骨架支撑，外镶厚木板，板上雕刻纹饰，称为衣纹板。由于内部骨架柱根糟朽，镶板底部虫蛀糟朽的内因，使之随建筑的倾斜而向前倾。工程人员采用钢筋混凝土柱墩接柱根的办法加固内部骨架柱根，以归正大佛，并用钢丝绳防止大佛继续前倾。

大乘阁的第一次维修工程于1963年底顺利完成。1999年，大乘阁经历了第二次维修保护，选用新型熏蒸杀虫剂，搭建熏蒸密封仓对大佛整体杀虫；并用新型木材防腐防虫剂和新型防腐防虫处理工艺对木材进行防腐防虫和干燥处理，延长其使用寿命。为使大佛在失去承重支撑的情况下不塌毁，保证佛身的完整性，运用聚氨酯现场随形发泡为大佛制作防护层。在维修过程中完整保护了建筑的历史信息、建筑工艺和技术构件。

项目主持人：祁英涛；参加人员：李全庆、李方岚、孔祥珍等。

普宁寺大乘阁落架大修工程在进行中

上层梁架预安装

河北正定开元寺钟楼维修工程

开元寺位于河北省正定县城内，创建于东魏兴和二年（540年）。原名净观寺，隋开皇十一年改名解慧寺，唐更为今名。寺内原有建筑：左钟楼、右浮图、前天王殿、伽蓝殿、后三门楼（石）和法船正殿。到清嘉庆十年又建毗卢韦陀殿三楹。寺内建筑高低错落，相互辉映，总面积达9000平方米。现寺内仅存天王殿、砖塔和钟楼。

开元寺不仅创建年代较早，其平面布局——塔与阁相对称，主殿在后的形式，被誉为我国现存古代建筑中之孤例，受到国内外专家的高度重视。1988年1月13日经国务院批准，将钟楼列为第三批全国重点文物保护单位。

钟楼始建于晚唐，平面呈正方形，面阔三间，进深亦为三间，前出月台，为一座重檐楼阁式歇山青瓦盖顶的建筑。虽然钟楼历代都有修葺，上层梁架及屋面也被清代大改，但其下层墙体、莲瓣柱础、门窗、斗栱、大木梁架等都保持原建时代的手法和风格，具有很高的科学、历史、艺术价值。

1988年3月，在祁英涛主持下拟定了"下层基本不动，按照下层制作方法、用材尺寸恢复上层的落架复原性"修缮方案。祁英涛去世后，修缮工作由孔祥珍主持，修缮工程历时2年，于1990年底竣工。竣工后至今保存良好。参加人员：袁毓杰。

维修后的钟楼

河北定州开元寺料敌塔维修加固工程

　　料敌塔位于河北定州市内，建于北宋咸平四年（1001年），至和二年（1055年）建成。平面为八边形，楼阁式，内有回廊环绕，东、西、南、北设门，内塔体有踏道可至顶层。塔高84米，为我国现存最高古塔。1961年被国务院公布为全国重点文物保护单位。

　　由于多年风雨侵蚀、地震、战乱等自然与人为因素，塔体破坏严重。清光绪十年（1884年)塔东北侧坍落，自此塔东北侧约1/4残缺，风雨直入塔体内部。20世纪60年代邢台地震与70年代唐山地震重创该塔，致使该塔南、西面中轴线位置从顶到底开裂，整个塔体分成3大片，塔体酥脆，险情更为严重。

料敌塔修缮方案评审会

　　为挽救这一国宝，国家文物局决定拨款维修加固。国家文物局召开多次专家会评审设计方案，有的专家和领导认为这项工程一百多年来无人愿做，是古建维修中难度最大的工程，仅由古建方面专家评审还不够，需请外单位结构专家参与，故组织了有建筑科学研究院结构专家参加的论证会。论证会上结构专家肯定了设计方案，认为是有效的、可行的。方案通过为料敌塔下一步工作铺平道路，两年后国家局批准设计方案，1995年开始整体加固施工。

料敌塔维修前破损状

　　料敌塔工程比较危险复杂，根据不同阶段工程进程需要，先后进行了拆迁、勘察研究等前期准备工作，临时加固，抢先加固等工作，最后于2001年封顶，完成整体加固。

　　项目主持人：崔兆忠；审核人：罗哲文；参加人员：贾克俭、张立方、孙刚、甄文宜、鲍雷、程俊峰等。

加固维修后的开元寺料敌塔

太王陵

吉林集安高句丽王城、王陵及贵族墓地保护规划与工程

　　吉林省集安市高句丽王城、王陵及贵族墓地是中国高句丽政权执政期间(公元前37年～668年)重要的历史遗迹，并因清光绪初年好太王碑的发现而逐渐闻名于世。1961年中华人民共和国国务院公布洞沟古墓群及好太王碑为全国第一批重点文物保护单位，1982年中华人民共和国国务院公布丸都山城为全国第二批重点文物保护单位，2001年中华人民共和国国务院公布国内城及古采石场为全国第五批重点文物保护单位。2004年联合国教科文组织将其公布为世界文化遗产。

　　由于高句丽早、中期的活动中心都在现中国辽宁、吉林境内，中国境内遗留了大量而丰富的高句丽遗迹。据统计，目前已发现的高句丽城址在中国境内的就有120多座，王陵和贵族墓葬万余座。2002年11月～2003年11月，配合申报世界文化遗产工作，中国文物研究所负责承担了辽宁省桓仁五女山城的总体规划，负责完成了吉林省集安市高句丽王城、王陵及贵族墓葬保护规划中王陵及贵族墓葬文物单体的专项规划，负责承担了包括丸都山城和国内城2座城址、13座王陵、27座贵族墓地保护工程设计任务。

　　本项目主要在以下四方面采取科学的保护工程措施，尽可能地使文化遗产地得到有效和持续性的保护。

科学地分析评估遗址的保存现状

　　由于本次本体保护工程所涉及的三座王城、四十座王陵及贵族墓葬保存现状、考古及历史维修情况各异，而将来对各墓葬的保护和展示要求也不尽相同，因此在前期调研中，根据各单体的保存现状，进行了科学地分类与评估。同时在相关单位的配合下，对将军坟、好太王碑、好

保护规划图

太王陵、国内城城垣、丸都山城城垣进行了详细的稳定性分析和评估，这些工作为规划和设计方案的制定提供了科学的依据。

科学地认识和保护遗迹的真实性

文化遗产作为人类历史的见证，必将和历史过程融合，而其客观存在的实体上也同样会留下历史的痕迹。我们保护的目的不仅要展现其文化的特征，更应展现其历史的脉络，只有这样，才能让世人面对它的时候，依旧能感受到历史的真实性。

国内城城垣遗迹，各时代遗迹叠加现象明显，它既记录了高句丽时代文化的特征，也同样记录了2000年的风雨历程。它是建立在时间坐标系上的四维空间的实体，今天我们看到的国内城城垣遗址是一个揭露了各个历史阶段遗迹的、保留了各个时代痕迹的、包含着丰富历史信息的载体发展的真实场景。

丸都山城宫殿遗址

科学地处理保护工程和人文环境的关系

作为保护工作者而言，除了进行文物主体稳定性保护技术方法的研究外，还必须深入地开展功能性展示技术方法的研究，使展示设施兼科学保护与人文精神延续的双项功能，通过这些手段寻求人文情感的链结方式和人文环境的保护途径。国内城西墙涵洞遗址保护和展示工程，其建筑结构为双坡、钢结构、外挂玻璃幕墙，整体造型犹如从地面掀开的一角，使人充分去体会古老文化的悠远和神秘。

水涵洞展示结构

科学地尝试可持续性的保护方法

对于地下廊道结构的保护，考虑到展示和持续性保护的双项功能，为保证墓葬外部形制的完整性、墓室内壁画的安全及保存环境的相对稳定，对禹山墓区五盔坟五号墓内试验性地采用地下廊道结构的保护设计方案。科研及保护工程施工人员可从延长的地下廊道步行进入地下墓室；同时，在地下墓室内设置防爆、防雨遥控摄像头，通过视频线与地面相连，便于参观者通过地面游客中心内的展示屏幕观看墓室壁画，该设计方案由于进入墓室空间的入口设于地下，因此保护了墓葬原有的外部形制。同时地下廊道为墓室壁画在半开放环境中提供了与外界环境的缓冲空间，可保证墓室室内环境的相对稳定。地下廊道内展示系统与监控系统的二者合一，又可有效地保护文物主体的安全，及时发现诸如盗掘等隐患。因此，该方案可在有效保护壁画的前提下，更广泛地向公众展示遗存精华。在完成以上结构的同时，我们在八个具文化代表性的墓室内还安设了防护设施及温湿度探头组，为后人进行高句丽壁画墓及王陵墓室的长期研究和小环境监测提供了必要条件。

项目主持人：付清远；参加人员：李宏松、顾军、陈超平、葛川、王金华、刘忠平等。

山城下墓区

内蒙古呼和浩特金刚座舍利宝塔维修工程

金刚座舍利宝塔位于呼和浩特市玉泉区五塔寺后街，俗称五塔，原为慈灯寺的一部分。建于清雍正年间（1727～1732年），砖石结构，高16.5米，造型优美，浮雕精湛细腻。塔体上共1119个佛龛，佛像姿态各异，并镌有蒙、藏、汉三种文字的"金刚座舍利宝塔"字样，其后墙上的蒙文"石刻天文图"是我国仅有的一块少数民族文字镌刻的天文图。1988年由国务院公布为全国重点文物保护单位。

该塔存在塔顶雨水渗漏，排水口没有伸出设施，雨水沿墙面而流，使墙砖风化，损坏浮雕并使塔檐脱落，影响到石刻天文图的安全等问题。1992年国家文物局拨款，由中国文物研究所进行维修。

维修中对塔顶采取了防水措施，对雨水口做了处理，严重风化的砖原状剔补，做了基座台面泛水，加固了影壁墙，整治了院落的排水系统，并对其附属用房的改造、院落的绿化进行了规划设计。

项目主持人：崔兆忠；审核人：罗哲文；参加人员：贾克俭。

石刻天文图

金刚座舍利宝塔

维修后的善化寺

　　山西大同善化寺为第一批全国重点文物保护单位，是国内辽金建筑最集中的群体组合。其主体建筑——大雄宝殿系辽代建筑，迄今已九百多年。面阔7间，进深5间，单檐4注布瓦，台明面积1390平方米。因年久失修，基础下沉，整体梁架走内，扭曲变形，向北倾斜七十多厘米，情况岌岌可危。经专家论证后，国家文物局批准设计方案，于1993年3月对大殿实施落架大修。在修缮过程中，严格遵循"不改变原状"的原则，在"保固延年"的前提下，加固基础，更换碎裂柱础21块，墩接檐、内柱22根，采用传统技术和各种适宜的手段，修补加固残坏的大小木构件，重新组装斗栱和梁架，补配残缺的瓦当件，拆砌墙壁，揭取并重装壁画，修补归安台基和石栏杆，铺墁地面方砖，复原门窗等。工程历时5年，于1998年告竣。

　　同时，还对大殿两侧的明代建筑观音殿、地藏殿以及大殿月台上的木牌坊和钟鼓亭等一并进行了修整。2002年4月，以国家文物局古建专家组组长罗哲文先生为首的专家组一行9人，对大雄宝殿维修工程进行仔细认真的察看和验收。经专家组评审认为：该工程勘察、设计、施工程序符合文物建筑保护管理工作要求，通过精心施工，大殿原有残损险情已经排除，原有建筑风貌依旧，辽代梁架、彩绘等保存状况良好；三十多尊辽、金塑像及藻井等附属文物保存如初，取得了良好的工程效果。

　　项目主持人：李竹君。

山西善化寺大殿、山门维修工程

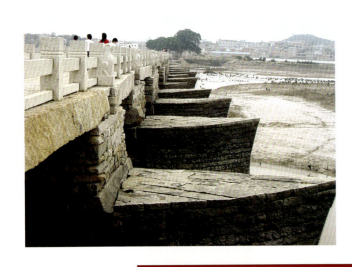

左：洛阳桥分水尖
右：石塔

福建泉州洛阳桥修复工程

　　洛阳桥为全国重点文物保护单位，中国文物研究所接受福建省文化厅、泉州市文管会的委托，于1993年3月至1996年10月对洛阳桥进行了维修。

　　洛阳桥始建于北宋皇祐五年（1053年），原名万安桥，由北宋名宦蔡襄督造，因横跨洛阳江，故又名洛阳桥。洛阳桥历经沧桑，在修复前已破损严重，面临倒塌，已发挥不了交通运输作用。经过前期的方案论证和试验性施工后，施工人员开始对洛阳桥中洲以北40孔桥、北引桥和中洲长511.86米的桥段进行修复。其中包括挖掘、清理、吊运二处曾遭受飞机轰炸，有15孔的164.2米长的跨海堤坝。还对桥南7孔和南引桥降坡铺筑石路、架设栏杆。

　　维修过程中，清除了压在古桥上的钢筋水泥桥，使洛阳桥基本上恢复了原桥的标高，达到了桥板、桥墩、分水尖比例协调。在施工过程中，技术人员科学安排施工规程，严格施工质量要求，摸索、自制了一套适应维修跨海古桥、安全实用的施工工具，使维修工程圆满完成。

　　项目主持人：杨玉柱；参加人员：许言。

洛阳桥

河南登封少林寺初祖庵

河南登封少林寺初祖庵大殿修缮工程勘测、设计

　　初祖庵亦称面壁庵，位于少林寺西北二里许，据《少林寺志》记载，该庵创造于北魏（6世纪），相传为佛祖达摩面壁之处。

　　大殿是庵内现存时代最早的一座木构建筑，始建年月不详。大殿西北墙宋大观元年（1107年）铭记"达摩旧庵堙废日久……"说明宋大观元年以前，就已残破不堪。又据大殿内槽当心间前东内柱上"广南东路韶州……居奉佛男弟子刘善恭，仅施此柱一条，……大宋宣和七年佛成道日焚香"的题记及建筑本身现存部分结构特点来推断，重建大殿的年代，最早可上推到宋宣和七年（1125年），此后金、元、明、清及1932年多次重修。

　　1959年所里派出赵仲华等三人对大殿进行了精细的勘测并绘制了实测图。1965年所里又派出杜仙洲先生等三人再次勘查大殿并作了初步维修方案。

　　1981年中央及河南省决定对初祖庵大殿进行全面维修。由中国文物研究所与河南省的技术人员对初祖庵大殿再次进行详细的勘查、测量。1982年提出对大殿维修的方案（包括勘查报告、方案设计图纸、修缮说明书、工程预算总表等）。对大殿的平面布局、梁架构件、石雕吻兽等勘测、施工过程中，发现了许多问题，有的恢复原貌，有的保留遗迹，施工中都作了详细记录。还有一些问题有待进一步考证和商榷。

　　项目主持人：梁超；参加人员：杨新、孙致云等。

少林寺初祖庵内部梁架结构及彩绘壁面

宁夏拜寺口双塔维修工程

拜寺口塔维修前

　　双塔在银川市西北约四十五公里的贺兰山拜寺口内，是第三批全国重点文物保护单位。两塔东西相距 90 米左右。两塔均为八边形、十三层、密檐式、砖石结构，没有基础，直接建在基岩之上。这两座古塔没有明确的年代记载，对于其建造年代有过争论，我们将塔顶残存刹杆和挑铎木作了碳十四测试，年代为 835 ± 70 年，正值西夏时期。

　　两塔外形相似，一层南侧有门可入内，内部为圆形空心，一直到顶层，唯二层有一木楼面，可登梯而上（西塔只剩一梁，楼面已无）。塔外观直立地面，收分很小，只到上部才开始。其雕塑精致，形态各异，造型秀美挺拔，虽已延续千年，可能由于当地干旱少雨的缘故，尚可看出当年鲜艳的彩绘。

　　双塔由于年久失修，檐部脱落，塔刹缺失，塔体有数处斜向裂缝。角梁尚残存，但铎已全失。抹灰、砖雕、彩绘部分脱落，但在西塔九层发现一挑铎木兽头。塔下部有酥碱等破坏现象。历史上银川地区地震不少，由于塔建在靠近山根基岩上，地震力到这里迅速衰减，但震动总是有的，作为黄泥砌筑的砖塔，发生上述破坏就不足为奇了。

　　1986年为保护双塔，中国文物研究所应宁夏文化厅请求派出设计组，由崔兆忠主持设计，参加人员有贾克俭、袁毓杰、闫明等。根据破坏情况，主要作了加强塔的整体性，修补残破砌体及雕塑的工作，并根据塔体保留的彩绘，恢复其原有风貌。

维修后的拜寺口双塔

云南大理崇圣寺三塔勘测维修工程

位于洱海之滨的大理崇圣寺三塔，始建于9～11世纪，是云南省年代较早的一组佛教建筑，第一批全国重点文物保护单位，由于频繁的地震破坏，这三座砖塔出现了严重的坍塌变形破坏。

经国家文物局批准，1978～1981年由云南省文化厅主持维修保护，中国文物研究所承担了维修工程的勘察、测绘、工程设计和施工技术指导工作。

大理崇圣寺三塔的维修项目，包括结构加固和修复两部分。结构加固措施是在塔身的隐蔽部加设钢筋混凝土圈梁，对塔体裂缝采用压力灌浆法注入水泥砂浆进行加固；修复工程主要包括塔体、塔檐残损缺失部分的修复，楼梯和塔刹毁坏部分的修复和基座的修复。

本次对大理崇圣寺三塔的维修保护，贯彻了文物法"不改变文物原状"的原则，采取的各项保护措施都是根据结构加固需要进行的。修复的项目也都有实物或可靠历史资料为依据的。维修后的大理崇圣寺三塔保持了南诏、大理国时期砖塔的形式、结构、材料和工艺特点，以更加雄健的面貌屹立于苍山之麓。

项目主持人：姜怀英；参加人员：杨玉柱、贾瑞广、李竹君、梁超、孔祥珍等。

维修前的崇圣寺三塔

正在维修中的千寻塔塔檐

弥勒佛殿

柱墩接

塔尔寺坐落于青海省湟中县县城以南的莲花山中，寺院占地40万平方米，拥有殿堂、经院、佛塔、活佛府邸、僧舍等各类建筑10000余间，总建筑面积10万平方米。1961年国务院将塔尔寺列为首批全国重点文物保护单位。

1992年至1996年，国家拨专款实施了塔尔寺有史以来最大规模的全面维修，维修面积近10000平方米。

青海省塔尔寺维修工程领导小组委托中国文物研究所承担弥勒佛殿、大经堂、大金瓦殿、过门塔的勘察设计任务及30余座主要建筑（主要殿堂、塔和活佛府邸）的实测工作。中国文物研究所技术人员于1993年8月进驻塔尔寺开展勘察设计工作。

塔尔寺勘察设计工作，遵循《中华人民共和国文物保护法》和文化部颁布的《纪念建筑、古建筑、石窟寺等修缮管理办法》的有关规定，严格遵循"不改变文物原状"的原则。设计的总体思路：因其建筑破坏的主要原因是地基变形和基础的不均匀沉降所致，在考虑基础加固和基础的设计方案时，尽量做到彻底消除地基的湿陷性，妥善考虑基础方案；对木构架体系，尽量做到不落架或局部落架，有金顶的部分尽量不落架，梁柱等构件糟朽变形严重者个别置换，节点、榫头脱落，扭曲变形的部位则按原貌修复加固；金顶屋面尽量不动，部分残蚀褪色严重的鎏金铜瓦重新鎏金；筒瓦屋面破损漏雨的部分拆除后按原样重作；草泥平顶屋面全部拆除后重作。

经过大规模修缮后的塔尔寺，基本做到了"修旧如旧"和"不改变文物原状"，赢得了国家文物局有关领导和专家的充分肯定和好评。

项目负责人：姜怀英；参加人员：杨招君、刘江、顾军、李宏松、王金华。

青海塔尔寺建筑群一期维修工程

广州西汉南越王墓维修加固工程

广州西汉南越王墓发现于 1983 年，保护工程在 1988～1990 年进行，主要解决了大型石构件的修复与石质文物防风化保护问题。

大型石质文物残损、裂隙、断裂的粘接与修复：

在断裂面疏松窄小，无法配合锚杆拉固的情况下，研究高强度结构胶直接在断裂面渗透粘接、固化和归位；对裂隙和中空部位采用低粘度的灌浆材料进行灌浆加固；对残损部位一般保留现状，影响平衡稳定和承重的缺损部位，根据历史记录予以复原修复，采用同类石料，使其既保持一致，又有一定区别。修复后的文物强度大大提高，保持了文物原貌，提高了石质文物保护的技术水平。

风化石质文物的渗透加固：

应用有机硅单体为主剂的复合材料对风化石质文物进行渗透加固，使渗透深度可达 3～5 厘米，增强了石质雕刻的强度、硬度和憎水性，并使其保留一定的透气性，这样外部的来水不能进入，而石质内部的水分和潮气又可不受阻碍排放出来，使墓室石质防风化的难题得到了很好的解决。

南越文王墓出土"文帝行玺"金印

采用这种材料，结合各地的实际情况研究试验确定最佳配方比例，使处理后的风化石质强度大大提高，同时外观色泽又可基本保持不变。这项技术于 2002 年在宁夏须弥山石窟通过了国家文物局专家组的鉴定验收。使中国文物研究所巩固了这方面在国内的领先地位，并达到国际同等水平。1992 年 4 月获国家文物局科技进步三等奖。

本体保护技术项目人：蔡润、王志良。

1992 年南京六朝石刻保护工程、1993 年南京栖霞寺舍利塔保护工程、1997 年山东泰安岱庙坊工程、1998 年北京石刻馆北魏太和造像的黏结复合、2004 年泉州德济门遗址保护工程中也有此类方法的应用。其他类似的工程项目还有：
1990～1993 年、2002 年宁夏固原须弥山石窟化学保护工程；1994 年湖北钟祥显陵防风化加固工程；1995～1998年江西赣州通天岩石窟保护工程；1997 年山东泰安岱庙坊维修加固工程；1999 年浙江金华法隆寺石经幢保护工程；2001 年广州镇海楼保护工程等。

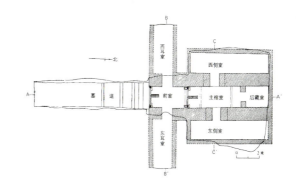

右：南越文王墓平面示意图
下：南越文王墓剖面示意图

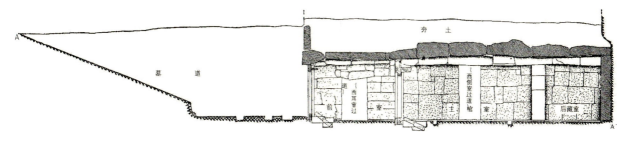

周萨神庙全景

柬埔寨吴哥窟周萨神庙保护维修工程

地质勘探

吴哥遗址是 9 世纪到 14 世纪高棉王朝的首都，现存许多宏伟的石质宗教建筑。

1993 我国应联合国教科文组织的号召，承诺加入保护世界文化遗产柬埔寨吴哥遗址的行列，派遣专家参与吴哥遗迹的保护修复工作。1997年，国家文物局再次派出专家组赴柬，选择了周萨神庙作为维修的具体项目。

1998年2月，国家文物局正式指派中国文物研究所承担这项文物保护工程的国际援助项目。我所成立了工程领导小组，任命姜怀英为援柬工作队队长。1998 年 2 月至 4 月，中国文物研究所选派专家对周萨神庙进行了考古、历史、地质、建筑、材料的现场调研。回国后，又在查阅大量史料的基础上分别整理出了专业调查报告。1999年4月成立了以付清远为组长的援柬工程专家组。

经过近两年的详细勘察、方案设计和论证，经国家文物局同意确定了以遗址保护抢险加固为主要工作内容，有针对性地对具有修复条件的个别建筑进行修复保护的工作原则。2000年3月，周萨神庙维修工程正式开工。

吴哥遗址建筑处在热带地区，许多石构件破损严重，而且表面都布满苔藓、地衣，因此必须进行保护修复处理。保护修复工作涉及石构件的清洗、粘接、加固等保护修复措施。经过大量现场试验，总结出一套符合国际文物保护原则的修复方法和施工工艺，修复了大量破损石构件，保证了整体建筑维修的整体效果。同时还开展了一些研究工作，如湿热地区砂岩风化机理研究，石构件表面苔藓、地衣等微生物的清除试验，风化砂岩的渗透加固试验等。这些研究给吴哥保护，乃至国内石质文物保护工作都提供了有益的经验和成果。援柬工程已完成祭坛、参道、南藏经殿、南塔门、东塔门的维修工程。按工作计划2006年底将完成北藏经殿、中央圣殿、围墙及地面、环境工程。同时已经着手整理和出版竣工报告。

援柬工程五年来的实施工作，受到了柬埔寨政府、联合国教科文组织和各国工作队的普遍关注和好评。这项工程是中国文物研究所第一次承担和参与文物保护的政府间国际援助项目，也是明显展示中国文物保护技术和能力的项目。

2005年8月，由中国文物研究所领导组成的代表团赴柬进行二期项目的选点考察。经实地考察并与柬埔寨政府相关部门具体协商初步选择茶胶寺为维修项目。中国文物研究所向国家文物局提交了二期项目的考察报告及先期工作计划。

项目主持人：姜怀英；参加人员：顾军、刘江、王磊、李宏松、胡源、乔梁。

修复中的南藏经殿

柬埔寨吴哥窟

三峡工程库区文物保护项目

保护工程竣工后的题刻复制区景色

维修前题刻

1992年4月3日，七届全国人大五次会议通过了兴建长江三峡水利枢纽工程的决议，次年长江三峡工程文物保护工作也正式启动。中国文物研究所是三峡库区文物保护的重要力量。

参与编制《长江三峡工程淹没及迁建区文物古迹保护规划报告》：1994年3月，经国务院三峡建设委员会与国家文物局会商决定，由原中国历史博物馆和中国文物研究所共同组建"三峡工程库区文物保护规划组"，全面负责三峡水利工程淹没及移民迁建区文物古迹保护规划的编制工作。中国历史博物馆馆长俞伟超任组长，中国文物研究所副所长黄克忠任副组长，古建筑专家傅连兴、考古专家徐光冀为规划组专家成员，组成了以两单位专业人员为主的规划组。中国文物研究所具体负责组织实施对三峡库区及移民迁建区地面文物保护规划的编制工作。参加人员：顾军、乔梁等。

1994～1998年，规划组编制完成《长江三峡工程淹没及迁建区文物古

三峡库区石窟造像

三峡库区石窟造像

偷水孔栈道

白鹤梁题刻拓本

白鹤时鸣图

翻模

白鹤梁

迹保护规划报告》、《三峡工程库区地面文物保护规划经费概算细则》。《规划报告》于1998年9月经专家论证会通过，2000年获国务院三峡建设委员会批准并付诸实施。

三峡工程淹没区地面石质文物保护工程：近十年来，中国文物研究所主持了三峡库区地面石质文物保护工程中文物普查、留取资料、搬迁规划、施工设计和研究工作。主要工作有：

负责完成了涪陵白鹤梁题刻的地质踏勘和地形测绘工作；主持完成了三峡库区地面石质文物保护工程测试点的调研工作；主持完成了三峡库区地面石质文物综合价值评估的课题研究任务；主持完成了奉节瞿塘峡壁摩崖题刻、云阳龙脊石题刻、云阳飞凤山摩崖题刻、丰都龙床石题刻及巴南迎春石题刻保护工程的规划任务；主持完成了三峡库区重庆段27处地面石质文物保护工程留取资料的工作；主持完成和修改了奉节瞿塘峡壁摩崖题刻的施工设计工作；主持了三峡库区重庆段38处地面石质文物原地保护工程的实施任务；主持了涪陵白鹤梁题刻留取资料和表面保护设计和现场试验工作，并参与了白鹤梁题刻保护规划的编制。此外还尽最大努力搜集有关文献和音像资料。目前已整理的有关文字内容近2万字，图像资料3000张，音像资料近30小时。项目主持人：李宏松；参加人员：王金华、陈超平。

白鹤梁题刻保护工程：迄今发现有题刻约165段（在编），3万余字，具极高的历史、艺术和科学价值，于1988年被国务院公布为全国重点文物保护单位。白鹤梁题刻留取资料工作在建设部综合勘察研究设计院、重庆市渝中区第十建筑公司两家单位的共同配合下，于2001年4月5日之前顺利完成。完成了唐代石鱼以上题刻留取资料工作的目标；对在编题刻和2001年发现编录的有关题刻进行文字编录和校正，共计165款；对2001年出露的题刻进行阴模翻制，共计123幅；对2001年出露的题刻进行拓片，共计450幅；对白鹤梁梁体现状及2001年出露的题刻进行照相、摄像，共计照片2000余张，摄录像3小时。潮湿环境下砂岩表面加固材料的应用和施工工艺的研究也随之展开。2002年1月国家文物局通过了由中国文物研究所制定的以硅酸乙酯（SAE）为基础的表面保护方案，成为我国水下文物保护中的先例。在施工工艺方面，白鹤梁表面加固工程将按题刻表面保存性状的不同，采取了微锚加固、细缝填充粘结、点滴渗透和注射黏结及表面淋涂加固四种工程技术手段，并相互结合，确保了白鹤梁题刻表面严重破坏区域的病害发展趋势得以缓解。该部分工程已于2002年竣工，2003年初通过工程验收。项目主持人：李宏松；参加人员：王金华、陈超平、胡源、鲁民、何流等。

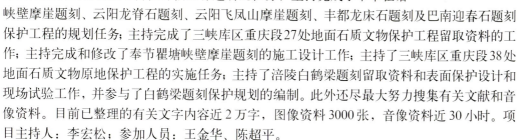

由长江上游看白鹤梁

竣工后的大殿

大殿模型

香港志莲净苑仿唐木构寺庙建筑群复建设计

志莲净苑创立于1934年，位于香港九龙半岛中部的钻石山脚下，背山面海、风景秀丽，是一处佛教女众的"十方丛林"，是一所以宗教、文化、安老、教育为宗旨，服务于香港社会的非营利机构。

20世纪90年代，香港政府对钻石山地区制定新的发展规划时，志莲净苑基于多年的愿望，积极筹划兴建一座民族传统形式的佛教寺院，希望为国际化大都市香港增添一些中国建筑艺术氛围，弘扬传统文化，并为香港回归祖国做出一份贡献。他们恳请国家文物局支持帮助，委托中国文物研究所对寺院建筑进行仿唐风格设计。

1994~1996年，中国文物研究所古建部集中全体人员开展了该项目的技术施工设计，大家认真研究、努力工作、群策群力，高标准高质量地完成了寺院山门、天王殿、大雄宝殿、观音殿、药师殿、念佛堂、万佛塔以及祖堂、客堂、回廊、莲池等十余处单体建筑和总体院落设计，于1998年1月6日落成开光。该项目得到了业主、香港政府和市民的一致肯定和高度赞扬，先后获得：美国建筑学会亚洲唯一大奖（1998年）、2000年香港十大优秀建筑奖、2002年优质工程奖第一名。

项目主持人：张之平、张生同；参加人员：杨新、袁毓杰、莫涛、闫明、颜华、孔祥珍、李竹君、宋森才、梁超、杨烈、崔兆忠。

鼓楼施工现场

制作木构件

安装木构件

维修工程进行中

北京恭王府府邸保护维修工程设计

恭王府位于北京什刹海西岸柳荫街东侧，由府邸和花园两部分组成。其中府邸部分占地32260平方米。恭王府现存文物建筑已有较大改动和损坏。2004年我所承担府邸后罩楼，东、西路现存文物建筑的修缮设计工作，修缮建筑占地面积8000余平米。

恭王府本和珅旧第，历史上几经沧桑。大约经过和珅时期、庆王与和孝公主时期、第一代恭王时期、第二代恭王时期、天主教会与辅仁大学时期、新中国成立至今六个主要阶段。府邸建筑有两百余年的历史沿革，在建筑中叠加了多个时期的建筑痕迹。

2005年开始的府邸建筑维修，以文物保护不改变原状为宗旨，将恭王府时期作为修复原状的时间下限，通过现状维修，使大量恭王府前身的历史遗存得到保留，并根据遗存和参考依据，恢复府邸建筑的真实性和完整性，修缮后，府邸建筑将更接近清代恭王府府邸建筑格局和历史原貌。工程涉及内容有：建筑本体的台基、木结构、墙体、地面、屋面、装修、油饰、彩画的现状维修与保护，部分建筑局部构造和形式的复原。

项目主持人：杨新；子项负责人：丁燕、袁毓杰、闫明；参加人员：张秋艳、永昕群、查群、杨招君等。

制图

外部勘测

内部勘测

加固整修后的岳阳楼

湖南岳阳楼基础滑坡治理

  岳阳楼依山傍湖而建，整组建筑群处于洞庭湖湖岸边坡地带，坡面由不同时期修筑的高宽各异的五个平台组成。由于近年来附属性建筑的加建，边坡荷载不断加大，又因洞庭湖水侵蚀坡脚，岳阳楼基础出现大面积下沉开裂，直接危及楼体的稳定与安全。经对岳阳楼进行全面的地质勘察分析，确定岳阳楼为典型的基础滑坡破坏。中国文物研究所于1992年3月至1995年8月对岳阳楼进行了保护工程设计，并承担了全部工程施工指导工作。

  主要工程措施为：

  设置23根抗滑桩阻止边坡下滑，抗滑桩分两级设置，一级抗滑桩以楼体为中心共排布5根，用以确保中轴线上部不再滑动。二级抗滑桩设置了18根，以顶住整个古建筑群所在基础的下滑。

  对局部挡墙基础下沉采用桩基加承载梁的方法，利用桩基承受水平方向的推力，承载梁控制土体的压缩量，达到减小墙基沉降与墙体推裂的目的。

  改善不合理的排水系，将五层平台的排水流向改为：一方面由中轴线向两翼分流；另一方面由一平台开始，将五层平台的分流水，经排水沟排向洞庭湖。各平台均打三合土做防渗层。

  岳阳楼基础滑坡治理工程历时三年有余，分两期完成。1998年承受了特大洪水的考验，至今无任何不稳定迹象出现。

  项目负责人：李竹君；基础抗滑工程设计：冯丽娟。

岳阳楼墙体在滑坡影响下开裂

正在施工的抗滑桩

大金瓦殿竣工

安装金顶

传统鎏金工艺技术

大木拨正

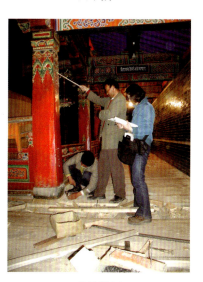

现状勘测

青海塔尔寺大金瓦殿维修保护工程设计

大金瓦殿是围绕宗喀巴纪念塔而建造的，是塔尔寺的中心建筑。大金瓦殿始建于明天启二年（1622年）。清康熙五十年（1711年），由第十八任法台却藏·洛桑丹贝坚赞主持，将大殿扩建为三层歇山顶式建筑，并将大殿的歇山顶覆盖上鎏金铜瓦。

大殿为藏汉合璧的建筑风格，底层面阔7间，正面5间辟廊，进深5间。由50根柱子组成的殿内柱网，形成内外两层环式框架格局，纪念塔贯通殿内三层空间。

由于年久失修，大金瓦殿木构架出现歪闪变形，木构件虫蛀腐朽严重，尤其是隐蔽部分的木构件大多均有不同程度的腐朽。通过地基勘察和了解以往的维修情况，确定造成局部基础下沉的原因主要是过去施工不慎造成的，使选择墙体开裂的维修方式有所依据。

该项目于2000年12月通过国家文物局方案审批，于2001年3月正式开工。该工程由熟悉当地传统做法的施工队伍承担，采用传统方法，在不落架的状态下，托梁换柱、打牮拨正。特别一提的是，在金顶修复过程中，许多上了年纪的宗教人员亲自传授传统的鎏金工艺技术，使该工程融入了深厚的宗教感情。

维修工程于2002年8月竣工，并通过国家局专家组验收。

项目主持人：杨新；参加人员：章忠民。中国人民解放军总装备部设计研究院负责地质及基础勘察。

西藏布达拉宫维修保护工程

布达拉宫施工现场

壁画保护

布达拉宫屹立在拉萨市中心的红山之上，是世界上现存规模最大、保存最完整的宫堡建筑群之一。

布达拉宫始建于7世纪，是吐蕃赞普松赞干布为迎娶文成公主而建的宫殿，后因战乱而逐渐毁弃。自17世纪起，五世达赖喇嘛在此重建白宫，使其成为西藏政教合一的中心。以后历代达赖喇嘛继续修建红宫、灵塔殿、佛殿、经堂、僧舍、门楼、碉堡等建筑，逐渐形成了今天雄伟壮丽的规模，以及与自然山势完美结合的特色。布达拉宫以其辉煌的雄姿和藏传佛教圣地的地位，成为世界公认的藏民族象征。

1961年3月，国务院公布布达拉宫为第一批全国重点文物保护单位，1994年12月，联合国教科文组织宣布将其列入"世界遗产名录"。

第一期保护维修工程

1989年至1994年，针对布达拉宫建筑群存在的严重险情，国家拨出5500万元专款和大量黄金、白银等贵重物资，对其开展了第一期抢险维修工程。无论工程规模和经费数量，该项目在我国文物保护史上都是史无前例的。

中国文物研究所主持了布达拉宫第一期维修工程的勘测设计工作：

组织全国八省市三十余名古建筑技术人员，对布达拉宫进行了有史以来第一次全面详尽的建筑测绘和勘察，完成实测图纸四百余张，为布达拉宫正式建立了"四有"档案和基本文物记录资料。

采用近景测量和航测片相结合的方法绘制出了布达拉宫的总平面图和正立面、背立面、侧立面图，图纸精度和质量均很好。

在施工中，除遵守不改变文物原状的保护原则外，还发扬了"尊重科学、尊重传统、尊重民族风格、尊重宗教需要"精神，运用了打

布达拉宫外景

屋顶阿嘎土改性

屋顶阿嘎土改性

屋顶阿嘎土改性

牮拨正、偷梁换柱等传统施工方法，使工程顺利进展。

对建筑木材虫蛀、槽朽状况进行检查和防虫防腐处理。

根据工程需要，揭取了100多平方米壁画，并进行保护和回贴。

在第一期保护维修工程结束后，出版了《西藏布达拉宫》一书，获得了文化部"五个一工程"优秀图书奖。

一期工程主持人：姜怀英；参加人员：贾瑞广、袁毓杰、陈超平、许言、莫涛。

第二期保护维修工程

由于布达拉宫建筑组群庞大，年久失修和残损部分较多，还有部分存在严重的危险。在中国文物研究所自1998～2001年对布达拉宫现状做进一步勘测评估以后，中央政府决定立项对布达拉宫开展第二期保护维修工程（2002～2007年）。

继而，中国文物研究所又主持了布达拉宫第二期保护维修工程的勘察设计工作，并确定在不改变文物原状的原则下提高科技含量，加强工程中的研究、监测和科学实验。在工程中相继完成如下工作：

进行布达拉宫保护范围内的大比尺地形测绘和工程地质勘察，对布达拉宫建筑地基（山体基岩）基础进行稳定性评价（通过国土资源部专家的评审认定），以确定建筑整体的稳定性鉴定；

对布达拉宫基础及墙体裂缝进行观测，确定用压力灌浆的方法修补砌体裂缝，对材料的配比和实施工艺进行了现场试验、检测与施工指导；

壁画保护

对布达拉宫屋顶阿嘎土进行了防水改性研究与试验（完成室内试验、现场中期试验、扩大中试阶段的试验，通过专家评审），并制定出施工操作规程和质量检查标准，目前在普遍应用；

完成布达拉宫十七个子项目工程的勘查设计任务并进行了部分项目的施工指导；

组织并参与相关保护维修项目实施：木材防虫防腐处理以及对木材材性影响的检测、研究；壁画残损原因以及修复材料、修复方法的研究与试验，完成室内模拟试验和现场中期试验及专家评审，目前仍在实施。

二期工程主持人：张之平；参加人员：颜华、袁毓杰、莫涛、闫明、杨招君、杨新、刘忠平等。

裂缝封堵加片石

圣佑庙大殿

新疆伊犁昭苏圣佑庙维修工程勘测、设计

　　圣佑庙位于新疆维吾尔自治区伊犁自治州昭苏县，该庙建于光绪二十年至二十四年（1894～1898年），是新疆地区现存规模最大、格局完整的黄教喇嘛寺院，至今仍是宗教活动的场所，汉族人称其为"喇嘛庙"。

　　该庙坐北朝南，院内大小建筑共8栋。庙内占地面积29606平方米，总建筑面积2201平方米。2001年6月，国务院公布圣佑庙为全国重点文物保护单位。

　　由于当地恶劣气候条件的影响及人为破坏严重，又历经地震，整个圣佑庙已破败不堪。

　　受新疆维吾尔自治区文物局的委托，由中国文物研究所承担新疆昭苏圣佑庙保护维修工程设计。我所从2003年10月起两次赴现场勘察，及时制定了抢险修缮方案。本工程性质是抢险修缮工程，对局部坍塌和继续坍塌的前殿、后殿和东西配殿进行抢险性修缮；对大殿、山门和钟鼓楼进行现状修整和防护加固。本工程维修设计原则是严格遵守不改变文物原状的原则，尽可能真实完整地保存庙内建筑的历史原貌和建筑特色；在维修过程中以本建筑现有传统做法为主要修复手法；尽可能地使用原有建筑材料，完整保存并归安原有建筑构件；维修工程的补配构件，做到原材料、原工艺，按原形制修复。该工程已于2005年5月开始施工，现维修抢险工程正在紧张进行中。

　　项目主持人：丁燕；参加人员：永昕群、闫明、颜华、陈超平。

维修前几近坍塌的后殿

福建泉州德济门遗址保护工程

2001年，泉州市在南片区保护整改工程中发现了古城南门遗址（德济门遗址）。出土的德济门遗址为城门基础，建筑格局保存尚好，城门楼、城墙、瓮城及城壕基础清晰可辨。现存遗址基础用材主要是石，少有砖和夯土。遗址上有宋、元、明、清四朝遗构信息，具有很高的历史实物参考价值。现存德济门遗址大部分是明代以后的遗构。

德济门遗址的出土对研究泉州的城市历史形态与发展、建筑形制与技术等方面提供了宝贵的实物资料。但遗址的暴露同时也改变了其长期所处的封闭状态，此项保护工程设计的任务和目的，就是让暴露的遗址得到更有效的保护，并创造一种直观、舒适、有着历史文化氛围的观览环境。

方案的编制是在泉州申报世界文化遗产"海上丝绸之路"时进行的，为"海上丝绸之路"的申报增加一个新的历史信息和依据。方案设计从泉州历史文化名城的角度，使其增添新的文化内容。方案设计是以文物保护为基础，保护措施也是按照联合国教科文组织公布的相关要求进行考虑，特别是对砖、石构件的工程保护措施，在文本和方案中给予了说明，并提出一些结构稳定要求的量化标准。

遗址的展示是在有效保护的前提下，尽可能配合泉州历史文化名城建设，创造一个文化休闲的场地和环境。建造观览悬挑平台的目的就是使这处文化休闲场地给人们带来历史文化氛围。我们分别设计了入口广场区、参观平台区、遗存展示区、南门遗址展示区、瓮城门址区和休闲区。展示工程与泉州的历史街区的保护建设相协调，与泉州市规划部门的规划方案相辅相成，为历史名城增加特色。

2003年10月～2004年12月为工程施工阶段。2005年1月23日工程顺利通过验收。

项目主持人：查群；参加人员：付清远、王志良。

维修前遗址破损情况

德济门维修工程完成后景观

德济门维修前全景

德济门维修工程完成后全景

天安门城台修复现场

天安门城台修复现场

天安门城楼、城台保护维修工程

天安门建于明永乐十五年（1417年），原名承天门。清顺治八年（1651年）改建后更名天安门。1949年10月1日，毛泽东主席登上天安门城楼，在这里向全世界庄严宣告了中华人民共和国的成立。从此，天安门就成为了新中国和首都北京的象征。

1997年底，为了迎接中华人民共和国建国50周年，中央政府决定在天安门广场举行大型庆祝活动，活动中心设在天安门城楼。当时由于天安门城楼和城台均存在相当程度的残损状况，天安门管委会即委托中国文物研究所提前开始工作，首先对这处特殊的古建筑进行全面检测、鉴定和评估。其后，又委托继续对天安门城楼和城台进行保护维修设计。

1998年2月，完成《天安门城楼、城台及保护范围内石质文物现状调研报告》，并通过了北京市委领导和专家的评审。1998年8月，完成天安门城楼、城台勘测设计方案，并通过了北京市文物局和国家文物局的审批同意；1999年3月完成技术施工设计，并开始实施天安门城楼保护维修工程，完工于1999年8月。这次工程对天安门城楼大木构架进行了局部加固和整体修整，对屋顶瓦面进行了查补小修和清洁，还完成了其他附属水电工程，确保了天安门城楼的坚固安全，顺利完成了庆典活动。

2001年5月，完成天安门城台检测勘查和维修设计任务后，2003年2月28日，开始进行天安门城台全面大修工程，时间紧任务重（遇到了突发的"非典"，还赶上了"两会"，有一段时间白天不允许开工），甲方与设计、施工、监理等各方努力工作在现场，群策群力，不断解决工程中出现的难题，完善设计、精心施工，终于在2003年5月25日按要求、高质量完成了该项工程，获得天安门城台保护工程突出贡献奖。

修复后的天安门

重庆大足石刻保护工程

重庆大足石刻已列入全国重点文物保护单位和《世界遗产名录》的有：宝顶山、北山、南山、石门山、石篆山、妙高山和多宝塔等七处文物保护区。其中宝顶山和北山摩崖石刻是大足石刻维修工程的重点保护区。

大足石刻的自然破坏最严重的是崖体开裂、崩塌、雨水渗漏及石刻造像风化剥蚀。从20世纪80年代开始迄今为止，国家文物局拨巨款维修保护大足石刻工程项目达数十项，并派我所技术力量承担维修和保护。工程连年不断。主要保护措施采用化学材料对岩体裂隙灌浆加固、金属锚杆牵拉、粘接残断石刻造像、补砌严重蚀空崖壁。自90年代初以来，以防治水害对石刻之破坏为主，展开了大规模的防污水、排污水、防雨水渗漏等工程，主要采用地下开凿排水隧洞和地表作防渗导水工程，治理环境污染，如对宝顶山圣迹池的污水排入和清淤砌岸筑坝防渗。整理、改造、新建参观道路，维修古塔和对保护长廊的修缮。经过多项工程的综合治理，大足石刻已排除岩石崩塌，文物区洞窟渗漏雨水明显减少，严重风化石刻表面经过喷涂封护加固提高了抗风化强度。《近景摄影测量技术在石窟测绘中的应用研究》课题以大足宝顶山和北山为重点试验区，已取得两处石刻的重要保护图纸资料。

从80年代初开始，我所先后派贾瑞广、黄克忠、王金华、李宏松、沈阳等工程技术人员主持设计或协助地方技术人员指导维修保护。

维修前佛像受害情况

北山石窟后檐排水沟

北山石窟大型导水沟

排水隧洞施工

竣工后的排水隧洞

维修中的右翼门

故宫中和殿区古建筑群保护维修工程

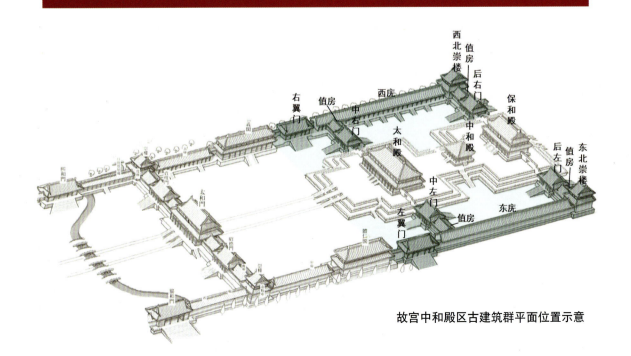

故宫中和殿区古建筑群平面位置示意

维修中的东庑

修复西庑瓦顶

2003年4月（正值"非典"时期），中国文物研究所古代建筑与古迹保护中心接受委托，承担对故宫中和殿区古建筑群的保护维修勘测设计任务。鉴于故宫建筑自身的重要价值以及保护文化遗产真实性完整性的要求，本项目自始至终严格贯彻文物保护法的原则，按照《中国文物保护准则》的程序，通过一年多时间圆满完成了勘测设计任务。

故宫中和殿区即指外朝的三大殿区，我所承担的项目为：除三大殿以外的该区所有建筑，包括左、右翼门，中左、中右门，后左、后右门，东北、西北崇楼，东、西庑房及中左、中右值房，后左、后右值房等共计14个殿座，总建筑面积6973平方米，总占地面积约60000平方米。

维修中的东庑

为了统一细致地做好每一子项目的工作，我们在完成总体勘测后，将单体建筑分为大木构架、斗栱、装修、台基地面、墙体墙面、屋顶瓦面、油饰彩画等几部分，进行法式与残损现状的勘测、研究、评估、鉴定以及相应的技术设计，最终取得较好的效果，不仅得到甲方的认可赞许，而且被评为近两年来的"十佳勘察设计方案"之一。

项目主持人：张之平；参加人员：丁燕、肖东、闫明、颜华、袁毓杰。

修补彩绘

维修前屋顶瓦件脱釉脱节

修补前的木构件油饰

测量屋顶

维修中的西北崇楼

伏羲庙先天殿全景

甘肃天水伏羲庙文物保护工程设计

　　天水伏羲庙始建于明代，清代有多次大修，现存先天殿为明代遗物，山门、仪门和太极殿为清代建筑。伏羲庙为第四批全国重点文物保护单位。

　　2002年8月，中国文物研究所承担天水伏羲庙的文物保护规划和文物保护工程设计工作。伏羲庙文物保护规划，在保护维修文物建筑本体的同时，重点清理文物区域的环境，恢复伏羲庙的历史格局，保护伏羲庙周边传统民居，维护其历史环境。

　　文物保护工程设计重点是先天殿和太极殿的保护。主要解决了屋面漏雨问题，保证大木结构的安全。修整歪闪损坏的建筑台面和散水，铺墁庭院道路地面，解决排水问题。

　　保护工程在油饰彩画方面做了很多工作。首先是从地仗工艺入手，改变以前单披灰的做法为一麻五灰地仗。油饰采用传统光油工艺，从根本上克服了调和漆容易褪色起皮的弊病。对于彩画，区分历史遗物和现代作品，对明清遗留的彩画实施现状加固保护，并用做旧的手法做适当修补，既保护了文物，又维持了彩画的和谐效果。

　　在实施保护方案时，设计人员特别注意施工质量问题，积极配合施工，保证了整个工程的施工质量，其修缮技术和工艺水平在甘肃省，甚至西北地区都属上乘。

　　项目主持人：沈阳；参加人员：肖东等。

保护加固后的太极殿雕刻

保护加固后的伏羲庙先天殿彩画

修缮后的伏羲庙牌楼

宁夏西夏陵保护规划

西夏陵

西夏陵保护规划是中国文物研究所于1999年4月承接的保护规划，2000年5月通过了国家文物局组织的专家评审会，2000年5月14日国家文物局正式批准该规划。宁夏回族自治区人民政府于2001年7月1日颁布实施。

该规划是我国大型帝王陵墓从大遗址保护角度出发，综合考虑政策性、科学性、完整性、前瞻性和可操作性而编制的第一个保护规划，也是得到俞伟超、徐苹芳、谢辰生、史金波等著名专家赞同并认定的专业性强的文物保护规划。

西夏陵保护规划编制的原则，主要体现在：陵区总体格局的完整保护；遗存本体传统工艺、材料与高科技工艺，材料有机结合的综合保护；陵区整体环境与单组陵园环境的协调保护；考古发掘研究与保护工程密切配合，相互补充，相互完善的科学保护。

该规划于2001年7月由自治区政府颁布实施后，西夏陵管理处依据规划，已经完成了3号陵的环境治理，陵区道路工程建设、陵台陵墙等夯土遗存的科技保护工程的综合试验，并通过了以葛修润院士为组长的专家组验

西夏陵保护规划批件　　　　西夏陵保护规划

收，开始了重点保护工程的实施。陵区内部队非军事机关单位已迁出陵区，禁放、环境治理也已取得了明显的成效。规划的初步实施已经使西夏陵的社会效益和经济效益的双赢得到了较好的体现。该规划的编制及实施过程中，充分受到了党中央、国务院以及自治区领导的高度重视，国家文物局领导和各司室，以及宿白、黄景略、徐苹芳、俞伟超、傅熹年、张忠培、王丹华、马世长、葛修润、王景慧等老专家都给予了充分的指导和支持。

项目负责人及文本编写人：付清远；审定人：王景慧、黄克忠；参加人：高洪莉、赵中枢、张文奇。该规划是中国文物研究所承担的第一个大型文物保护单位的保护规划。自此中国文物研究所正式开始了文物保护规划的学科研究工作。

西夏陵

新疆吐鲁番地区
文物保护与旅游发展总体规划
交河区片保护规划
柏孜克里克石窟保护规划

该规划是中国文物研究所与中国建筑设计研究院历史研究所合作完成的规划项目。中国文物研究所承担该项目中交河故城区片保护规划和高昌区片的柏孜克里克石窟保护规划两部分。其中交河区片包括交河故城、雅尔湖石窟、雅尔湖石器地点、交河故城西墓地、交河故城沟北墓地和高昌区片的柏孜克里克石窟等六处为全国重点文物保护单位。

该规划2001年承接，2002年4月完成并通过了国务院七部委的审查和国家文物局批复。

交河区片是吐鲁番地区的文物保护规划重点，交河故城是历史记载中吐鲁番地区第一个政治、经济、文化中心，距今已有两千多年历史，在东西方文化交流史上曾发挥过重要作用，是丝绸之路上具有政治、宗教和军事属性的一座历史名城。加之遗址本身又是举世罕见的生土建筑城市标本，使其具有极其重要的保护与研究价值。其遗址性质定位为中国汉唐时代生土建筑城市遗存。规划的体例定位为修缮性详细规划。

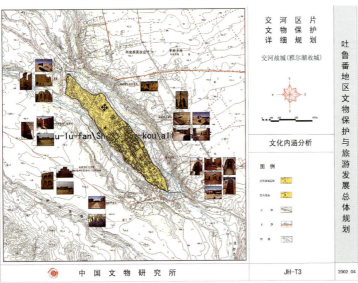

该规划的主要内容包括：科学界划遗址保护范围和建控地带范围及其管理要求；针对遗存残坏状况和隐患提出保护方式、要求和建议；提出城址内外环境治理的要求与建议；提出保护遗址视觉环境的要求与建议；协调处理遗址保护与农业生产及经济发展之间的相关问题；根据保护要求确定遗址的展示规模、内容、形式、地点及参观路线；提出保护与展示设计要点；提出交河遗址博物馆比选的设计方案；对旅游服务设施提出相关要求。

该规划首次提出除工程措施以外包括建立荒漠植被保护区和荒漠植被保育区及乔灌结合的多层防风林带的生物措施，木锚杆锚固、裂隙灌浆的土遗址工程加固措施和PS渗透加固相结合的科技保护措施。

柏孜克里克石窟保护规划主要体现了石窟环境的保护和石窟载体的科技保护；旅游线路由原来的木头沟上改到沟内，与防洪堤坝植被绿化相结合；石窟内被盗壁画原位采用由国外搜集照片如实描述壁画被盗及目前状况的信息展示方式。

目前该规划已开始实施。夯土遗存的保护已在敦煌研究院前期实验的基础上开始实施重点保护工程，其中瞭望台保护工程已经竣工，效果良好。交河故城抢险保护工程已按照规划要求完成了保护工程的方案设计。

项目主持人：付清远；参加人员：黄克忠、高洪莉。该规划获2004年度建设部华夏建筑设计一等奖。

里耶古城明清街巷

湖南里耶古城遗址文物保护规划

  里耶古城遗址位于湖南省湘西土家族自治州龙山县里耶镇。2002年，文物部门配合国家基本建设工程进行局部考古发掘，出土战国至西汉早期的城墙、城壕、作坊、古井、民居、道路等遗迹以及大量珍贵文物，特别是在一号井出土36000枚秦简，是秦史研究中的重要史料。同年，作为增补项目，列为第五批全国重点文物保护单位。中国文物研究所于2003年底开始承担里耶古城遗址文物保护规划编制工作。

  里耶古城遗址文物保护规划在评价文物本体、环境现状的基础上，划定保护区划。在保证遗址完整性的基础上，吸纳周边现存的明清民居街巷建筑，以显示里耶镇的历史发展延续性。

  规划根据保护对象为处于潮湿多雨地区的土遗址的特点，从保护文物的基本点出发，提出重点遗址原状展示、大部分遗址采用回填保护的处理办法，并用现代材料和手法在城镇现状地平上翻模复制遗址，以便于展示。作为点睛之笔，对其中出土秦简的一号井遗址做重点保护加固处理。

里耶古城道路遗址

  规划考虑到遗址紧邻酉水河，河水渗漏对遗址有致命影响的问题，除了做好地表雨水的排泄系统，还利用城址外围护城河道与现代城镇市政设施结合，减少水对土遗址的侵蚀。

  规划考虑到文物保护对地方经济的拉动作用，一方面建设用于展示古城遗址和秦简的古城遗址博物馆，另一方面，结合周边现存的其他古城和墓葬遗址及旧城街巷的保护与利用，建立一个比较丰富的小城镇文化旅游展示区。

  里耶古城遗址文物保护规划于2004年经国家文物局批准，湖南省政府公布实施，保护工程和相关展示建设工程正在进行中。

  项目负责人：沈阳；参加人员：王金华。

里耶古城一号井遗址

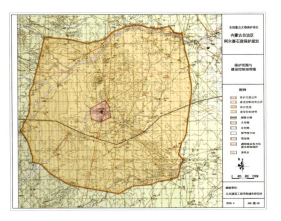

阿尔寨石窟建设控制地带图

阿尔寨石窟保护展示规划图

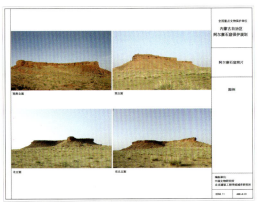

阿尔寨石窟保护规划地貌照片

内蒙古阿尔寨石窟遗址保护规划

阿尔寨石窟（又名百眼窑）位于内蒙古自治区鄂尔多斯市鄂托克旗的北部大草原中。地理坐标为东经107°10′，北纬39°43′。它是一座孤立突起的红色砂岩小山岗，与周围高差约40米，东西长约300米，南北宽约70至90米。现存的65个洞窟分布在崖顶以下约30米的峭壁上。现石窟中塑像已无，但保存有精美的壁画。

该石窟开凿于西夏，盛于元代，止于明末清初。历史记载成吉思汗曾在遗址区屯兵，筹谋灭取西夏。该石窟是中国长城以北草原地区仅存的晚明以前的石窟遗址。现存壁画内容大多以藏传佛教为主，兼有汉式风格，反映了古代我国不同民族文化交流、融合的历史状况。这座内蒙古自治区内规模最大的石窟寺遗址，是研究蒙古历史、宗教、文化和艺术等方面的珍贵史迹。

遗址保护规划全面贯彻文物保护方针，合理确定保护范围，以保护石窟遗存的真实性和完整性。根据保护区的实际，制定切实的保护措施，消除危害遗址安全的不利因素。不仅重视遗址本体保护，还强化遗址周边环境的治理，实现对草原自然环境和生态环境的有效保护。完善管理制度，健全遗址保护的政府部门保障体制。在保护遗址前提下，合理展示利用遗址，弘扬民族文化，创建文化遗址保护与环境保护及地方经济协调发展的协调机制。

为保护遗址本体及其环境，遗址分为三级保护：

保护范围：由原1.65平方公里扩大为3.4平方公里（其中重点保护区范围为0.43平方公里，一般保护区范围为2.97平方公里）。

建设控制地带：保护范围以外周边地区，面积为248.63平方公里。

环境影响区：为保护广袤大草原壮丽景观，自建设控制地带以外18～20公里的周边范围划为环境影响区，面积约为1256.09平方公里。

为有效保护遗址，除对遗址本体的危岩体进行工程性、科技性、生物性保护措施外，对环境保护采取牧民搬迁、禁牧、休牧措施，实现遗址区防风固沙，并限制现代人工设施建设。

项目负责人：王金华；参加人员：付清远。

大窑遗址典型地层剖面

大窑四道沟遗址

大窑三道沟遗址

内蒙古大窑遗址文物保护规划

　　内蒙古大窑遗址是中国北方地区一处规模大、年代早、延续时代长的，以旧石器时代为主的大型石器制造场旷野类型遗址。自旧石器时代早期以来，古人类在此辛勤劳作，采石制器，留下了许多弥足珍贵的遗物、遗迹，对于研究我国北方地区旧石器时代具有重要的科研价值。

　　中国文物研究所于 2003 年 10 月接受委托承接保护规划，2004 年 11 月通过由内蒙古自治区文化厅组织的包括全国著名的旧石器时代考古专家在内的专家评审会。2005 年 5 月 26 日国家文物局文物保函 [2005] 549 号文正式批准该规划。

　　大窑遗址文物保护规划，是首个批准通过的旧石器时代旷野类型遗址规划，其规划从旧石器时代大型旷野类型遗址的特殊性为出发点，强调文物本体和载体保护之间的协调关系，并针对遗址现存问题，提出一系列适合遗址特点的科学保护措施。张森水、高星、王幼平等著名旧器时代考古专家一致认为，该规划对未来全国旧石器时代保护规划的编制，尤其是对旧石器时代旷野类型遗址保护规划的编制具有借鉴意义，文本中强调保护与研究并行，发掘中兼顾保护的观点符合遗址保护的理念，具有前瞻性，对遗址的保护具有长期的指导意义。

　　项目负责及编写人：冯丽娟；顾问：张森水；审定人：付清远；参加人员：葛川、汪英华；参加评审专家：黄景略、张森水、高星、王幼平、王力军。

大窑遗址文物保护规划文本

渤海上京龙泉府城佛寺遗址

第二宫殿址出土的三彩兽头

黑龙江渤海国上京龙泉府遗址保护规划

渤海国上京龙泉府遗址是国务院1961年公布的第一批全国重点文物保护单位，是我国历史上受唐朝册封的东北地区民族政权——渤海国中晚期的都城遗址，也是我国目前盛唐时期地面遗存保留最为丰富、布局最为完整的一处中世纪古城遗址。其规划营建设计思路之严谨、单体建筑规模之宏大、独特的地方建筑工艺手法等在中国民族建筑史上都占有重要的地位。

该遗址保护规划是中国文物研究所在黑龙江省文管会1996年编制的规划初稿基础上于1999年10月正式承接的规划编制项目。

规划的目的为确立渤海国上京龙泉府遗址可持续保护与可持续利用辨证统一的战略地位，利用其可视性强的优势，提高社会对上京城重要历史价值的认识，妥善处理文物保护中国家、集体、个人利益的关系，实现"保护为主、抢救第一，合理利用、加强管理"的保护方针，达到文物保护与社会发展双赢的实效。

规划立足于上京城遗址总体格局的完整保护、文物建筑遗存整体环境的有效保护，突出对考古发掘过程中的抢救性保护与研究，充分体现遗址保护的真实性和历史信息的完整性，同时力争作到合理、适度、科学地展示和利用。

规划的编制是在考古发掘过程中不断修编和完善的。

规划于2001年11月由黑龙江省文物局正式上报国家文物局，2002年获批准实施。

规划编制主持人：付清远；参加人：陶刚、高洪莉；规划审定人：王景慧、黄克忠。协编人员：盖立新、王祥斌、李陈奇、赵虹光。

宫城第二宫殿址台基遗址

西藏布达拉宫维修工程壁画保护工程

布达拉宫壁画保护工程是国家重点文物保护工程——西藏布达拉宫保护维修工程（一期）的三大主要工程之一（建筑修缮、壁画保护、木材防腐防蛀）。壁画遍于布达拉宫的各个殿堂，而且依照壁面大小通体皆绘，甚至四壁连续相接形成一体，总面积约2500平方米。壁画内容丰富多彩，技艺独到精湛，是藏民族文化艺术的宝库，也是重要的人类历史文化遗产。

壁画保护是与建筑修缮配合进行的，同时还尝试保护与课题相结合，设立了壁画专项保护研究课题。课题针对壁画存在的多种病害，从壁画结构、材料和环境状态等方面入手，通过立体显微镜对壁画剖面进行微观检测，用X射线衍射仪对地仗层和颜料层的成分详细分析；与工程人员共同研究布达拉宫的建筑结构模式，对壁画制作的传统工艺、布达拉宫殿堂的日常使用等环境状况进行深入调研，从而得到与壁画有关的系统、综合数据，对壁画损坏的内外因素做出了全面分析。根据研究成果制定了详细周密的保护实施方案，采取了清洗、加固、揭取、修复和复原等多项保护技术。

布达拉宫壁画保护工程在进行中

揭取壁画时，一方面为保证画面的完整性尽量避免切割，另一方面要考虑藏式壁画厚重而脆弱的特性，揭取的单幅面积达30平方米，总面积约160平方米。对藏式壁画特有的酥油灯熏污画面，筛选了多种有机溶剂，精选了有效而不损坏画面的配方，清洗面积约100平方米。此次壁画保护工程保护处理壁画总面积超过300平方米。

工程从1989年开始到1994年结束，共进行了四个阶段。项目主持人曹勇获西藏自治区人民政府和国家文物局的嘉奖。

保护工程中的布达拉宫壁画

北京智化寺智化殿壁画保护中日合作项目

为了解壁画病害分布情况，把观察到的病害状况绘制成图，并制成与壁画照片能够重叠的电脑软件。

此项目由中国文物研究所与日本东京文化财研究所共同合作，围绕中国寺院壁画的保护开展研究。收集壁画保存环境的基础信息，分析壁画制作工艺及制作材料，通过对壁画周围环境的监测，推定病害成因，同时从对壁画病害状态的分析调查提出其修复技法和材料的保护修复方案。

首先对智化寺的壁画进行了环境监测和病害状况调查。从美术史的观点出发，对该壁画的技法、构造、材料等进行了研究，从题材方面对地藏菩萨十王图的形象学特征和源流进行了研究，还有关于该壁画的来历调查。在中日双方研究者紧密配合调查下，收集了许多重要的信息。

为制定修复方案，对该壁画进行了详细的图像记录，并且对壁画整体进行了病害现状调查，然后把这些资料数字化，在电脑中将照片与图重合，制成病害现状调查图。根据这份数据资料，可以准确地进行档案记录，合理地选择修复技术及材料，提出修复方案。

通过北京市智化寺壁画调查结果与其他地区寺院壁画调查结果的比较，可以了解中国壁画中比较典型的一种壁画状况。通过这些研究，为今后中国壁画保护修复，特别是与此类似的壁画提供有效帮助，同时积攒了大量的基础资料。今后将在此研究基础上，完成该壁画的具体保护修复工作。

项目主持人：陈青。

智化寺智化殿（1929 年）

仪器总线技术改造及国家文物保护分析数据标准体系开发

　　仪器总线技术改造及国家文物保护分析数据标准体系开发项目是通过研究文物保护领域内分析仪器应用现状和未来的发展趋势，对不同材质文物的仪器分析方法、标准进行研究和归纳总结，形成一套科学化、标准化和体系化的文物保护分析架构。以此为基础，通过改造升级旧仪器的接口及控制系统，加强自动化、网络化、标准化功能，集成体系化的文物保护分析架构，形成自己的文物保护实验室管理系统（CLIMS）。CLIMS在实现数据管理的基础上更加强调对实验室整体管理的实现，使得本系统不再仅仅具有数据管理功能，还可以全方位地对整个实验室的运行实施管理。它是一个管理系统、工具系统、运行系统的集成。该项目可建立基于统一平台下的数字化实验室，为进一步加强国内外同行沟通交流、强化科学数据的积累、提高仪器共用共享率奠定基础，是文物保护科技基础条件平台的重要支撑。

　　项目主持人：高峰。

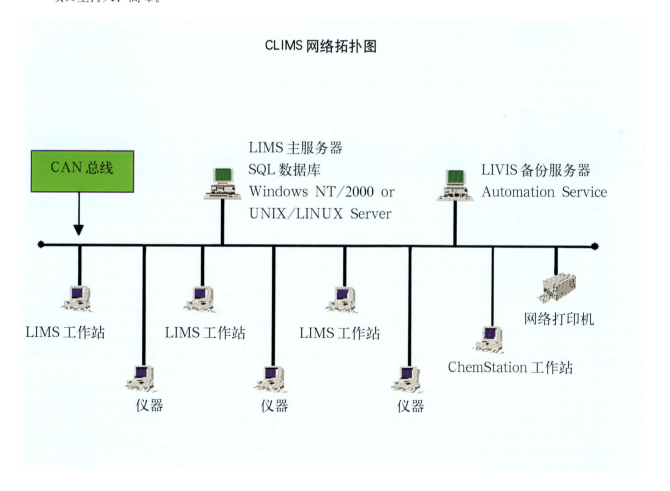

CLIMS 网络拓扑图

黑龙江阿城金代齐国王墓出土丝织品金饰花纹的加固保护研究

这批文物1988年出土,其中30余件丝织品服饰,有些带有织金纹饰,部分织金已断裂,脱落。为了保护这些织金,研制了黏合剂:BA与MMA的共聚物－CPBMA。这与以往所用的材料相比具有更柔软、透明、耐老化的性能,适于织金丝织品的保护。

此课题1992～1996年完成,并于1997年5月由国家文物局组织的专家鉴定会通过,在织金丝织品保护应用方面达到国内领先水平。

课题组长:郭竹云;参加人员:黑龙江省博物馆贾凤改。

左上:保护处理后的金代齐国王墓出土紫地云鹤金锦绵袍

左中:保护处理后的金代齐国王墓出土褐地朵梅鸾章金锦绵蔽膝

左下:保护处理后的金代齐国王墓出土绿罗萱草绣鞋

青海都兰吐蕃大墓出土唐代黄地宝花绣鞑

青海唐代吐蕃墓出土丝织品的保护

　　1998 年 11 月，受青海省考古所委托，中国文物研究所承担了青海省都兰县香加乡莫克力沟唐代吐蕃墓出土的丝织品文物的保护。

　　这些文物在考古发现之前被盗墓贼严重损坏。考古所将这些文物带到我所时，丝织品与土混在一起，共计 18 件（包），这些文物全部是残件，质地有彩锦、绫、罗、绢及纱等。展开后可见有长袍的形状，还有彩锦短衣及褥单等。经过保护处理后，丝绸的颜色均可以分辨，有红、黄、蓝、绿、白等色。花纹有波斯对鸟、对狮、对马联珠等，极为精美。文物共计 100 多件（块）。保护工作于 1999～2002 年完成。项目主持人：郭竹云。

青海都兰吐蕃大墓出土唐代红地云珠日天锦

青海都兰吐蕃大墓出土唐代宝相花柿蒂花绫

敦煌莫高窟起甲壁画修复技术

莫高窟壁画中最为严重的一种病害是龟裂起甲脱落，有106个洞窟患有此病，占各种病害壁画总面积的29%，多为唐代壁画，起甲脱落后则壁画荡然无存。1957年文化部曾邀请捷克著名壁画修复专家格拉尔到敦煌作修复试验，未获成功。1962年中国文物研究所胡继高和助手敦煌研究院李云鹤，分析壁画的特点，经近百次试验，研究成功以聚乙烯醇为主的化学配方和修复工艺程序，取得了优良的效果，恢复了壁画原貌。迄今已四十余年，效果依然很好。用此方法已修复壁画超过二千多平方米，这一技术现在仍在使用，并已推广运用于榆林窟及青海、新疆等地的其他石窟，说明该项成果具有广泛应用价值。该项成果具有独创性，成效显著，在国内外尚无先例。同时还为敦煌培养了壁画保护人才。1978年获全国科学大会奖，1987获文化部科技成果一等奖。

项目主持人：胡继高，参加人员：李云鹤。

修复前的情况

修复后的莫高窟壁画

金雀山帛画

山东临沂金雀山帛画揭裱技术

　　该幅西汉帛画长200厘米，宽42厘米，绘制着天上、人间、地下景象。1976年出土于临沂金雀山第9号汉墓中，出土时帛画腐朽十分严重，帛已基本朽尽，仅剩残留的彩色画面紧贴于棺盖板上。因为没有帛或纸类的底衬，所以一直未能将其揭下。中国文物研究所胡继高运用现代科技与传统方法相结合将画揭取下来，后又经杨惠钦将揭取下来的帛画翻裱成功，并制作了一个直径20厘米的卷轴，以利古画的长期保存。此项目获得文化部1985～1986年科技成果三等奖。该件西汉帛画现存山东省博物馆，为该馆镇馆之宝。

　　项目主持人：胡继高。

湖南长沙马王堆汉墓出土竹、木、漆器脱水修复技术

　　1972~1973年，长沙马王堆一号和三号汉墓中出土了大量精美的竹、木、漆器，但均吸饱了水分，有的在出土前就已散架。在国内外漆器脱水尚无成功先例的情况下，研究人员对各种不同材质的文物采用具体分析具体对待的办法，例如对待质地较好的竹简、木俑、铁臿木柄等研究出采用醇、醚连浸法脱水，对待质地差、含水率高的漆木器则采用醇－醚－乳香胶脱水方法，对待残损严重的六博局具等漆器除将其部件分别脱水外，还进行了修复保护，取得了良好的效果。其中大件漆钟的脱水成功当时在国内外尚属首次，后曾在法国、日本等国展出，经受各种不同气候考验，情况十分稳定。1978年获全国科学大会集体奖。

　　项目主持人：胡继高。

修复前的漆钟

修复后的漆钟

吉林集安长川一号高句丽墓壁画保护

因该墓内壁画曾出现大面积严重空鼓，摇摇欲坠。为了避免灌浆法发生坍塌的危险，技术人员研究出一种不规则带铆加固法，对空鼓壁画进行了加固保护，取得了良好效果，受到韩国访问团的好评。1978年获全国科学大会集体奖。项目主持人：胡继高。

吉林集安长川一号高句丽墓壁画 女娲图（上）、角抵图（下左）、青龙图（下右）

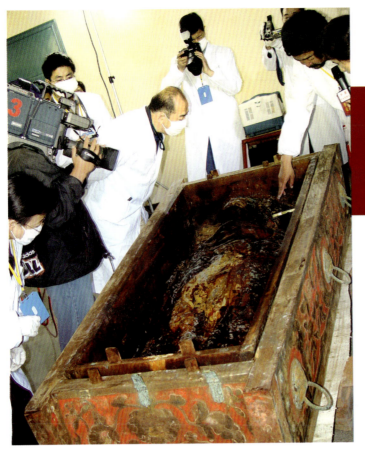

吐尔基山辽墓开棺时情景

内蒙古通辽吐尔基山辽墓
出土文物保护项目

第七层衣服（清洗后）

2003年3~5月，内蒙古自治区文物考古研究所抢救发掘吐尔基山辽墓，出土了大量珍贵文物，其中彩绘木棺、纺织品罗裙，保存完好，为少有的精品。此外，墓葬中出土了大量的铜器、银器、金器、漆器、木器、马具、玻璃器，这些精美的随葬品，对于辽代文化艺术等方面的研究提供了珍贵的实物资料，该墓发掘被列为2003年全国十大考古发现之一。

2003年6月，受国家文物局委托，由中国文物研究所会同国家博物馆，由詹长法带队前往内蒙古，协助内蒙古文物考古研究所，进行对彩绘木棺的开启和文物的提取及现场保护工作。

中国文物研究所应内蒙古自治区文化厅邀请，组织实施文物保护方案，在专家胡继高指导下，副主任嵇益民组织文物保护科技中心拟订了彩绘木棺、漆器、纺织品、壁画、金属（国家博物馆拟订）文物保护方案，并由国家文物局审核通过，先后拨专项经费抢救。

银平脱漆盒（养护前）

两年来，对彩棺进行了防霉灭菌、控湿阴干现场保护；纺织品的揭取、清理工作已基本完成（与内蒙古博物馆合作）；漆器的清理、修复进入收尾阶段；金属器物的保护也由国家博物馆顺利完成。

参加这项保护工作的有陈青、赵桂芳、周霄、杨淼、马菁毓、孙延忠、刘意鸥，内蒙古考古所和内蒙古自治区博物馆的人员，还有湖南长沙市文物考古研究所的肖静华、金平。参加现场保护的有詹长法、郭竹云、张可。

银平脱漆盒（养护后）

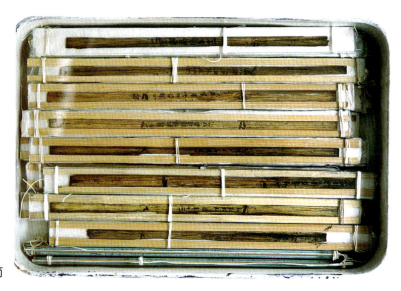

脱水后的竹简

湖南长沙走马楼出土三国吴简的保护研究

1996年底在湖南长沙市中心平和堂建筑工地发现的古井内出土了十几万枚长沙走马楼三国吴简。这批竹、木简牍的数量之多，远远超过历年全国各地出土简牍之总和。这批简牍的发现对研究三国时期的历史具有重要意义。

走马楼三国吴简的出土与保护受到中央领导、国家文物局领导的高度重视和支持。国家文物局领导委托专家组组织全国简牍保护专家商讨简牍保护对策，并由中国文物研究所胡继高主持，并和赵桂芳共同承担这批简牍保护方案的制定，于1997年由长沙文物考古研究所肖静华等共同实施。同时，北京大学文博学院的胡东波也参与了饱水竹简的防霉杀菌工作。

长沙走马楼三国简牍中竹简约10余万枚，木质简牍约2400枚。古井内的竹简由于受泥土重力的作用，有一部分出土时已叠压成坨。这批竹简饱水，表面积满污垢，呈灰褐色，残损严重；木质简牍质地较好，少部分残损。

根据出土竹木简牍的现状，为了科学的保护，我们请相关的研究单位对简上的泥土成分、竹木简的材质种属、竹简的腐朽程度进行了分析鉴定。根据鉴定结果，结合过去的保护经验和前期的试验，我们制定了保护方案，即木质简牍由杉木所制，可通过控制环境湿度的方法缓慢干燥脱水；竹简用蒸馏水或适当低浓度的中性化学药剂去污，成坨的竹简可通过手工操作法小心剥离。竹简采用醇－醚－乳香胶连浸法脱水，可以达到竹简脱水后不收缩、不变形、色泽正常的效果，而且保护效果经得起时间的长期考验。同时我们也做了在脱水时采用递增溶液浓度和不递增溶液浓度置换法对竹简脱水收缩效果影响的试验，这为今后简化置换手续和缩短置换时间提供了可靠的依据。方案制定后并经过国家文物局专家组论证通过。

长沙走马楼三国吴简的保护方案制定和保护工作实施过程中，长沙市领导和市文物考古研究所所长也给予保护工作提供方便和组织人员配合实施。我们在当地对参加人员进行了现场培训并指导实施。按照我们的方案，他们将2400枚木简全部脱水，10余万枚的竹简全部去污、成坨的竹简完全分离，同时他们也做了饱水竹简的脱水保护工作。后期走马楼竹简的保护工作由湖北荆州博物馆负责。

脱水前的竹简

出土竹木漆器脱水规模化保护研究

　　出土竹、木、漆器脱水规模化保护研究是中国文物研究所承接的国家科技部大型研究课题。
　　该课题对我国在出土饱水文物的四大省份（湖北、湖南、安徽、河南）饱水文物的保存处理情况进行初步调研评估。针对出土竹、木、漆器文物脱水前处理保存环境展开研究；完成饱水文物在前处理、冷冻干燥各阶段的实验数据，总结、分析。研究批量保护饱水文物方法，特别是真空冷冻干燥法处理文物方法。对真空冷冻干燥中的关键点、共晶点进行了探索和范围的测量，为真空冷冻干燥批量保护处理提供了理论依据和技术保障，为国内首家利用大型真空冷冻干燥设备对饱水文物进行批量、规模化的脱水保护研究，摸索了基本的经验和试验数据。该课题于2004年通过国家文物局验收。

　　项目负责人：嵇益民；参加人员：胡继高、赵桂芳、陈青、杨淼、马菁毓、周霄等。同时邀请浙江省博物馆卢衡、福建泉州海外交通史博物馆李国清等参与或给予指导。

脱水前的木俑

脱水后的木俑

出土彩绘陶俑的保护处理方法
——北周李贤墓彩绘陶俑保护方法的研究

1983年秋,在宁夏固原发现的北周李贤夫妇墓中出土一批彩绘陶俑和彩绘明器。这些彩陶的形态多种多样,色彩鲜艳,是我国北朝历史文物中难得的珍品。这些彩绘陶器均为泥土所覆盖,出土时比较潮湿,一旦自然干燥,色彩即脱落,毁坏了原貌。为了将它们保存好,经过认真、严格的科学研究实验,找到了一种性能较好的彩绘陶器处理液,即文保"84-1彩绘陶器加固液"。该处理液是醇溶性的,操作很方便而且安全。经处理后的彩绘陶器,其固色性能较好,色彩被牢固地附着在文物的本体上,不致脱落。文物的外表保持了出土时的色泽原貌,效果十分理想。

此法成功地解决了在潮湿环境下如何保护处理好彩陶颜色这一难题,是我国在潮湿环境下彩绘陶器保护技术方面的一大突破,有较大的社会意义,对保存我国的历史文化遗产作出了较大的贡献,并可以推广应用。除李贤墓出土的271件彩绘陶俑和彩绘陶器全部获得成功的保护外,还有新集北魏早期墓葬出土的彩绘陶俑以及后来发现的徐州北洞山汉墓出土的彩绘陶俑等均用此法得到了妥善的固色保护,获得令人满意的结果。经处理后的彩陶文物,不仅在国内陈列展出,而且被多次送往日本、澳大利亚等地巡回展览,深受国内外观众的喜爱。该项目曾获1985~1986年度文化部科技进步奖四等奖。

项目主持人:徐毓明。

修复后的北周李贤墓出土彩绘陶武士俑

修复后的彩绘陶立式侍官俑

左：处理前的壁画（墓室内）
右：修复后的北周李贤墓壁画带刀侍卫

北周李贤墓壁画的揭取和修复新技术

壁画揭取前的准备工作

壁画揭取工作在进行中

北周柱国大将军大都督李贤夫妇墓壁画是北周的重要壁画。其历史悠久，意义重大。李贤墓壁画与过去所发现的壁画从其制作、构造和保存状况等方面来看均有很大不同。它是直接画在结构性差、粘接性差的黄土层上的，土质结构多裂缝、孔洞和空隙，极易崩塌和剥落。壁画没有地仗层，而且处在深达十多米的墓室和墓道内，不能沿用过去的方法来处理。

研究人员经过大胆地摸索和研究实践，创造了一种新的揭取壁画方法——即"框套法"揭取壁画解决了这一大难题。该法不仅在揭取工艺上有所创新，做成活动形式的框架，长、宽、厚均可以灵活地调整，揭取壁画方便而且安全，特别适用于墓道或墓室中单独内容的壁画图像。对于绘在泥土上的、不带地仗的、难以用传统方法揭取的壁画尤为适用。而且选用了许多新的化学材料处理壁画，效果相当理想。经此法保存下来的李贤墓壁画，填补了我国北朝北周时期的绘画史空白，为我们探讨隋唐墓壁画的历史沿革（演变）提供了宝贵的实物资料，并为研究古代建筑史、古代服饰、北周府兵制度等提供了新资料。这批壁画曾在国内外巡回展出，获得广泛的好评，取得了较好的社会效益。该项目曾获1985～1986年度文化部科技进步奖四等奖。

项目主持人：徐毓明。

AC-I型防紫外线胶片的研制与应用

光线中波长较短的紫外线（波长在400毫微米以下）对物品，特别是对博物馆中的珍贵藏品危害很大。许多博物馆藏品在光线（尤其是其中的紫外线）的长期照射下逐渐出现泛黄、变色、褪色、发脆、龟裂、剥落甚至粉碎的现象，就是常见的例子。为防止紫外线伤害珍贵文物，我们从1980年开始研制一种含有紫外线吸收剂的透明胶片，称AC-I型防紫外线胶片。它是由含有紫外线吸收剂的三醋酸纤维素构成，厚度为0.1毫米，对可见光的透明度好，其紫外线的透过率甚微，数值接近于零。经用英制760型防紫外线监测仪测定，其数值远远小于仪表的最小刻度值50微瓦／流明，远在仪表刻度之外（接近于零），而博物馆所允许的测定数值为75微瓦／流明。可见该产品完全合乎规定的安全标准。

AC-I型防紫外线胶片的耐老化性能好，可使用多年而不致失效。它既适用于自然光照明，也适用于人造光源照明，无论在哪种情况下使用，均能滤除掉紫外线。其滤紫外线性能明显优于国内外的同类产品。将该产品应用于博物馆或艺术馆陈列室展出珍贵艺术品或文物库房内保存文物时，能防治紫外线对珍贵文物的损害。在图书馆或档案馆等保存图书、文献、资料的地方应用，同样能达到防止紫外线伤害物品的目的。对其他因紫外线照射而引起伤害的职业或对象，均能起到极好的保护作用。该产品已在北京法海寺保存有明代珍贵壁画艺术品的正殿等地使用，效果很好。该项目曾获1985～1986年度文化部科技进步奖三等奖。

项目主持人：徐毓明。

法海寺壁画

近景摄影测量洛阳龙门石窟奉先寺（1986年4月）

近景摄影测量技术在石窟测绘中的应用研究

　　该研究应用摄影测量技术，解决了石窟测绘中由于对象、条件和特殊性带来的一系列新的技术问题和应用中的实际问题，通过文物保护技术专业人员与测绘技术人员的合作，进行了系统的试验研究，实现了测绘技术与文物保护专业的结合，共完成375洞窟166幅图。该技术具有遥测功能、信息的实时性、信息处理的可重复性和扩展性等特点，对我国石窟史、石窟艺术研究、石窟寺的保护维修工程和文物出版均有重大意义，填补了我国大型石窟测绘档案的空白。

　　完成单位：文化部文物保护科学技术研究所，建设部综合勘察研究院；主要人员：薛雄坚、贾瑞广、郝桂芝、宋森才、黄克忠、王力民、居贤蕃、仲铭嘉、李秋英、汪祖进、霍春权、陈超平、许言、丁军军

文化部文物保护科学技术研究所"近景摄影测量技术在石窟测绘中的应用研究"获国家科技成果证书

中华人民共和国国家科学技术委员会《国家科技成果完成者证书》（证书编号：022717）（1992年11月）
项目名称：近景摄影测量技术在石窟寺测绘中的应用研究
完成者：贾瑞广（第2完成人）
所属单位：文化部文物保护科学技术研究所
国家登记号：910408

国家科学技术进步奖获奖者证书
（获奖者：宋森才）

二宜楼内

经过处理后的彩绘

福建漳州二宜楼壁画和彩绘保护

　　"土楼之王"二宜楼位于福建省漳州市华安县仙都镇大地村，是我国一万五千多座土楼中惟一的一个全国重点文物保护单位。二宜楼巨大的体量，独特的设计，精美的壁画和彩绘，以及三百年绵延不断的传统文化造就了这个民居瑰宝。

　　二宜楼所保存的六百多平方米的壁画和一百多平方米的彩绘极大地丰富了我国清末民初建筑装饰遗存，且具有很高的艺术和考古价值。自然老化和人为活动的影响使壁画和彩绘出现了种类繁多、程度不一的病害。

　　2000～2001年，由国家文物局拨款，通过历时两年的二宜楼壁画和彩绘保护工程全面治理了壁画和彩绘的病害。保护方案的设计是在严格遵循保护原则、详尽调查和充分试验的基础上制定的。保护工程包括保护人员培训、保护处理前后状况记录和保护过程记录、保护处理、保护处理过程中质量监控。考虑到二宜楼仍然是民居，在保护工程中特别挑选了一名二宜楼的居民参与，使其在工程结束后能够胜任壁画和彩绘的日常监护。

　　项目主持人：郑军。

二宜楼

咪鲜胺处理霉菌前后对比照片
上：药剂处理前　　下：药剂处理后

遗址大型饱水木构件原址保护技术研究子课题
——遗址大型饱水木构件原址保存菌害机理及防治研究

本课题是国家科技部课题（2002～2004年）"遗址大型饱水木构件原址保护技术研究"的子课题，由中国文物研究所承担。由于子课题的研究涉及多学科知识，为了更好地研究并完成课题任务，我们组织四川成都市文物考古研究所、浙江省博物馆、林业科学院木材工业研究所、中国科学院武汉病毒研究所的专家联合攻关。浙江绍兴印山越王陵博物馆对此项研究给予了支持。

结合课题的研究内容，我们选取时代不同、地点不同、形制不同的三处遗址作为课题研究对象，它们是四川成都商业街船棺遗址、浙江绍兴印山越王陵、四川成都青羊区金沙村汉代古木桥遗址。

课题研究内容包括：遗址木构件的保存现状及环境情况调查；进行木构件腐朽情况检测、树种鉴定、木材含水率测定及霉腐菌危害机理研究；防霉防腐剂的筛选、药剂的抗流失性及药剂对木构件力学强度的影响、处理工艺及现场防霉防腐试验的研究。

研究结果表明，对木材侵染力较强的有青霉、木霉、曲霉等霉菌和木腐菌，并做了防霉防腐剂的筛选试验，共筛选出了四种高效、低毒、环保的药剂，即MV、ML－208、咪鲜胺、戊唑醇，这四种防霉防腐剂在木材文物上首次使用，且防霉效果较好，符合文物保护的要求。

我们对本课题做了大量的研究工作，得到了较多的科研数据，为今后进一步深入研究奠定了基础，也为国内外同类遗址大型饱水木构件的原址保存提供了借鉴。

总课题主持人：陈中行、吴加安；子课题主持人：赵桂芳；参加人员：孙延忠、马菁毓、萧琳、卢衡、刘秀英、夏克祥等。

咪鲜胺处理木腐菌前后对比照片
上：药剂处理前　　　下：药剂处理后

《古建筑木结构维护与加固技术规范》（GB 50165-92）

《古建筑木结构维护与加固技术规范》（GB 50165-92）。荣获1996年度建设部科技进步奖一等奖。中华人民共和国国家标准。

主要完成单位：四川省建筑科学研究院、中国文物研究所、故宫博物院、北京建筑工程学院、河北省古建筑保护研究院、中国建筑科学研究院、太原工业大学。

项目起止时间：1984年10月～1989年10月。主要完成人：梁坦、王永维、倪士珠、张之平、于倬云、臧尔忠、孟繁兴、季直仓、李世温。

该项目是国家发布的标准，包括了总则、基本规定、勘察要求、可靠性及抗震性、古建筑防护、维修、加固和工程验收等内容。

经建设部评审认为：该规范内容全面、体系完整、条理清楚、论证充分，全面贯彻了国家文物法的精神，具有较强的政策性，使我国古建筑的维修与加固工程有章可循，有法可依，对加强我国古建筑的科学保护具有重要意义。该规范建立了古建筑木结构的可靠性鉴定评价、加固修复技术、长期防护技术等三个体系，具有较强的操作性，得到全国文物管理和设计施工单位的施行，社会、经济效益显著。

右上：《古建筑木结构维护与加固技术规范》（GB 50165-92）文本

右下：古建筑木结构维护与加固技术规范获建设部1996年度部科技进步一等奖奖状

中华人民共和国国家标准

GB 50165-92

古建筑木结构维护与加固技术规范

Technical code for maintenance and strengthening of ancient timber buildings

1992-09-29 发布　　　　　1993-05-01 实施

国家技术监督局
中华人民共和国建设部　　　联合发布

考古出土现场

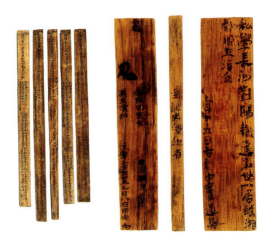

清理后的竹木简

长沙走马楼出土三国吴简整理项目

　　1996年秋，长沙市文物考古工作者对市中心"五一"广场走马楼街道附近基建区古井进行了抢救性发掘。其中最重要的发现是J22圆井中大批竹木简牍的出土，总数在10万片左右。简牍所见年号包括东汉晚期的建安和孙权的黄武、黄龙、嘉禾等，内容丰富，从现已释读的部分来看，这批简牍主要是长沙郡与临湘侯国（县）的地方文书档案，大致可分为嘉禾吏民田家莂(租税券书)、司法文书、黄簿民籍、名刺、籤牌、缴纳各种赋税与出入仓、库、关邸阁的物品的簿籍等种类。走马楼简牍的发现，引起了国内外学术界的广泛关注，它以独特的内容使我们了解孙吴时期的政治、经济、军事、文化、赋税、户籍、司法、职官等许多方面，为深入研究当时经济关系、阶级关系、赋税制度、典章制度以及当时的社会生活等提供了新的历史信息。

　　我所研究人员从走马楼三国吴简出土伊始就参与了保护与整理工作，并与长沙市的文物考古研究人员一起制定了总体规划及保护、整理、研究的总体方案。2001年，国务院副总理李岚清为搞好走马楼吴简项目，在文化部部长孙家正的陪同下专门接见了国家文物局局长张文彬和有关负责人侯菊坤、朱晓东等及我所研究员胡平生和长沙市文物考古研究所所长宋少华，听取了汇报，并作了重要的指示；国家财政部门划拨了数额巨大的保护整理经费，对该项目给予极大的支持。截至2005年夏，我所与长沙市文物考古研究所、北京大学历史系的走马楼吴简整理组已经整理编辑《长沙走马楼三国吴简》三卷八册：胡平生、李均明主编《嘉禾吏民田家莂》（释文一册、图版一册），王素主编《竹简［壹］》（释文一册、图版二册）、《竹简［贰］》（释文一册、图版二册），前二卷已经由文物出版社出版，第三卷已付印。其中，《长沙走马楼三国吴简·嘉禾吏民田家莂》获2002年国家古籍整理图书二等奖。我所科研人员还发表了许多相关的研究论著。

　　我所参加走马楼吴简整理研究的科研人员有胡平生、李均明、王素、刘绍刚、王昕、杨小亮等。

《长沙走马楼三国吴简》（书影）

《新中国出土墓志》

《新中国出土墓志》全约30卷、60册，为国家资助重点项目、国家文物局主持重点项目、国家古籍整理出版重点项目。1983年国家文物局立项（见国家文物局1983文物字第643号文件）。1999年，第一阶段12卷、23册在财政部正式立项。目前已出版7卷、13册。本书署名依次为：中国文物研究所、全国各省市文博考古和古籍整理单位。已出版分卷目录如下：

《新中国出土墓志·河南》[壹]上、下2册，文物出版社，1994年出版。署名依次为：中国文物研究所、河南省文物考古研究所。

《新中国出土墓志·陕西》[壹]上、下2册，文物出版社，2000年出版。署名依次为：中国文物研究所、陕西省古籍整理办公室。

《新中国出土墓志·重庆》1册，文物出版社，2002年出版。署名依次为：中国文物研究所、重庆市博物馆。

《新中国出土墓志·河南》[贰]上、下2册，文物出版社，2002年出版。署名依次为：中国文物研究所、河南省文物考古研究所。

《新中国出土墓志·陕西》[贰]上、下2册，文物出版社，2003年出版。署名依次为：中国文物研究所、陕西省古籍整理办公室。

《新中国出土墓志·北京》[壹]上、下2册，文物出版社，2003年出版。署名依次为：中国文物研究所、北京石刻艺术博物馆。

《新中国出土墓志·河北》[壹]上、下2册，文物出版社，2004年出版。署名依次为：中国文物研究所、河北省文物考古研究所。

剩下《陕西》[叁]上、下2册，《江苏》[壹]上、下2册，《河南》[叁]上、下2册，《河南》[肆]上、下2册，《北京》[贰]上、下2册或《上海、天津》1册等卷也大多进入后期制作阶段。

项目负责人：王素（主编）；项目执行负责人：任昉（执行主编）；参加人员：王昕等。

《新中国出土墓志》（书影）

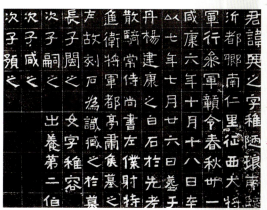

江苏南京东晋象山王氏墓地墓志（拓片）、王闽之墓志（原石）

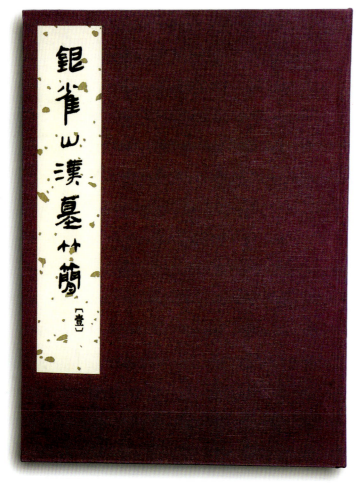

《银雀山汉墓竹简》（书影）

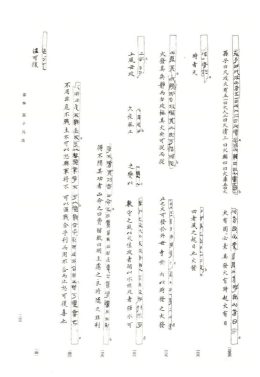

银雀山汉墓竹简摹本

《银雀山汉墓竹简》

　　1972年，山东省博物馆等在临沂银雀山发掘了两座汉墓，出土了一批竹简，总计约近5000片。国家文物局组织文物系统和高等院校的专家学者组成了银雀山汉墓竹简整理小组整理这批竹简，整理组设在沙滩红楼古文献研究室。经专家学者整理研究，弄清了出土竹简的主要内容有《孙子兵法》、《孙膑兵法》、《尉缭子》、《晏子》、《六韬》、《守法守令等十三篇》、《阴阳书》及《元光元年历谱》等，木牍是《孙子兵法》与《守法守令等十三篇》的篇题。经整理小组整理，全部竹简分为三辑出版，即：壹，《孙子兵法》、《孙膑兵法》、《尉缭子》、《晏子》、《六韬》、《守法守令等十三篇》；贰，《佚书丛残》；叁，散简。1985年，《银雀山汉墓竹简》〔壹〕出版。参加一、二两辑工作并始终其事的整理组成员有朱德熙、裘锡圭、李家浩、吴九龙；参加过部分工作的有曾宪通和北大实习学生李均明、骈宇骞。吴九龙同志还于1985年出版了《银雀山汉简释文》，按简号公布了全部释文。目前，由中国文物研究所和文物出版社牵头，即将出版《银雀山汉墓竹简》第贰辑。第叁辑的编撰工作由吴九龙同志负责。

《睡虎地秦墓竹简》

《睡虎地秦墓竹简》，睡虎地秦简整理组编，古文献研究室于豪亮、李均明参加编撰，文物出版社1990年版，获首届全国古籍整理图书一等奖。

1975年12月至次年初，湖北省文物考古工作者于云梦睡虎地发掘12座战国末至秦代的墓葬，其中11号墓出土大量秦代竹简，这是我国首次发现秦简，是当时文物工作的一项重大收获，出土竹简1100余枚，保存情况尚好。1978年起，由国家文物局组织古文献研究室（我所前身）、湖北省博物馆、中国社会科学院法学研究所等单位的有关专家组成整理小组进行整理。经整理，内容可分为十部分：一、《编年记》；二、《语书》；三、《秦律十八种》；四、《效律》；五、《秦律杂抄》；六、《法律答问》；七、《封诊式》；八、《为吏之道》；九、《日书》甲种；十、《日书》乙种。其中《语书》、《效律》、《封诊式》、《日书》（乙种）是原简固有标题，其他则是整理小组所拟定。这批简抄写于秦始皇时期，有关法律的内容尤为珍贵，首次展现秦律的具体条款，涉及刑法及司法诉讼等。

《睡虎地秦墓竹简》（书影）

《张家山汉墓竹简》

《张家山汉墓竹简》[二四七号墓]，张家山汉简二四七号汉墓整理小组编，古文献研究室连劭名、李均明参加工作，文物出版社2001年出版。

1983年底至1984年初，湖北荆州博物馆在江陵张家山发掘三座西汉古墓，出土大量竹简，其中247号墓出土者最多，达1200余枚。经整理分类，所见有：历谱、《二年律令》、《奏谳书》、《脉书》、《算数书》、《盖庐》、《引书》及遣册等，除历谱和遣册的篇名是整理所拟定外，其余皆为原有标题。内容涉及西汉早期的律令、司法诉讼、医学、导引、数学、军事理论等，十分丰富，是极重要的历史文献，对研究西汉社会状况和科技发展水平有不可估量的价值。尤其《二年律令》的发现，使亡佚已久的汉律得以重现，是继睡虎地秦简之后的又一重大收获；《奏谳书》则是秦汉司法制度的真实记录，而且已成为判例，反映秦汉法律的实施状况；而《算数书》是早于《九章算术》的数学著作，比较集中地反映了战国晚期至西汉早期的数学发展水平，在中国数学史上占有十分重要的地位。

《张家山汉墓竹简》（书影）

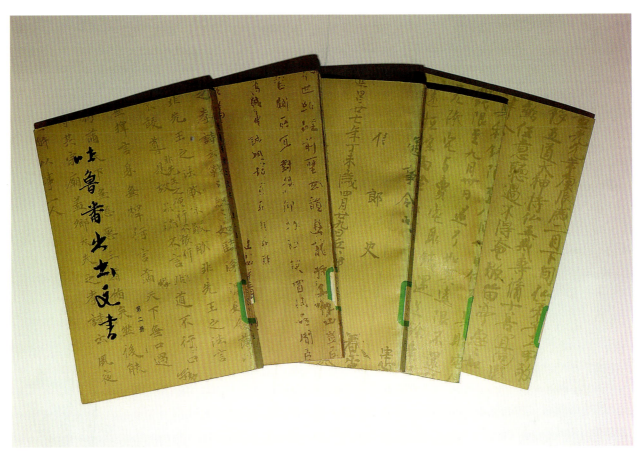

《吐鲁番出土文书》（书影）

《吐鲁番出土文书》

《吐鲁番出土文书》释文本全10册，1975年立项（国家级），文物出版社，1981～1991年出版。本书署名依次为：国家文物局古文献研究室、新疆维吾尔自治区博物馆、武汉大学历史系。项目负责人唐长孺，主要参加者王素。本书1992年获得中华人民共和国新闻出版署颁发的全国首届古籍整理图书评奖一等奖。

《吐鲁番出土文书》图文对照本全4卷，1988年立项，文物出版社，1992～1996年出版。本书署名依次为：中国文物研究所、新疆维吾尔自治区博物馆、武汉大学历史系。本书1997年获中华人民共和国新闻出版署颁发的国家图书奖提名奖，1999年获得中华人民共和国新闻出版署颁发的全国第二届古籍整理图书评奖一等奖，同年获得中国共产党中央宣传部颁发的国家社会科学研究基金图书评奖一等奖，同年获得中国社会科学院颁发的首届郭沫若中国历史学奖三等奖。

项目负责人：唐长孺（主编），项目执行负责人：王素。

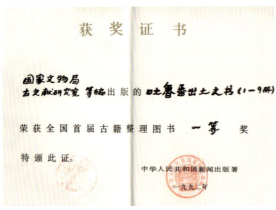

获奖证书

敦煌汉悬泉置遗址出土墨书泥墙《月令诏条》（局部）

《敦煌悬泉月令诏条》

1990 年 10 月至 1992 年 12 月，甘肃省文物考古研究所对敦煌悬泉置遗址进行了清理发掘，出土了大量的文物，其中最重要的就是墨书写在泥墙上的《使者和中所督察诏书四时月令五十条》（简称『月令诏条』）以及两万多枚简牍和帛、纸文书等。这一遗址先后被评为1991年度全国十大考古发现之一、"八五"期间全国十大考古发现之一。《月令诏条》由国家文物局专家组定为国宝。

《月令诏条》原本写在悬泉置建筑的一面墙壁上，出土时已破碎，由于在拼合和修补过程中发生了一些问题，甘肃省文物考古研究所请中国文物研究所给予协助。中国文物研究所胡平生专程到兰州考察了实物，并着手开始了研究工作。甘肃方面提供了各种方便。现在完成的这本书就是双方合作的结果。本书由中国文物研究所与甘肃省文物考古研究所合编，其中图版是由甘肃省文物考古研究所准备的；释文、注释和两篇研究论文由中国文物研究所胡平生执笔完成，《敦煌悬泉置出土〈四时月令诏条〉研究》一文第一部分《出土情形》的素材，是由甘肃省文物考古研究所的朋友们提供的。

敦煌汉代驿置传舍悬泉置汉简出土情况

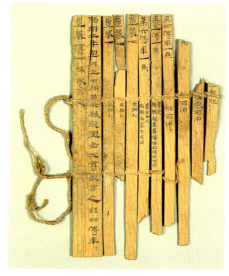

敦煌悬泉置出土木质简牍车宣舆簿

《敦煌悬泉月令诏条》（书影）

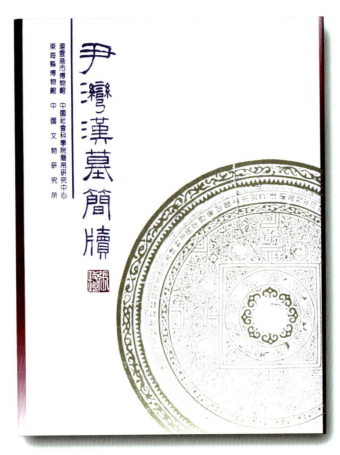

《尹湾汉墓简牍》（书影）

《尹湾汉墓简牍》

　　《尹湾汉墓简牍》，由中国文物研究所与连云港市博物馆、东海县博物馆、中国社会科学院简帛研究中心合作编撰，本所李均明、刘军参加，中华书局1997年版。

　　1993年2至4月间，江苏省文物工作者在连云港市东海县温泉镇尹湾村西南发掘六座汉墓，其中2号墓出土木牍1枚，6号墓出土木牍23枚、竹简133枚，统称"尹湾汉墓简牍"。简牍数量虽不多，但书写字形很小，故容字较多，容字多者一牍书3400余字，为迄今所见一牍容字最多者。标题（包括编者所拟定）有《集簿》、《东海郡吏员簿》、《东海郡下辖长吏名籍》、《东海郡下辖长吏不在署、未到官者名籍》、《东海郡属吏设置簿》、《武库永始四年兵车器集簿》、《赠钱名籍》、《神龟占》、《六甲占雨》、《博局占》、《元延元年历谱》、《元延三年五月历谱》、《君兄衣物疏》、《谒》、《元延二年日记》、《刑德行时》、《行道吉凶》、《神乌傅（赋）》等。其中《集簿》等账簿是研究汉代统计与会计制度的不可多得的珍贵史料，涉及社会生活的各个领域，而《神乌赋》的发现把俗赋的历史提早了二百年，在文学史上具有重要地位。

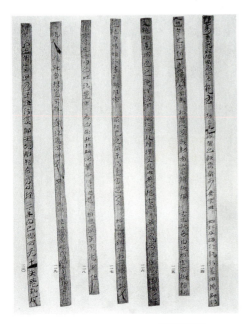

尹湾汉简

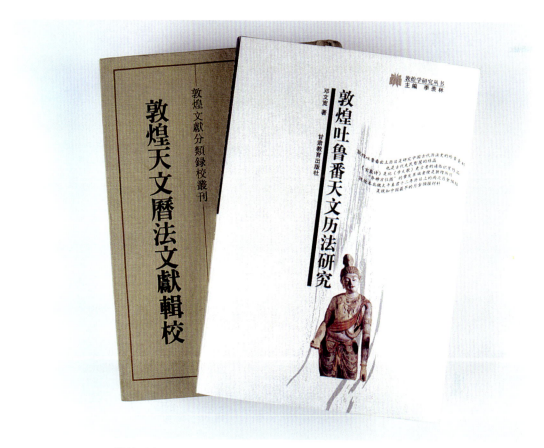

《敦煌吐鲁番天文历法研究》、《敦煌天文历法文献辑校》（书影）

《敦煌吐鲁番天文历法研究》

全书正文收 32 篇，附录部分收有 7 篇文章。敦煌吐鲁番天文历法文献资料，是作者进入学术研究领域以来的主攻方向，也是作者的专长之所在。该论文集集中体现了作者在这一领域的辛勤努力及成就。作者创获良多：除一批断烂朝报式的历日被作者考知其确年外，诸如公元 451 年（北魏太平真君十二年）历日所作的两次准确月食预报，公元 834 年印本历日残片是迄今在我国发现的绝对年代最早的雕版印刷品等，均是作者首次发现的，曾引起国内外学术界的关注。

该书由邓文宽著，甘肃教育出版社 2002 年出版，获第 14 届国家图书奖。

《敦煌天文历法文献辑校》

全书分上、下编，上编为"天文书和星图"，下编为"历日"。该书是首次对出自敦煌藏经洞的天文历法文献进行的全面清理。"天文书"及"三家星经"，星图则有出自敦煌的 53326 号"全天星图"和藏在敦煌市博物馆的"紫微垣星图"。历日部分收有公元 450 至 993 年的实用历本 38 份，另有 7 份年代未详的残历日。书末共有 13 个附表，均是古历日中提炼出来的、可以作为工具应用的。每篇文献均包含题名、释文、题解与校勘记共四项内容。

该书由邓文宽编著，江苏古籍出版社 1996 年出版，获江苏古籍图书二等奖。

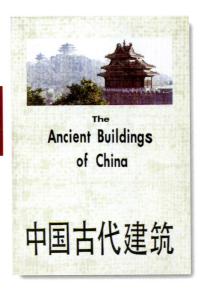

《中国古代建筑》

主　编　罗哲文

编撰者　罗哲文　佘鸣谦　祁英梼　杜仙洲
李竹君　孔祥珍　张之平

中国古代建筑

上 海 古 籍 出 版 社

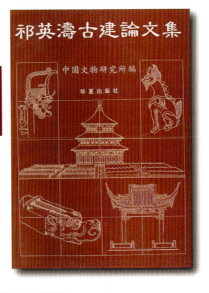

《祁英涛古建论文集》

祁英涛古建论文集

中国文物研究所　编

华 夏 出 版 社

《中国古建筑修缮技术》

中国古建筑修缮技术

文化祁文物保护科料研所　主编

本书主编单位：文物保护科学技术研究所

主　编　林仙洲
编写组组长：林仙洲　文物保护科研所
编写组副组长：程伟文　北京市房修二公司
各章执笔人：
第一章　中国古建筑概述　林仙洲
第二章　木　作　李　林　北京市西城区房管局
第三章　瓦　作　刘大可　北京市西城区房管局
第四章　石　作　林仙洲　文物保护科研所
李金友　故宫博物院古建部
第五章　油漆作　方尼五　北京市房修二公司
第六章　彩画作　方尼五　北京市房修二公司
第七章　搭材作　李金友　故宫博物院古建部
诗以林　故宫博物院古建部

中国建筑工业出版社

古籍善本抢救保护整理

古籍善本抢救保护项目是国家文物局立项拨款的支持项目。通过近年的项目实施工作，全面完成了项目的各项指标，达到了预期的目的。

中国文物研究所藏古籍20余万册，多年来未得到应有的保护与整理，以致污损严重，无法利用。项目以抢救保护为中心工作，要求彻底改变古籍现状及保存环境，对古籍进行鉴定，分类建档，以达到长期妥善保护与科学利用的目的。项目取得成果如下：

建立古籍库房，全部更换原有的木书架，达到防火、防盗、防尘、防虫的标准。建立古籍库房管理制度。

对20余万册古籍进行除尘与环氧乙烷熏蒸处理，对古籍库房进行紫外线照射处理，以达到清洁与杀虫灭菌之目的。

对20万册古籍进行鉴定与分类整理，遴选出2400余种珍贵图书入善本库，建立地方志书库，一般古籍按国家图书馆传统分类分法建档。

建立传统卡片与电脑数字两种检索系统为科学利用服务。

编辑并内部出版《中国文物研究所藏地方志目录》与《中国文物研究所善本目录》（待出版）。以便更好地为科学服务。

项目主持人：刘志雄；参加人员：陈秀、李杏、王小梅等；外聘专家：丁瑜、薛殿玺。

上：文物资料信息中心善本库房
中：国家图书馆著名版本学家丁瑜为项目组人员讲授古籍善本知识
下：项目工作人员与国家文物局、文物出版社专家进行学术交流

历代金石拓片抢救整理

历代金石拓片抢救整理是由国家文物局立项、财政部拨款支持项目。经两年的项目实施工作，全面完成了项目的各项指标，达到了预期目的。中国文物研究所藏历代金石拓片32000余张，内容主要有碑碣、墓志、摩崖石刻、造像、画像砖及各种文物，打拓时代自明、清、民国至20世纪60年代初期，具有极高的文物与研究价值。 由于历史原因，这批珍贵拓片自入藏以来，长期未经过系统整理，致使拓片保存状态极差，污染损坏严重。项目工作以抢救、保护为中心任务，同时开展分类、建档工作，为科学开发利用打下基础。项目成果如下：

系统添置了电脑等工作设备，满足了包括拓片在内的所藏文物资料电脑检索及数据化管理工作所需的硬件配置。

全面完成了拓片的除尘、分类、建档、上架等多项工作。建立了存放条件安全可靠，藏品陈放严谨有序、编号齐全，严格遵照制度管理的拓片库房。

每种拓片均建立了纸本档案与电脑数据化档案，同时建立了传统卡片分类检索系统与电脑检索系统。

对稀少、珍贵、利用价值高及破损严重的拓片委托国家图书馆善本特藏部采用国家图书馆保存、修复技术予以托裱，出现破损的拓片托裱前加以修复。

全面更换库存拓片的外包装，达到国家图书馆藏拓的包装水平。

将进行托裱的重要拓片进行拍照、放大洗印，制作成图像档案以备检索。将拓片照片数据输入电脑，建立"北京内城寺庙碑碣拓片图像检索系统"。为这批拓片的科学保护与开发利用打下了坚实的基础。

项目主持人：刘志雄、嵇沪民；参加人员：理炎、杨树森；外聘专家：薛殿玺。

右上：历代金石拓片抢救整理前状况
左上：汉代画像砖西王母拓片
左中：项目组在紧张工作中
左下：历代金石拓片电脑检索系统

历史照片抢救整理前保存状况

历史照片抢救整理

历史照片抢救整理后状况

历史照片抢救整理项目是国家文物局立项拨款的支持项目。通过三年项目实施工作，全面完成了项目的各项指标，达到了预期目的。中国文物研究所藏各种历史照片20余万张，由于历史原因，长期未得到适当保护与全面整理。大部分照片老化损毁亟待抢救。项目工作强调以抢救保护为中心工作，全面改善照片的保存条件与环境，对有价值照片给予翻拍复制，建立完整档案与检索系统，为历史照片的长期保存与科学利用打下基础。项目成果如下：

将所藏零散历史照片进行修复，装裱成册或装盒存放。

对所藏无底片的照片翻拍制作底片，与照片共同分类、建账。

对所藏没有照片的底片洗印照片，与底片共同分类、建账。

对无说明或存有疑义的照片进行考证与鉴定。

将新作照片装裱成册。对底片进行扫描，按类目分册刻录光盘。

完成有价值照片的数据化工作。建立了照片信息数据库和光盘库。

对所藏历史照片建立了完整的纸本和电脑档案。

历史照片抢救整理项目本着对国家档案负责、对珍贵文物负责的态度，遵循有利于保持照片档案的有机联系、有利于保管、有利于提供的原则，结合我所照片的保存现状，制定了一套切实可行的工作方法及工作程序。

项目主持人：嵇沪民、刘志雄；参加人员：杨琳、杨树森、黄田帛、李戈、刘逊、郑一萍、步晓红等。

项目摄影师在紧张工作中

项目组在紧张工作中

《内庭圆明园内工诸作现行则例》函套及书

《清代匠作则例·第一卷》（大象出版社出版）

中国文物研究所藏善本《内庭圆明园内工诸作现行则例》，开化纸乾隆抄本，是一部当时营建圆明园建筑及室内装修所用材料、造价、工匠、工艺的成规定例。原书六函三十四册，书首页钤"乾隆御览之宝"朱文方印。

此书属官修内工则例，只缮录备用，秘不流布。从未刊行于世。文物资料信息中心随古籍整理工作的展开，与清华大学图书馆等兄弟单位合作，将此书编入由王世襄先生任主编的《清代匠作则例·第一卷》，由大象出版社出版。引起学界的极大关注。

项目主持人：刘志雄；参加人员：宋建晟、理炎。

中国文物研究所藏孤本、善本出版

中国文物研究所藏海内孤本《壬寅消夏录》书稿，系晚清著名文物收藏家端方藏画目录。原书由墨书抄录，著名学者谬荃荪批校，缮写工整，朱印灿然，弥足珍贵。此书历来与孙承泽《庚子消夏记》、高士奇《江村消夏录》、吴荣光《辛丑消夏记》合称"四消夏"，为文物、收藏界所重视。后三书均为人所熟识，惟《壬寅消夏录》从未刊行于世，令人翘首。文物资料信息中心随古籍整理工作的深入开展，与文物出版社合作，将此书依原貌出版，实为当今古籍整理出版的一件大事。

项目主持人：刘志雄；参加人员：陈秀、赫俊红。

《壬寅消夏录》（文物出版社出版）

《壬寅消夏录》外函

全国重点文物保护单位记录档案备案工作

依据《中华人民共和国文物保护法》第十五条"全国重点文物保护单位的保护范围和记录档案，由省、自治区、直辖市人民政府文物行政部门报国务院文物行政部门备案"的规定，国家文物局于2003年4月23日发布了《全国重点文物保护单位记录档案备案工作实施方案》（以下简称《实施方案》）。

《实施方案》就文物保护单位记录档案备案工作的意义、主要内容和总体目标、组织措施、工作步骤等，作出了明确的规定和详细的计划。按照《实施方案》的要求，国家文物局于2003年成立了由副局长张柏任组长，局有关司、处和有关单位负责人任副组长、成员的全国重点文物保护单位记录档案备案工作领导小组。中国文物研究所作为项目的承办单位，加强了组织领导，由主管所长牵头成立了全国重点文物保护单位记录档案备案工作项目实施小组，并先后聘请了来自全国文物战线的专家，参加项目实施小组的记录档案评估工作。各省、自治区、直辖市也相应地成立了领导小组和实施小组。

上：国家文物局领导听取工作汇报
中：代码编制工作培训班开学典礼
下：全国重点文物保护单位记录档案

备案工作实施后，国家文物局十分关心项目进展情况，先后拨款2千余万元人民币，支持全国重点文物保护单位记录档案备案工作项目实施小组和各省、自治区、直辖市全国重点文物保护单位记录档案备案工作，并安排编制、发布了《全国重点文物保护单位记录档案工作规范（试行）》、《全国重点文物保护单位记录档案著录说明》等相关标准，及《文物档案管理办法》等行政规章。备案工作共组织全国31个省、自治区、直辖市3000余人参加了文物档案备案工作；圆满完成了1～5批共1271处全国重点文物保护单位记录档案备案工作。在此基础上，建立了"国家全国重点文物保护单位记录档案库"和"国家全国重点文物保护单位（核心指标）数据库"。还组织完成了"全国县以上文物保护单位代码"编制工作，摸清了我国县以上文物保护系统的家底。

三年建档备案工作完成后，还将对全国重点文物保护单位记录档案实行动态管理，不断对已有档案进行补充，并建立新的记录档案。

组长：侯石柱；副组长：嵇沪民、郑一萍、张庆华、吴峰云；成员：步晓红、尚利成、杨琳；外聘专家：杜江、刘炳元、石砚枢、张汉英、韩芳、张晶、杨静等。

一级文物档案整理工作在紧张进行中

藏品档案

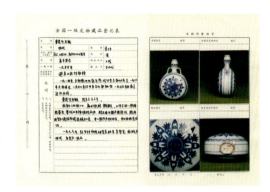
藏品登记表

全国馆藏一级文物建档备案工作

为贯彻落实《中华人民共和国文物保护法》的有关规定,加强对馆藏文物的保护和管理,根据国家文物局的重点工作部署,中国文物研究所受局委托,从2004年3月起承担了"全国馆藏一级文物建档备案工作",即在全国范围内组织开展馆藏一级文物的建档和备案工作。文研所成立了"全国馆藏一级文物建档备案项目实施小组"。

此项工作从2004年6月国家文物局下发《关于完善全国馆藏一级文物档案(纸质)备案工作》(文物博发[2004]35号)文件以来,工作小组通过催报、督察、组织区域会议交流等方式,在各地文物部门和基层文物收藏单位的大力配合下,到2005年初,共接收全国31个省、自治区、直辖市和4个直属博物馆的一级文物藏品目录清单,接收了29个省、自治区、省辖市和4个直属博物馆报送的一级文物藏品档案。据统计,目录清单中登记的一级文物收藏单位有1332个,一级文物数量按传统数量计算为46328套件,实际数量为93973件。已接收的文物档案41848份。

国家文物局及博物馆司处等领导对一级文物藏品建档备案工作高度重视。2004年12月底,单霁翔局长在听取工作进展情况汇报后,就全国文物藏品建档工作的重点及实施步骤做了重要指示。为进一步加强工作的组织领导,2005年成立了"全国馆藏一级文物建档备案工作领导小组",童明康副局长担任领导小组组长。

2005年度建档备案工作重点有两个方面:一方面是加强和完善全国一级文物建档备案工作规范和技术标准等制度化建设,包括编制《一级文物档案工作规范(试行)》和相关标准、《一级文物认定办法》、《全国一级文物建档备案工作"十一五"规划》、《非文物系统国有文物收藏单位文物建档备案工作情况调研报告》;另一方面是对已所接收的备案材料整理、立卷和归档,编制《全国一级文物藏品目录》。目前整体工作进展顺利。

这项基础工作的切实开展为我们全面掌握全国一级文物状况,为各级财政、文物部门保护管理利用馆藏一级文物提供科学依据。从长远来说,有利于提高我国保护文物水平,推动文物工作全面健康地发展。

实施小组组长:荣大为;执行组长:侯石柱;成员:赫俊红、王小梅、步晓红、李戈、陈秀、邢淑琴;外聘专家:侯八五、王建平、王绵厚等。

全国馆藏一级文物档案库房

培训班毕业典礼

出土文献抢救、保护、整理骨干培训班

2004 年 11 月，在国家文物局的大力支持下，中国文物研究所出土文献与文物考古研究中心主办了为期一个半月的"出土文献抢救、保护、整理骨干培训班"。这是文物界首次为出土文献的抢救保护与整理举办的骨干培训班。

中国文物研究所对于我国的出土文献研究工作曾作出过突出的贡献。随着我国经济建设的发展和文物考古事业的不断进步，出土文献时有惊人发现，然而其保护和整理发表的尚不足半数，严重影响了简牍学发展的进程，其中简牍保护与整理方面的人才严重缺乏是重要原因之一，因此提高出土文献保护与整理人员的业务水平迫在眉睫。

本次培训主要让学员了解出土文献保护与整理的学习与工作方法，对出土文献有较为详细的系统认识。参加培训的学员来自甘肃、内蒙古、青海、山东、湖南、湖北、河南、江苏、广西、贵州、陕西等省共 20 余人。授课老师主要为中国文物研究所从事出土文献整理与保护的资深研究员，还特别邀请了国内外著名学者李学勤、裘锡圭、李家浩、廖名春等举办学术讲座，培训班还组织学员前往长沙、兰州等地观摩简牍实物，了解学习简牍文书的整理与研究。

培训班的举办将对我国出土文献的保护与整理工作有着重要的推进作用。

项目主持人：葛承雍；参加人员：胡平生、刘军等。

著名学者李学勤为培训班授课

开学典礼

中意两国政府合作文物保护修复培训项目（一期）

中意合作支持北京中国文物研究所文物保护修复培训项目（一期支持项目），是中意两国政府在"文化遗产保护"的合作与交流框架协议下，开展的新一轮科学技术合作。意大利非洲和东方研究所、图思雅大学担任意方执行机构，中国文物研究所为中方项目执行单位。目标是在全国文物保护和修复领域培训出一批"高质量的专业型技术核心人才"。该项目还在提高我国文物修复技术装备和条件，以及在文物保护领域制定未来教育培训计划等方面具有跨越式发展的特殊意义。

项目包括北京——理论教学和河南洛阳——实习教学两个阶段。来自全国23个省、自治区、直辖市的67位从事文物保护修复工作的专业技术人员，分为陶瓷、金属文物保护修复、石质文物保护修复、古建筑文物保护修复和考古遗址的保护修复四个方向接受了培训。教学中采用了理论和实践相结合的教学模式，注重于多学科在现代文物保护修复中的交叉融合。培训中共有28位来自意大利的教师和18位中方教师，教学内容涉及应用物理、应用化学、科技考古、微生物、植物、地质、岩石、结构工程、信息技术等诸多领域。学员们分组完成了涉及理念、技术、方法、材料、规划等方向的论文。2005年2月，中意双方组织了73人赴意大利考察团，并接受了意方项目执行机构颁发的结业证书。

实践教学

通过双方教员、全体学员和工作人员的共同努力，培训项目取得了丰硕的教学成果：为全国23个省、自治区、直辖市培养了的67名高级修复专业技术人员，完成了57件多种材质文物的保护修复，洛阳龙门石窟521、522窟的保护修复，山陕会馆戏楼、山门、照壁的保护设计和现场施工，隋唐洛阳城南市遗址发掘现场出土文物的保护与修复，并为龙门石窟研究院建立了一个石质文物修复实验室。

中意合作文物保护修复培训项目获得商务部"双边多边政府合作项目管理优秀奖"。

项目负责人：詹长法、Mario Micheli；参加人员：张晓彤、张可、付永海、陈晨、周斌、侯洪涛。

理论教学

开学典礼

全国古建研究所（所长）保护中心（主任）专业管理培训班项目（第一、二期）

全国古建研究所（所长）保护中心（主任）专业管理培训班是国家文物局落实《2001～2005年全国干部教育培训规划》和《2002～2005年全国人才队伍建设规划纲要》精神，以及国家文物局《文物事业"十五"发展规划和2015年远景目标纲要》中关于文博系统干部教育培训的要求而实施。

来自全国各省、自治区、直辖市的36名学员参加了培训。培训班的侧重方向是专业技术和行政管理。培训计划以政治理论、政策法规、行政管理、综合业务、专题讨论、参观考察和毕业考核等七大环节安排授课。

授课方式突出互动式特点，理论联系实际。培训班组织专题报告、文保论坛、现场教学、考察实习等多种形式的教学模式为学员在教学中交流工作经验，探讨行业发展，理论联系实际提供了保障。

培训在结合古建及文物保护行业现状，考虑领导管理者的知识结构基础上，以管理能力培训为主线，以高层次人才培养为重点，以改革创新为动力，通过完善政策理论水平，加强业务素养、提高行政管理能力，使学员在领导管理机构、组织业务实施、促进行业发展等方面的能力得到显著的提高。

项目负责人：詹长法；参加人员：张可、张晓彤、付永海、陈晨、侯洪涛、周斌。

第二期开学典礼

教师授课

局长报告会

2004年中国政府TCCR非洲文物保护修复技术和管理人员培训班

学员们在国家博物馆参观学习

这次培训是新中国成立以来文博系统首次面向国际招生的文物保护技术与管理培训，培训中心作为国家文物局和文化部外联局的推荐对象，编制的培训策划方案在商务部对外援助司的招标中脱颖而出，成为此次援外培训项目的承办单位。中国文物研究所为该项目专门成立了项目管理工作组，由培训中心富有培训经验的专职人员负责此项目的实施。

培训的课程涉及四个方面：国际文化遗产管理法规、宪章及发展现状；中国文物保护管理体系的机构与管理；中国传统文物保护技术；现代科技在文物保护中的应用等。内容包括管理、法律、文物保护、修复、物理、化学、考古、建筑、历史、计算机等多方面。并按照商务部有关理论教学、实践活动具体课时的要求，合理分配教学内容。授课的15名教员都是文博系统及有关科研院所、国际组织、高等院校资深的专家学者，全部采用英语授课。

此项目是我国文博事业发展日益得到国际社会关注的一个重要标志，对于我国在文化交流领域加深与世界各国的合作具有深远的影响及意义。

项目负责人：詹长法；参加人员：张晓彤、张可、付永海、陈晨、周斌、侯洪涛。

学员们在首都博物馆参观学习

开学典礼

中意合作文保护修复培训项目暨故宫
文物保护修复技术人员培训班

中意合作故宫文物保护修复技术人员培训班,是根据中意合作文物保护修复培训项目指导委员会洛阳会议的纪要内容,作为中意合作培训项目的拓展而组织进行的,由中国文物研究所和意大利非洲和东方研究院执行。目的是促进中意两国在文物保护修复方面理念和技术的交流,加强学科基础知识的拓宽与保护修复实践中多学科的融合,并根据故宫的维修计划,传授现代修复方法、技术和材料。

项目的培训对象为故宫博物院的 14 名保护修复技术人员,培训分为理论和实践两个阶段。由来自中国文物研究所、北京大学、北京质量监督站等相关单位的专家授课,教授了修复理论、建筑结构、物理、化学、岩石矿物、生物等方向的课程。培训中心与故宫博物院的 14 位学员,配合意大利罗马修复中心的专家和技术人员共同对故宫太和殿进行试验性局部修复,在实践中检验和丰富了学习成果,为太和殿的整体维修培养了技术力量。

项目负责人:詹长法 、Mario Micheli;参与人员:张可、付永海、张晓彤、侯洪涛、陈晨、周斌。

结业考试

展览开幕式

展品陈列

展览前言

历史文化遗产保护科学和技术成果展

"科技之光照耀不朽文明——历史文化遗产保护科学和技术成果展"由国家文物局主办，中国文物研究所和中华世纪坛艺术馆共同承办，2004年9月24日至10月25日，在北京中华世纪坛展出。这次展览的成果大体反映了中华人民共和国五十五年历史文化遗产保护科学与技术的加速发展，亮点频现，成绩辉煌。在历时一个月的展览中共有6万人次参观，反响热烈，好评如潮，打造了文物保护科技活动新样式，弘扬了文物保护科学思想和精神理念，宣传了新中国成立以来国家历史文化遗产保护的卓越成就，产生了巨大社会效益。

此次展览分为综述、历史回顾、专题（分为基础篇Ⅰ：考古调查与研究，基础篇Ⅱ：传统材料和工艺研究；应用篇Ⅰ：文物的保存和修复，应用篇Ⅱ：古代建筑和遗址保护；综合篇：地区和城市遗产的综合性保护等）、探索展望和结语五个部分。展览以图文介绍我国的历史文化遗产保护成就，并配合保护后的文物实体、新的科技方法展示，传统工艺传承和表演等，同时应用了大量多媒体，展示了我国重点保护单位和世界文化遗产、考古重大发现、重大文物保护工程等。

在新中国成立55周年之际，通过举办首届带有献礼性质的历史文化遗产保护科学和技术展览，全面回顾和展示新中国成立55年来历史文化遗产保护领域取得的科学和技术成果，扩大宣传党和国家对历史文化遗产保护的高度重视，普及文化遗产保护科学知识，增强全民保护文化遗产的意识，具有重大意义。

项目主持人：葛承雍、马清林；参加人员：杨淼、黄彬、杨小亮。

展览大厅

全国馆藏文物
腐蚀损失调查项目

项目中期工作总结会

"全国馆藏文物腐蚀损失调查"是国家文物局于2002年向财政部报批的政府预算项目,是我国馆藏文物保护的基础性工作。旨在全面调查我国馆藏文物由于自然因素造成的腐蚀损失情况,同时兼顾人为因素所造成的损失,收集数据、分析原因、量化指标,测算腐蚀损失率,研究对应策略和建议;为提升馆藏文物的保护管理水平服务,为提高文物行政管理部门施政决策能力提供科学依据;为《文物保护项目及经费"十一五"专项规划》的编制提供数据支撑。

项目确定了分段推进、试点先行、总结经验、全面铺开的工作思路。2003年首先在四川省开展了项目的试点工作。2004年9月起,项目以多学科理论及方法为基础,以调查统计学原理为依据,以信息化技术为手段,采取重点调查与普查相结合、专题调查个案抽查相结合的方式,依托省级文物行政部门,充分调动各文博单位的积极性,开展了各种材质馆藏文物的腐蚀损失情况调查工作,在我国文化遗产资源调查与评估方法方面进行了有益探索。

截止2005年6月30日,我国各级各类国有馆藏文物收藏单位(2803个)的数据网上填报工作已经结束。对我国国有文物收藏单位中,中央级、省级、地市级、县级文物保管单位,以及不同环境区域馆藏文物的腐蚀现状进行了初步调研;为文物行政部门和文博单位贯彻"保护为主、抢救第一"的工作方针,明确保护重点,制订不同保护措施,确定经费安排时序,发挥有限资金的最大效能,提供了科学依据。

通过本项目的实施,获取大量的调查数据,为全面了解和掌握全国国有文物收藏单位馆藏文物的腐蚀数据,切实加大馆藏文物分区分类指导力度,提高各级文物行政管理部门的执政能力和决策水平,馆藏文物保护及相关管理提供了数据支撑;在深入调研的基础上,对项目涉及的文物保护管理领域中热点、难点问题进行研究;明确了馆藏文物腐蚀程度的界定,填补了馆藏文物现状描述的空白;并对馆藏文物腐蚀损失经济价值进行了初步估算。

此外,本项目所建立的调查标准与规范、网上数据填报系统、文物科技信息管理综合系统平台等,为今后开展不可移动文物的保存现状调查积累了经验。

项目主持人:郭宏;参加人员:刘意鸥、王红霞等。

人员培训

课题研讨

指导工作

重要成果一览表

注：标■项目有专页介绍

维修工程类

北京故宫宣穹宝殿保养工程·1946

北京天安门城楼瓦木油饰修缮工程·1946

北京朝阳门箭楼修缮工程·1946～1947

北京安定门城楼修缮工程·1948

北京孔庙修缮工程·1949

北京五塔寺修缮工程·1949

北京故宫畅音阁、乾隆花园南、北部修缮工程·1949

北京大慧寺大悲阁修缮工程·1949

北京故宫乾隆花园符望阁等处修缮工程·1950

北京故宫乾隆花园后续工程、武英殿维修工程·1950

北京团城城墙修缮工程·1950

敦煌莫高窟唐宋窟檐抢修工程·1951

山西五台山佛光寺修缮工程·1951

北京阜成门城楼修缮工程·1951

北京安定门、德胜门箭楼修缮工程·1951

北京东便门箭楼修缮工程·1951

山西五台山碧山寺(广济茅篷)大殿修缮工程·1951～1952

北京天安门修缮工程·1952

河南禹县白沙一号宋墓搬迁工程·1952

北京雍和宫瓦木油饰修缮工程·1952～1953

北京雍和宫维修工程·1952～1953

吉林农安塔修缮工程·1952～1960

北京端门、午门维修工程·1952

北京护国寺金刚殿修缮工程·1952

北京北海天王殿修缮工程·1952

北京北海五龙亭修缮工程·1952

北京故宫皇极殿修缮工程·1952

山西大同善化寺普贤阁修缮工程·1953

北京故宫养心殿修缮工程·1953

北京故宫体仁殿、实录库修缮工程·1953

北京故宫城隍庙修缮工程·1953

■ 河北正定隆兴寺转轮藏殿修缮工程·1953～1955

河北正定崇因寺毗卢殿迁建·1953

山西朔县崇福寺观音殿修缮工程·1953

北京护国寺金刚殿大修（黑琉璃瓦）·1953

北京中南海公园云绘楼清音阁迁建工程·1953～1954

河北正定隆兴寺慈氏阁拆落防危工程·1953

北京故宫武英殿修缮工程·1954

山西大同九龙壁迁建工程·1954

北京中南海云绘楼迁建工程·1954

北京端门门楼修缮工程·1955

河北赵县安济桥修缮工程·1955～1958

北京八达岭修缮工程·1955

辽宁义县奉国寺大修工程·1955

北京皇堂子戟门修缮工程·1956

北京午门东雁翅楼修缮工程·1956

甘肃敦煌莫高窟67～77区段山体、249-259窟加固工程·1956

山西大同云冈石窟14窟保护工程和1-2窟保护实验·1956

山西太原晋祠"鱼沼飞梁"修复工程·1956

■ 山西永乐宫建筑群搬迁保护工程·1957～1964

■ 河北承德普宁寺大乘阁落架大修工程·1957～1960

蒙古人民共和国乌兰巴托兴仁寺、夏宫修缮工程·1957～1961

北京大学红楼修缮加固工程·1962

山西大同云冈石窟1～4窟保护工程勘察、设计、施工·1962～1963

甘肃敦煌莫高窟第一期加固工程·1962～1963

山西大同云冈石窟西部窟群21～30区的山体加固工程·1964

山西大同云冈石窟西部窟群抢修工程·1964～1965

河南洛阳龙门石窟奉先寺维修工程·1971～1973

■ 山西大同云冈石窟抢险加固工程·1974～1976

山西五台山南禅寺大殿维修工程·1974

山西洪洞县广胜寺上寺毗卢殿维修工程·1974

浙江宁波保国寺大殿维修工程·1975～1976

浙江金华天宁寺大殿勘测、大修工程·1977～1979

■ 北京大学红楼抗震抢险加固工程·1977

■ 河北正定隆兴寺摩尼殿大修工程·1977～1978

山西应县木塔二三层大梁加固工程·1978

北京德胜门箭楼维修工程·1978

■ 云南大理崇圣寺三塔勘测、维修工程·1978～1981

宁夏一百零八塔维修工程·20世纪70年代

天津(原河北)蓟县白塔抗震设计维修工程·1980

湖北当阳县玉泉寺大殿测量维修工程·1980

河南少林寺天王殿复建工程·1981

河北正定天宁寺灵霄塔修缮工程·1981～1982

河北清东陵孝陵大碑楼复原大修工程·1980～1983

内蒙古辽中京大明塔维修工程·1982～1984

■ 四川大足北山、宝顶山摩崖石刻维修工程·1982～1983

北京恭王府花园大戏楼大修工程·1982～1986

河北曲阳北岳庙修缮工程·1983

河北金山岭长城保护维修工程·1983～1984

湖北荆州古城修缮工程·1984

山东曲阜奎文阁大修工程·1984～1987

福建福州华林寺大殿迁建工程·1984～1989

河北易县清西陵昌陵大碑楼修缮工程·1985～1987

■ 北京明十三陵昭陵维修、修复工程·1985～1992

福建泉州开元寺大殿落架大修工程·1985～1988

■ 宁夏拜寺口双塔维修工程·1986

湖北黄梅高塔寺维修工程·1986～1990

辽宁兴城市明代古城墙维修加固有工程·1986～1992

山西大同下华严寺大殿大修工程·1986～1992

新疆克孜尔石窟维修工程·1986～1992

■ 河北正定开元寺钟楼维修工程·1988～1990

■ 西藏布达拉宫维修保护工程（第一期）·1989～1994

宁夏须弥山部分石窟维修工程·20世纪80年代

内蒙古宁城辽中京白塔维修工程·20世纪80年代

河南洛阳龙门石窟窟檐维修工程·20世纪80年代

内蒙古巴林左旗南塔维修工程·20世纪80年代

云南剑川石窟维修工程·20世纪80年代

广州南越王墓防水工程·20世纪80年代

青海塔尔寺维修工程·20世纪80年代

■ 天津蓟县独乐寺修缮工程·1990～1998

天津天后宫等三处古建维修工程·1990～1992

天津黄崖关长城修缮工程·1990～1992

新加坡双林寺维修工程·1991～1992

新疆克孜尔石窟保护加固工程·1990～1996

山东蓬莱阁水城东炮台维修工程·1991

新疆阜康土墩子清真寺大殿维修工程·1991～1992

■ 内蒙古呼和浩特市金刚座舍利宝塔维修工程·1992

■ 广东广州西汉南越王墓加固工程·1992

河南巩县石窟维修工程·1992

辽宁万佛堂石窟维修工程·1992～1993

■ 青海塔尔寺建筑群一期维修工程·1992～1996

■ 山西大同善化寺大殿、山门大修工程·1993～1998

北京怀柔慕田峪长城修缮工程·1993

■ 福建泉州洛阳桥维修工程·1993～1996

湖南祁阳县浯溪摩崖石刻保护工程·1995

河南密县打虎亭汉墓维修加固工程·1995

■ 河北定州市开元寺塔（料敌塔）维修工程·1995～

重庆钓鱼城岩体保护工程·1997

福建泉州天后宫后殿维修工程·1997～1998

■ 柬埔寨吴哥窟周萨神庙保护维修工程·1998～

福建彰州文庙维修工程·1999～2000

福建华安二宜楼维修工程·2000～2001

福建蒲田县三清殿维修工程·2000～2001

四川皇泽寺摩崖造像保护工程·2000

■ 三峡石刻资料留取保护工程（38处）·2000～2001

■ 三峡淹没区地面石质文物保护工程（27处）·2000～2002

江苏徐州市龟山汉墓加固工程·2001

■ 重庆白鹤梁石刻资料留取及表面保护工程·2001～2003

北京历代帝王庙三期修复工程·2001～2002

四川广元千佛崖摩崖造像保护工程·2002

三峡库区大宁河栈道资料留取工程·2002

■ 福建泉州德济门遗址保护工程·2002～2004

■ 吉林集安高句丽王城、王陵及贵族墓地保护工程·2003
■ 故宫中和殿区古建筑群维修工程·2003～2004
　湖北玉泉寺大殿大修工程

维修设计类

北京帝王庙牌楼测绘·1953
北京天安门城楼、城台维修设计·1957
湖北原均县五当山净乐宫、儒学宫等石牌楼的拆迁工程勘测、设计·1958
山西大同南城门楼修复工程勘测及设计·1959
河北遵化县清东陵、裕陵大碑楼修缮工程勘测、设计·1960
河北蓟县独乐寺勘测·1960
甘肃麦积山石窟保护方案设计·1964
山东广饶县宋代龙王庙大殿测绘·1964
河南洛阳龙门石窟总体修缮规划及单体加固方案·1965
湖北均县武当山紫霄岩大殿、太和宫金殿及当阳县玉泉寺大殿、铁塔实例绘图·1972年
■ 新疆昭苏县圣佑庙修缮工程设计·1977
■ 河南登封少林寺初祖庵大殿修缮工程勘测、设计·1981～1986
河北易县清西陵永福寺抢修、维修工程勘测、设计·1987～1994
新疆喀什阿巴和加麻札墓勘测主墓室维修工程设计和施工指导·1990～1992　1995～1997
浙江武义延福寺大殿维修设计方案·1991
内蒙古呼和浩特公主府维修工程设计·1991～1992
陕西户县公输堂明代小木作实测工程·1991～1993
山西应县木塔现状勘测工程·1991～1994
安徽许国石坊保护工程设计·1992
新疆吐鲁番交河故城测绘、前期调查·1992
北京十三陵思陵维修工程设计·1992
■ 湖南岳阳楼基础滑坡治理工程设计·1992～1995
江苏龟山汉墓防渗保护工程设计·1993
江苏连云港将军崖石刻保护工程设计·1993
山东岱庙坊维修保护工程设计·1993
山东蓬莱市丹崖山加固工程设计·1993
江苏徐州北洞山汉墓加固工程设计·1994
■ 香港志莲净苑仿唐木构寺院工程设计·1994～1996
北京居庸关城内古建筑修建工程设计·1994～1997
山东临清舍利塔维修工程设计·1994～1997
河北易县紫荆关长城保护维修工程勘测、设计、施工指导·1994～1999
内蒙古五当召抢险维修保护工程设计·1997
山东青岛天后宫维修设计·1997～1998
■ 三峡工程淹没区地面石质文物保护工程设计（5处）·1997～1998
北京居庸关仿古街区建筑工程设计·1998－2000
■ 天安门城楼、城台维修工程勘测、评估、设计、施工指导·1998～2003
■ 西藏布达拉宫维修保护工程（第二期）勘测设计·1998～2004
重庆大足石篆山保护窟檐设计·1999
湖南澧县城头山遗址抢险保护工程设计·1999
北京西黄寺古建筑勘测·1999～2000
浙江杭州市飞来峰摩崖题刻保护工程设计·2000
■ 青海塔尔寺大金瓦殿维修保护工程设计·2000～2002
西藏拉萨大昭寺维修工程设计·2001

重庆南川鱼跳水电站淹没区地面文物保护工程设计·2001

香港志莲仿唐园林建筑设计·2001～2002

辽宁北镇庙测绘及排水整治工程设计·2002

■ 甘肃天水伏羲庙文物保护工程设计·2003

北京大学红楼现状勘测评估·2003～2004

■ 新疆伊犁昭苏圣佑庙维修工程勘测、设计·2003～2004

十三陵庆陵维修工程设计·2003～

黑龙江渤海国上京龙泉府遗址保护工程总体设计·2004

吉林集安丸都山山城保护工程设计·2004

西藏布达拉宫西印经院维修工程设计·2004

西藏拉萨小昭寺维修保护工程设计·2004

新疆库木吐喇千佛洞抢险保护工程基本设计·2004

安徽潜山山谷流泉石刻保护工程设计·2004～2005

■ 北京恭王府府邸保护维修工程设计·2004～2005

重庆歌乐山梅园维修设计·2004～2005

重庆南岸区黄山遗址修缮保护工程设计·2004～2005

湖南湘西自治州龙山县里耶古城遗址保护工程设计·2004～2005

江苏南京六朝祭坛保护工程设计·2004～2005

新疆昭苏格登碑维修保护工程设计·2004～2005

浙江杭州市余杭南山摩崖造像保护方案设计·2004～2005

保护规划类

■ 宁夏西夏陵保护规划·2000

四川三星堆遗址文物保护规划（合作）·2002

■ 长江三峡工程淹没及迁建区文物古迹保护规划·2002

■ 新疆吐鲁番地区文物保护与旅游发展总体规划（交河故城、柏孜克里克石窟保护规划）·2002

内蒙古辽上京城遗址保护规划·2002

■ 黑龙江渤海国上京龙泉府遗址保护规划·2002

江苏徐州龟山汉墓保护规划·2003～2004

■ 内蒙古大窑遗址保护规划·2004

■ 湖南里耶古城遗址文物保护规划·2004

■ 吉林高句丽王城、王陵及贵族墓地文物保护规划（合作）·2004

■ 内蒙古阿尔寨石窟遗址保护规划·2005

北京周口店遗址保护规划·2005

科技保护类

■ 敦煌莫高窟起甲壁画修复技术·1962

用环氧树脂灌浆材料修补混凝土大梁裂隙的研究与应用·1966～1967

■ 湖南长沙马王堆汉墓出土竹木漆器脱水修复技术·1978

■ 吉林集安长川一号高句丽壁画保护·1978

毛主席纪念堂主席藏书的杀虫灭菌消毒·1979

■ 山东临沂金雀山帛画揭裱技术·1979

■ AC-I型防紫外线胶片的研制及应用·1980

山东长清县灵岩寺宋代彩塑一期保护工程·1982

北京法源寺石质文物保护·1983

■ 出土彩绘陶俑的保护处理方法——北周李贤墓彩绘陶俑保护方法的研究·1983

广州南越王墓出土金属文物的保护·1983～1985

■ 北周李贤墓壁画揭取和修复新技术·1985
　青岛市博物馆石佛造像保护·1987
　山东陵兴颜真卿大碑防风化保护·1987
　文物标志研究·1987
　西藏大昭寺壁画保护和修复·1987
　徐州北洞山西汉墓出土彩绘陶俑的保护和修复·1987
■ 近景摄影测量：大足北山宝顶山、云冈2\5～13\16\18窟龙门宾阳三洞\奉先寺、河北南北响堂山、
　云南剑川石钟山、广西宁明花山岩画·1988
　古建筑油漆防光老化研究·1989
　江西新干出土金属文物的保护·1989～1990
■ 西藏布达拉宫维修工程壁画保护工程·1989～1994
　残损油画的保护与修复研究·1990～1993
　环境污染对石质文物的影响及损坏前期调研·1990～1993
　江苏南京竺桥太平天国壁画揭取·1990
　内蒙古巴林右旗庆州白塔文物保护·1990
　南京堂子街如意里壁画保护·1990～1991
　宁夏固原须弥山石窟化学保护工程·1990～1993、2002
　三峡库区淹没区文物价值评估、迁建保护及文物保护与旅游协调发展可行性研究·1990～1997
　天安门广场国旗汉白玉护栏的表面风化加固和防风化保护·1990
　大气污染对馆藏文物的影响调研·1991
　河南三门峡虢国墓出土青铜器的保护处理·1991
　环境污染对文物的损害·1991
　北京卢沟桥石质文物封护保护·1992
　江苏南京六朝石刻保护工程·1992
■ 黑龙江阿城金代齐国王墓出土丝织品金饰花纹的加固保护研究·1992～1996
　江苏南京栖霞寺舍利塔保护工程·1993
　湖北钟祥显陵防风化加固工程·1994
　安徽天长出土饱水漆器的脱水保护·1994～1996
　河南龙门石窟洞窟漏水病害的治理研究·1995
　山西大同北魏墓出土漆棺画的揭取和漆耳杯的修复·1995
　江西赣州通天岩防风化加固、石窟保护工程·1995～1998
　影响文物保护的环境因素及文物保护环境质量标准的研究·1995～2002
　湖北玉泉铁塔修缮与防腐蚀技术·1996
　江苏甪直保圣寺彩塑的维修保护·1996～1999
　考古发掘急救包研究·1996～2002
　山东长清县灵岩寺宋代彩塑二期保护工程·1996～1998
　壁画和彩塑保护研究·1997～2003
　贵州榕江革命壁画保护·1997
　山东泰安岱庙坊维修加固工程·1997
■ 湖南长沙走马楼出土三国吴简的保护研究·1997～2002
　青铜器倍半碳酸钠溶液清洗技术的研究·1997～2002
　西藏阿里壁画保护工程·1997～1998
　北京古钟博物馆140多件各类古铜钟、铃、铁钟保护·1998
　北京石刻馆北魏太和造像的黏结复原·1998
　内蒙古包头五当召壁画保护和修复·1998
　福建漳州文庙彩绘保护·1998～2000
　浙江金华法隆寺石经幢保护工程·1999
■ 青海唐代吐蕃墓出土丝织品的保护·1999～2002
　北京保利艺术博物馆贴金彩绘佛雕立像保护·2000
　安徽歙县圣僧庵明代壁画的维修保护·2000～2001

山西太原王家峰北齐墓壁画保护·2000～2002

广州镇海楼保护工程等·2001

环洪泽湖的文物古迹保护规划和文物古迹与旅游开发的研究（子课题）·2001

宁夏固原博物馆出国展青铜器、鎏金器、石器等保护·2001

湖南浏阳"红军标语"的揭取和修复·2001～2003

■ 出土竹木漆器脱水规模化保护研究·2001～2003

■ 福建二宜楼壁画彩绘保护·2002

山东省日照市海曲西汉墓丝织品的揭取与保护·2000～2001

沈阳故宫凤凰楼彩绘保护·2002

北京智化寺十一尊佛像保护修复工程·2002～2004

湖南长沙铜官窑土遗址保护·2002～2005

江苏省连云港将军崖岩画和孔望山摩崖石刻·2002～2005

■ 内蒙古吐尔基山辽墓出土文物保护·2003

■ 遗址大型饱水木构件原址保存技术研究·2003～2004

内蒙古自治区吐尔基山出土漆器的修复·2003～2005

■ 全国馆藏文物腐蚀损失调查·2003～2005

■ 仪器总线技术改造及国家文物保护分析数据标准体系开发·2003～

■ 北京智化寺智化殿壁画保护中日合作项目·2004

北京现代文学馆鲁迅石膏面模保护修复·2004

福建泉州德济门遗址砖石构件保护·2004

原位检测技术在文物保护中的应用——便携 X 荧光应用标准研究·2004～2005

福建泉州德济门遗址出土铁炮保护修复·2005

明代嘉靖青花瓷缸的保护修复·2005

山东青州彩绘石刻的保护修复·2005

研究出版类

《马王堆汉墓帛书》共三辑·1980 ～

■ 《吐鲁番出土文书》释文本全 10 册·1981～1991

■ 《中国古建筑修缮技术》·1983

■ 《古建筑木结构维护与加固技术规范》（GB50165）1984～1989

《出土文献研究》1～6 集·1985～

■ 《银雀山汉墓竹简（壹）》·1985

《文物天地》杂志·1986～2001

■ 《睡虎地秦墓竹简》·1990

■ 《中国古代建筑》·1990

■ 《祁英涛古建论文集》·1992

■ 《吐鲁番出土文书》图文对照本全 4 卷·1992～1996

■ 《新中国出土墓志》（已出版河南卷、陕西卷、重庆卷、北京卷、河北卷，7 卷 13 册）·1994～

■ 《敦煌天文历法文献辑校》·1996

■ 《尹湾汉墓简牍》·1997

■ 《长沙走马楼三国吴简·嘉禾吏民田家莂》·1999

《尹湾汉墓简牍综论》·1999

■ 《清代工匠则例·内庭圆明园内工诸作现行则例》（与清华大学等单位合作）·2000

■ 《敦煌悬泉月令诏条》·2001

《龙岗秦简》·2001

《敦煌悬泉汉简选粹》·2001

■ 《张家山汉墓竹简》·2001

《敦煌悬泉汉简释粹》·2001

■ 《敦煌吐鲁番天文历法研究》·2002
  《全国重点文物保护单位简介》·2002
■ 《长沙走马楼三国吴简·竹简》[壹]上、中、下三册·2003
  《文博行业文物修复管理办法》·2003
  《文博行业师承制管理办法》·2003
  《文物修复师职业资格认证制度汇编》·2003
  《全国公开选拔党政领导干部考试题库》文物保护专业科目内容和试题编制·2003~2004
  《文物科技研究》（代所刊,已出版三辑）·2003~
■ 历史文化遗产保护科学和技术成果展·2004
  《国家文物局部门预算手册》·2005
■ 《壬寅消夏录》（海内孤本出版）·2005
  文物保护与修复的问题研究·2005
  《文物科技数据及政策分析与数据化》·2005
  《文物商店管理体制与机制研究》·2005
  《装余偶记》（海内孤本出版）·2005

档案信息类

■ 中国文物研究所古籍善本抢救整理项目·1996~1999
  全国一级文物藏品档案数据库系统·1999
  珍贵文物数据库系统·1999
  《全国馆藏文物信息指标体系》·2000
  《重点文物保护单位信息指标体系》·2000
  《中国文物研究所藏地方志目录》·2002
■ 全国重点文物保护单位记录档案备案工作项目·2003~2005
  中国文物研究所藏古建筑图纸整理工作项目·2003
■ 全国馆藏一级文物建档备案工作项目·2004~2005
■ 中国文物研究所藏历代金石拓片抢救整理项目·2004~2006
■ 中国文物研究所藏历史照片抢救保护项目·2004~2006

业务培训类

■ 第一期全国古建研究所（所长）保护中心（主任）专业管理培训班项目·2002
■ 第一期中意两国政府合作文物保护修复培训项目·2003~2005
■ 第二期全国古建研究所（所长）保护中心（主任）专业管理培训班项目·2004
■ 2004年中国政府TCCR非洲文物保护修复技术和管理人员培训班·2004
■ 中意合作文物保护修复培训项目暨故宫文物保护修复技术人员培训班·2004
■ 出土文献抢救、保护、整理骨干培训班·2004

与时俱进　再铸辉煌

——打造中国文化遗产保护科技航母

　　当今世界，科技进步日新月异，各种文明彼此融合竞争，文化与经济和政治相互交融，科学技术和科技自主创新能力日益成为推动经济社会发展的决定性力量和国家竞争力的核心。科技革命不仅极大地推动了人类社会经济、政治、文化领域的变革，而且也影响了人类生活方式和思维方式，使人类的社会生活和人的现代化向更高境界发展。大力发展科学技术，弘扬民族精神和民族文化，不断提高科技创新力，已成为当今世界各国的共同目标。

　　在文化遗产保护领域，科技革命不仅带来了保护技术、保护手段的高科技化、信息化，而且引起了文化遗产保护理念、文化遗产保护思维方式的改变。提高文化遗产保护科技含量，多学科交叉研究，运用并借鉴现代科学技术新成果实施文化遗产保护，推进文化遗产保护科学技术现代化、信息化、规范化迅速成为时代潮流。

　　在新的历史背景下，加强对我国文化遗产保护带有战略性、普遍性和全局性的重大理论问题的研究，大力推进文化遗产保护科学技术创新，始终把我们的文化遗产保护工作建立在科学发展观指导下的理论基础之上，建立在现代科学技术的框架之下，切实保护好我们民族的文化遗产，不断适应我国社会经济文化发展的需要，我们面临的任务还十分艰巨。

　　我们必须进一步解放思想，牢固树立科学发展观，树立大科技观念，大文化观念，从国家文化遗产保护的需求出发，从国家社会经济发展的实际出发，遵循人类文化遗产保护的客观规律，坚持科研立所，科技强所，立足国内，面向社会、面向世界，走联合、开放的科研发展之路。始终站在发展科学技术第一生产力，发展社会主义先进文化的高度，把文化遗产保护工作纳入国家科技发展规划，纳入国民经济发展规划，纳入社会主义物质文明、精神文明和政治文明建设之中，树立市场竞争意识，不断深化体制改革。

　　加强文化遗产保护基础理论研究和战略研究。围绕国家文化遗产保护事业发展方向，围绕文化遗产保护、利用、管理的政策法规建设，围绕国家文化资源的战略储备与利用，深入开展文化遗产地保护的前瞻性、科学性、系统性研究，开展文化遗产保护领域重大现实和战略问题研究，开展基础理论和基本政策研究，发挥理论指导作用，为国家文化遗产保护政策法规、战略规划的制定和实施，提供坚实的理论支持。

　　加强学科建设，实施多学科交叉和综合研究，不断优化学科结构。以基础理论研究室、古代建筑与古迹保护中心、古文献与文物研究中心、文物保护科技中心、文物资料信息中心、文物保护修复培训中心为基础，依托并联合国内外文化遗产保护研究科学院所，打造中国文物研究所重点学科、重点实验室和科研示范基地，搭建国家科研平台和中心，构建文化遗产保护学科群。

　　实施重大文化遗产地综合性保护示范行动，加强对文化遗产资源的整体保护。重点开展古建筑、古遗址保护研究，重大遗产地综合保护规划、保护技术研究。包括古建筑保护修复理论、修复技术创新研究；规划理论与规范的创新研究；决策和管理体制、机制的创新研究；保护规划工程标准研究；保护规划相关政策研究；保护规划支撑体系研究；重大文化遗产地保护规划编制示范及推广研究，开展重大文化遗产地综合保护示范工程。

　　加强文化遗产保护科学技术研究和关键技术攻关，重点开展以无损和微损为特点的文化遗产分析科学研究、材料科学研究，建立具有普遍指导意义的文化遗产损毁的基础理论。通过重大保护项目的实施，对文化遗产保护重点、难点问题实施联合攻关，在饱水漆器脱水，青铜器、铁器有害锈处理，风化壁画地仗脱盐，纸张去酸化以及糟朽丝织品保护，潮湿环境下土遗址和墓葬壁画保护，馆藏文物微环境控制，考古发掘现场脆弱物品的提取和保护以及发掘信息的最大化综合提取技术等方面取得重大突破,形成一批具有广泛推广价值的关键技术。

　　加大科技基础条件建设力度，整合科研实验设备，提升实验设备利用率，打造服务科研、服务社会的一流文化遗产保护科技实验室。加强纵向联合，实施资源共享，力争与地方联合，共建一批具有鲜明代表性和科学价值的文化遗产保护科研基地，努力为文化遗产科学保护和研究提供体系完备、开放共享的基础条件。

　　加强文化遗产保护领域的标准化研究,建立并逐步完善文化遗产保护领域的标准化体系,构建文化遗产保护领域的基础标准、技术标准、管理标准和作业标准,使之成为指导文化遗产保护领域各项标准制定和科学管理的依据,建立文化遗产保护管理的标准化模式,开展文化遗产保护标准的市场机制和认证制度研究,促进文化遗产保护领域的科学化、规范化。通过开展标准化和技术标准的研究,推进文化遗产保护技术的发展及成果推广,提高文化遗产保护质量和安全技术指数,推进文化遗产保护标准体制、管理体制、运行机制的调整与完善。

　　充分利用、广泛征集文物信息资料和文物档案资料,重点开展全国重点文物保护单位和馆藏一级文物档案资料,文献资料的汇集、整理、研究、开发利用,积极推进中国文物档案馆建设,逐步建成服务社会、面向文化遗产保护系统、对外开放的文物资料信息中心。

　　充分发挥国家文物科研机构的优势,整合国内外出土文献整理与研究资源,建设出土文献数据库及资料中心,扩大国际交流,立足高层次、大视野下的研究,力争开展跨区域的整理和综合研究项目,努力向着具有组织攻关、协调和指导职能的"国家队"目标挺进,形成具有世界一流水平的中国出土文献整理与研究中心。

　　加强国际交流,拓展合作渠道,积极参与国际学术研究与对话。重点加强同意大利、美国、日本、德国、法国、西班牙、韩国等文化遗产保护先进国家的合作,加强同联合国教科文组织和国际文化遗产保护研究机构的交流与合作。通过广泛的交流与合作,引进技术、培养人才,参与国际文化遗产保护活动,全面提高文化遗产保护科学技术的整体水平。重点开展中意合作第二期文物保护修复人才培训,中日合作丝绸之路沿线专业技术人员培训,中意合作文化遗产保护领域远程教育平台建设。

　　加快文化遗产保护信息化建设,实现与国际、国内相关网络的高效链接,创办高水平的国家级文化遗产保护科学技术研究期刊,有计划地开展国外文化遗产保护的政策法规、管理规划、科学技术等优秀文献资料的引进和翻译工作。积极响应、参与国际间重大文化遗产保护行动,继续加强与发展中国家的交流与合作,认真做好援外文化遗产保护工程。

　　实施人才引用制度,汇聚社会科研力量,加快科技创新。整合和优化国内外文化遗产保

护领域的科技资源和研究力量，打破传统研究的学科壁垒和条块分割，组建多学科的文化遗产保护科技研究队伍，建立健全开放、流动、竞争、协调的科技发展运行机制，集中力量开展文化遗产保护重大项目和重大课题研究，建立一批战略合作伙伴。创新人才引用机制，大力培养学术带头人，构建以中国文物研究所为主体的高水平的文化遗产保护研究团队。组建中国文物研究所学术委员会，建立中国文物研究所专家库，创建项目负责人制和首席科学家制，努力形成"学科带头人＋创新团队"的新型科研模式和"学术委员会＋学科专家库"的新型科研管理模式。加快与高等院校联合办学步伐，共同开展文化遗产保护硕士、博士研究生学位教育，向国家人事部申请设立文化遗产保护博士后科研工作站，探索在职人员培养提高的新模式。

以项目带科研，以项目出人才，以人才促科研。着力扶持重点学科、重大项目、重要人才的成长。重点推进文化遗产调查展示与古代发明创造综合研究、中华文明早期遗存综合研究、重大遗产地及大遗址综合保护研究、大运河遗存保护综合研究、文物保护环境综合研究、中国木结构古建筑保护的综合研究等六大工程。

坚持"突出重点，以点带面"，重点解决文化遗产保护中的关键技术、瓶颈技术、抢救性保护技术，全面带动文化遗产保护科技水平的整体提升；坚持"对外开放，合作共赢"，支持并鼓励多种形式的国际交流合作，有目的地选择吸收国际科技资源为我所用；坚持"绩效评价，奖励引导"，建立健全绩效评价、考核、奖励体系，引导文化遗产保护科技工作的健康发展。努力提高全所的科研竞争力和综合实力，促进文化遗产保护科技水平不断提升，为强所建院奠定坚实基础。

"长风破浪会有时，直挂云帆济沧海"，展望未来，我们的任务无比艰巨，我们的事业无比辉煌！新时期，中国文物研究所将高举邓小平理论和"三个代表"重要思想的伟大旗帜，坚持科学发展观，在国家文物局的领导下，紧紧围绕国家文化遗产保护事业的发展大局，紧紧围绕创建一流的文化遗产保护科研机构的中心目标，统一思想、开拓创新，为实现文化遗产保护事业与全面建设小康社会的伟大事业的协调发展而努力奋斗，勇创佳绩！

中国文物研究所七十年
机构及领导人沿革表
(1935～2005)
＊人名后括号内年代月份为任职时间

■ **1935年1月～1945年9月**

旧都文物整理委员会
隶属：国民政府行政院
首任主任委员：

黄　郛

实施部门：旧都文物整理实施事务处
办公地点：北平市政府西花园南院

首任处长：　　　　　　　　　　　继任处长：

袁　良　　　　　　　　　　秦德纯
（北平市市长兼）　　　　　　（北平市市长兼）

副处长：

谭炳训
（北平市公务局局长兼）

1945 年 9 月～1949 年 11 月

北平文物整理委员会

隶属：国民政府行政院

主任委员：

马　衡

委员：

胡　适

袁同礼

谷钟秀

朱启钤

梁思成

关颂声

熊　斌

何思源

谭炳训

实施部门：北平文物整理工程处
办公地点：北海团城

首任处长：

刘瑶璋
（北平市市长兼）

副处长：

谭炳训
（北平市公务局局长兼）

下设工作人员：

秘　书：卢　实
总务科长：李希澄
技　正：雍正华
荐任技士：曾　权、杜仙洲
技　士：于倬云、余鸣谦、李方岚
技　佐：陈继宗、曾和琳、赵小彭
科　员：金豫震、陈效先、刘利亚、佟泽泉
办事员：刘醒民、路鉴堂、单少康
会计员：张凤山
雇　员：袁钟山、李学勤
晒　图：王月亭
信　差：杨德山
库　丁：陈恒寿、史济增、路恒发、刘世厚
公　役：陈殿文、舒永泰、蔡清山、沈宝安

■ **1949 年 11 月～1956 年 1 月**

北京文物整理委员会

隶属：文化部社会文化事业管理局

办公地点：皇堂子（北京市东城区南河沿大街丙 25 号）

主任委员：

马　衡（1949～1954 辞世）

委员：

梁思成（1949～1956）

顾问：

朱启钤（1953～1956）　　　宿　白（1953～1956）

秘书：

俞同奎（1949～1956）

下设处室及负责人：

工程组

组　长：赵正之（1949.6～1952）

文献组

组　长：俞同奎（兼）（1949.6～1956）

总务组

组　长：夏纬寿（1949.6～1956）

人事组

组　长：纪　思（1953～1956）

■ **1956 年 1 月～1962 年**

古代建筑修整所

隶属：文化部社会文化事业管理局

办公地点：皇堂子（北京市东城区南河沿大街丙 25 号）

所长： 副所长：

俞同奎 姜佩文

（1956～1959 辞世） （1959～1962）

下设处室及负责人：

办公室

主　任：何良弼（1959～1962）

黎　辉（女）（1958～1959）

人事组

组　长：张思信（1956～1962）

工程组

组　长：祁英涛（1956～1962）

勘察研究组

组　长：杜仙洲（1956～1959）

纪　思（1956～1959）

资料室

主　任：俞同奎（1956～1959）

纪　思（1959～1962）

■ **1962 年～1966 年 5 月**

古代建筑修整所

文物博物馆研究所

隶属：文化部国家文物事业管理局

办公地点：沙滩北京大学红楼（北京市东城区五四大街 29 号）

所长：

王书庄（国家文物事业管理局副局长兼）（1962～1966）

副所长：

姜佩文　　　　　　　王振铎
（1962～1966）　　　（1962～1966）

王　辉　　　　　　　南　峰
（1964～1966）　　　（1964～1966）

业务秘书：

纪　思　　　　　　　罗　歌
（1962～1966）　　　（1962～1966）
（工程技术　　　　　（文献研究
与科学研究）　　　　与文献资料）

下设处室及负责人：

办公室
　　主　任：张思信（1962～1966）
人事组
　　组　长：李永奎（1964～1966）
建筑组
　　组　长：祁英涛（1962～1966）
石窟组
　　组　长：余鸣谦（1962～1966）
化学组
　　组　长：纪　思（兼）（1962～1966）
资料组
　　组　长：王　辉（兼）（1962～1966）
博物馆工作组
　　组　长：王振铎（兼）（1962～1966）

■ **1966年9月～1973年6月**
湖北咸宁文化部"五七"干校
注：全体职工下放劳动

■ **1973年6月～1990年8月**
文物保护科学技术研究所（1973年6月）
隶属：文化部国家文物事业管理局
办公地点：沙滩北京大学红楼（北京市东城区五四大街29号）
　　　　　　唐山地震后一度迁至故宫东华门内东三所（1976年至1980年1月）
所长：空缺

副所长：

　　蔡学昌　　　　　　姜锡爵
（1976～1985）　　（1978～1986辞世）

　　杨占庭　　　　　　王丹华
（1985～1986）　　（1985～1990）

下设处室及负责人：
　　办公室
　　　　主　任：冯　屏（女）（1973.11～1978）
　　　　　　　　王中年（1985.1～1991.4）
　　　　副主任：杨朝权（1985.1～1991.4）
　　古建保护研究室（1976年前为组）
　　　　组　长：祁英涛（1973.11～1985.1）
　　　　主　任：崔兆忠（1985.1～1991.4）

　　　　副主任:李竹君（1985.1～1988.4）
　　石窟保护研究室（1976年前为组）
　　　　组　　长:余鸣谦（1973.11～1985.1）
　　　　主　　任:黄克忠（1985.1～1991.4）
　　　　副主任:贾瑞广（1985.1～1991.4）
　　馆藏文物保护研究室（1976年前为化学组）
　　　　组　　长:王丹华（女）（1973.11～1985.1）
　　　　主　　任:徐毓明（1985.1～1991.4）
　　　　副主任:冯耀川（1985.1～1991.4）
　　图书资料情报馆（1976年前为资料组）
　　　　组　　长:何国基（1973.11～1985.1）
　　　　主　　任:施子龙（1985.1～1991.4）

古文献研究室（1978年2月）

隶属：文化部
办公地点：沙滩北京大学红楼（北京市东城区五四大街29号）

主任：

唐长孺
（1978～1990）

副主任：

韩仲民
（1984～1989辞世）

王去非
（1984～1987）

黄景略
（1987～1989）

张羽新
（1989～1990）

■ **1990 年 8 月 20 日至今**

中国文物研究所

隶属：国家文物局

办公地点：中国文物研究所大楼（北京市朝阳区北四环东路高原街 2 号）

所长：

罗哲文
（1990.8～1991.5）

吴加安
（2000.10～2005.4）

张廷皓
（2005.4～　　）

常务副所长：

黄景略
（1990.8～1991.5）

副所长：

张羽新
（1990.8～1997.5）

黄克忠
（1990.8～1997.5）

谢方开
（1992.7～2002.4）

胡　骏
（1991.5～1997.5）

吴加安
（1997.5～2000.10）

盛永华
（1997.5～2003.4）

荣大为
（2001.10～　　）

葛承雍
（2003.4～2005.4）

马清林
（2004.10～　　）

孟宪民
（2005.5～　　）

总工程师：

付清远
（2001.10～　　）

所长助理：

刘维平
（1997.7～　　）

下设处室及负责人：

总工室

　　　　代理总工程师：罗哲文（1991.10～　　）

　　　　总　工　程　师：付清远（2001.10～　　）

　　　　副 总 工 程 师：姜怀英（1991.9～1997.12）

　　　　　　　　　　　　崔兆忠（1991.9～1997.12）

人事处（1997.5前为人事保卫处）

　　　　处　　长：王从干（1985～2003.6）

　　　　　　　　　陈军科（2003.5～2005.5）

　　　　代处长：岳志勇（2005.6～　　）

　　　　副处长：刘　军（女）（1991.9～1997.8）

　　　　　　　　王从干（1997.7～1998.5）

办公室

　　　　代主任：嵇益民（2004.6～　　）

　　　　副主任：鲍　勇（1992.6～2004.6）

财务处

　　　　副处长：刘小兰（女）（2004.6～　　）

科研处

　　　　处　　长：杨朝权（2004.6～　　）

　　　　副处长：杨朝权（1991.9～2004.6）

文物保护基础理论研究室

　　　　处　　长：刘兰华（女）（2004.6～　　）

古文献与文物研究中心（1997.5前为古文献研究室）

　　　　主　　任：李均明（1992.7～1998.5）

　　　　　　　　　胡平生（1998.5～2004.6）

　　　　　　　　　乔　梁（2004.6～　　）

副主任：王　素（1992.6～1998.5）

刘兰华（女）（1992.6～2004.6）

古代建筑与古迹保护中心（1997.5前为古建保护设计部与石窟保护设计部）

主　任：崔兆忠（古建保护设计部）（1991.5～1997.12）

姜怀英（石窟保护设计部）（1991.9～1997.12）

张之平（女）（1998.5～2004.6）

沈　阳（2004.6～　）

副主任：张之平（女）（古建保护设计部）（1991.9～1998.5）

贾瑞广（石窟保护设计部）（1991.9～1994.6）

李宏松（1998.5～2004.6）

杨招君（1998.9～2004.6）

王金华（2004.6～　）

文物保护科技中心（1997.5前为文物保护科技部）

主　任：李化元（1992.7～1998.5）

徐毓明（1998.5～2001.3）

陈　青（女）（2004.6～　）

副主任：嵇益民（1992.7～2004.6）

高　峰（2004.6～　）

文物资料信息中心（1997.5前为文物档案情报资料中心）

主　任：吴铁梅（女）（1991.10～1997.12）

侯石柱（2004.6～　）

副主任：侯石柱（1991.9～2004.6）

嵇沪民（女）（1993.5～2004.6）

刘志雄（1998.5～　）

文物保护与修复培训中心

主　任：詹长法（2004.6～　）

服务中心（2004.6前为行政处）

副处长：张书礼（1992.3～1998.5）

罗来营（1992.10～　）

张立国（1998.5～　）

朱启钤先生为中国营造学社初立纪念
所书对联（1930 年 3 月）

中国文物研究所简史

(1935～2005)

　　中国文物研究所隶属于中华人民共和国国家文物局，是从事文物研究、文物保护科学技术研究及出土古文献研究的国家级公益性科研单位。作为中国文物保护领域的综合性研究机构，其学科领域涵盖自然科学与人文两大门类，涉及物理学、化学、建筑学、地质学、历史学、考古学、文献学、古文字学、信息技术等诸多学科。

　　中国文物研究所的前身可追溯至1935年1月成立的旧都文物整理委员会及其执行机构北平文物整理实施事务处；新中国成立后，重组更名为北京文物整理委员会。此后几经机构变更、裁撤，终于在1990年8月，在文物保护科学技术研究所与文化部古文献研究室的基础上，组建成立中国文物研究所。

　　中国文物研究所自初创迄今，在国家政治风云变幻与社会经济兴衰起伏的大潮中，历届领导与各方文物专家时刻以保护国家历史文化遗产为己任，精诚合作，进行了大量的文物资料收集整理、文物古迹调查研究及文物修缮保护工程工作，为中国文物事业的建设与发展做出了突出的贡献，同时培养出了一支精干的文物保护与研究队伍。多年来，中国文物研究所承担过数百项全国重点文物保护单位的保护项目，完成国家级科研课题数十项，出版文物保护科技著作和文物研究学术著作百余种，研究论文千余篇，首批获得国家考古发掘团体领队资格和国家文物保护工程甲级勘察设计资质，并广泛开展国际间遗产保护的交流合作。中国文物研究所走过的七十年发展历程，见证了中国近现代历史文化遗产研究、保护、修复的历史。

　　中国文物研究所七十年的成长发展历程可大致分为以下六个阶段。1.初立：旧都文物整理委员会与北平文物整理委员会时期（1935～1948）；2.新生：北京文物整理委员会时期（1949～1955）；3.发展：古代建筑修整所与文物博物馆研究所时期（1956～1965）；4.停滞：集体下放湖北咸宁文化部"五七"干校时期（1966～1973）；5.复兴：文物保护科学技术研究所与古文献研究室时期（1974～1990）；6.创新：中国文物研究所时期（1990～　）。

一、初立：旧都文物整理委员会与北平文物整理委员会时期
（1935~1948）

朱启钤（1872~1964）

20世纪二三十年代，中国近代民族工商业蓬勃兴起，中国社会进入相对快速发展的黄金时期，既要学习接纳西方的现代文化，再认识、继承中国的传统文化，又要把中国传统文化作为国家发展与民族复兴的精神支柱。由此，"整理国故"之风日炽，并掀起了以"中国固有形式"为特征的传统文化的复兴，而与之相应的中国现代考古学及文物、博物馆事业也大都发轫于此。在此背景下，民国政府中的一些较为务实的官员，因受到欧美先进国家在城市规划与文物古迹保护方面取得成效之影响，遂开始关注文物古迹的保护与整理工作，从事文物保护管理与研究的专门机构也相继创建并逐步发展起来，并尝试开展了一系列的文物古迹的整理保护与调查研究活动。

1928年3月，成立于南京的中央古物保管委员会[1]即是民国政府较早设立的文物保护管理及调查研究的专门机构，隶属于民国政府大学院，聘请知名学者23人为委员，于同年9月设立北平分会。嗣因古物古迹以华北各省为多，爰于1929年1月，古物保管委员会移设北平，以其北平分会办公地址北海团城为会址。1929年，大学院结束后，中央古物保管委员会改隶教育部，并于1930年12月设立天津支会。中央古物保管委员会自成立之初，随即进行了大量有关古建筑、古墓葬、古遗址的调查，调查登记北平、河北、山西等华北诸省各重要古迹古物共数百处，获得数量众多的文物实物资料，并发表具有较高学术价值的研究报告多种。其中较为著名的考察活动是与北京大学、北平研究院共组燕下都考古团，前往河北易县进行燕下都遗址发掘；其间另有北平文物维护会，是由刘半农等人于1928年6月组织的临时性文物保护组织，由刘半农任主席。文物维护会曾与安得思代表的美国自然史博物馆中亚考察团进行谈判，合作组织中亚考察团，前往内蒙古进行考古调查采集等。

朱启钤[2]以研究"中国固有之建筑术、协助创建将来之新建筑"为主旨于1930年3月创办中国营造学社，是专门从事中国古代建筑调查与研究的重要学术团体。学社成立之初研究范围侧重古籍整理及外籍之译述。1931年7月后，中国营造学社改

梁思成（1901~1972）

刘敦桢（1897~1968）

---

[1] 中央古物保管委员会是民国时期较早设立的文物保护及管理专门官方机构，成立于1928年3月，原隶于大学院。1929年3月因大学院制结束后改隶教育部。1930年，南京国民政府颁布《古物保存法》。1932年6月18日，国民政府行政院公布《中央古物保管委员会组织条例》，规定了中央古物保管委员会的隶属关系、职权范围、工作内容、人员编制及所司职责，确认该会按照《古物保存法》行使古物保管职权。中央古物保管委员会成立后，先后进行了大量有关古建筑、古墓葬、古遗址的调查，发表了多种具有学术价值的研究报告。中央古物保管委员会组织委员会委员张继等23人，主任委员张继。职员设秘书1人，委员兼干事2人。中央古物保管委员会北平分会委员马衡等9人，主任委员马衡。职员秘书1人，干事2人，书记4人。天津支会委员严智开等5人，主任委员严智开。职员设秘书1人，干事4人。

[2] 参见《中国文物研究所简史》人物索引之"朱启钤"。

组为文献、法式两组，梁思成[3]、刘敦桢[4]分别出任主任。文献组工作侧重史料之搜集，法式组侧重古代建筑实物的测绘调查及营造则例之整理。自是而后，每岁春秋二季，分组出发实地调查测绘古代建筑逐渐成为学社的主要工作，并以研究所得，为当时中国的古代建筑修缮保护、教学、设计等机构提供参考资料等。中国营造学社之成立，奠定了中国古代建筑及建筑史学研究的重要基础。

随着对文物古迹的调查研究日益得到各级政府及学术界的关注，1935年1月，稍晚于中央古物保管委员会和中国营造学社而创立的旧都文物整理委员会及其执行机构北平文物整理实施事务处，则是专门从事古代建筑修缮保护工程及调查研究的政府机构。无论从其机构规模、资金及设备的支持，还是从其技术人员、工程项目以及管理程序等诸多方面而言，旧都文物整理委员会及其北平文物整理实施事务处在当时都达到了相当的水准，成为中国现代文物保护事业滥觞期的重要机构。

袁良（？～1953）

略如上述背景而外，旧都文物整理委员会及其北平文物整理实施事务处的成立契机，还与20世纪30年代中期日本侵略者觊觎华北而呈现纷繁复杂的政治时局密切相关。

1933年6月，袁良[5]出任北平市政府的市长，就任之初适逢《塘沽协议》签字不久，华北局势危迫，日本侵略者染指平津的野心已很明显。袁良市长当时即考虑到北平为元、明、清历朝以来之都城，宫阙、殿宇、苑囿、坛庙为中国古代建筑艺术精华所萃，集东方艺术之大成，若将北平规划建设成为旅游胜地，使北平成为东方最大的文化都市，定为国际社会所瞩目，而又可将国防建设寓于新兴的都市计划与市政建设之中，藉此以遏止日本的侵略图谋。因此自上任之初，袁良市长力主借鉴欧美各国最先进的城市规划与市政建设经验，锐意革新，力图整顿，积极倡导《北平市游览区建设计划》、《北平市沟渠建设计划》、《北平市河道整理计划》等城市建设计划，并为保障上述规划实施发行公债，改善财政税收状况，此开北平现代意义大规模城市规划之先河。

随着北平都市计划与市政建设的诸项计划既定并落实实施，鉴于北平市内文物古迹多有残损毁圮，实有进行系统维护修缮的必要， 1934年11月，北平市政府开始着手制定北平市文物整理计划，并呈请国民政府行政院驻平政务整理委员会（简称"政整会"）核示批准。稍后，由北平市政府拟具的《文物整理计划书》和由"政整会"拟具的《旧都文物整理委员会规则草案》，呈奉行政院1934年12月22日第七〇五二号训令核定，以《旧都文物整理委员

---

[3] 参见《中国文物研究所简史》人物索引之"梁思成"。
[4] 参见《中国文物研究所简史》人物索引之"刘敦桢"。
[5] 参见《中国文物研究所简史》人物索引之"袁良"。

正阳门箭楼与城楼（20世纪30年代）

谭炳训（生卒年不详）

《会组织规程七条》的名义颁布。1935年1月11日，根据行政院训令以及所颁布的《旧都文物整理委员会组织规程》，旧都文物整理委员会（简称"文整会"）在北平正式宣告成立。"文整会"隶属于国民政府行政院驻平政务整理委员会，以"政整会"委员长、冀察两省政府主席、北平市政府、内政、财政、教育、交通、铁路各部及中央古物保管委员会、国立北平故宫博物院的代表为当然委员，主席则先后由"政整会"的委员长黄郛、陶履谦兼任，委员计有吴承湜、王冷斋、曲建章、马衡、李诵琛、梁思成、富保衡等，"文整会"的主要职责如下：（一）指挥监督关于执行整理旧都文物的各项事宜；（二）审核关于整理旧都文物的设计；（三）筹划保管关于整理旧都文物的款项；（四）凡关于整理旧都文物有应与其他机关协商者，由本会商请主管机关办理等[6]。

1935年1月15日，旧都文物整理委员会通知北平市政府，依照组织规程，该委员会第一次会议决议将整理修缮北平文物古迹事宜，委托北平市政府负责具体实施，但在文物整理修缮工程实施之前，须拟具完整的计划提交"文整会"审定核准，待工程竣工时则须报请"文整会"派员组织工程验收。北平市政府为全面执行"文整会"所委托的北平文物整理修缮事宜，遂于1935年1月16日设置成立北平市文物整理实施事务处，办公地址设在北平市政府内西花园南院。该处直接隶属于北平市政府，其正、副处长分别由北平市政府的市长及北平市工务局[7]局长兼任，主要职责是负责办理关于北平市内文物整理修缮的各项设计、工程以及其他与文物相关资料的编辑、宣传事务；负责筹拨专款，编拟计划，分期实施各项修缮工程等。北平文物整理实施事务处的首任处长由时任北平市长的袁良兼任，副处长则由时任北平市工务局局长的谭炳训兼任，其余工作人员则主要是由北平市工务局的工程技术人员及北平各营造厂商的古建筑营造匠师所共同组成，全面实施北平古建筑保护与修缮工程的设计与施工事宜。北平文物整理实施事务处成立后的第一项重要工程即面临北平故宫的古建筑修缮保养工程。袁良身为北平市长，兼任文物整理实施事务处处长，决非挂名而已。从当时的往返公文

左：北平市市长袁良手书批件（1935年4月2日）"可交工务局会商古物陈列所，酌拟办法函处转呈核实可也"钤："袁良之印"朱文方印

右：1935年4月5日旧都文物整理委员会关于故宫修缮计划的意见

撰文：朱毓真、彭一卣签名钤印

北平市市长袁良批示："故宫修理本在行政院决议内，未便推却也。"

钤："袁良之印"朱文方印、"谭炳训"朱文方印

<hr>

[6]《北平市统计览要》，北平市政府秘书处第一科统计股主编，中华民国二十五年十二月出版。

[7]北平市工务局成立于1928年8月。其前身为1914年成立的内务部土木工程处。该局隶属于北平市政府，其内部机构设有秘书室和四个科，各科内设有若干股。1945年9月日本帝国主义投降，同年10月10日国民党北平市政府接收日伪工务局及工务总署，重新组建北平市工务局。其职责是掌理全市工务事务，包括房屋、公园、公墓及体育场所等建筑事项；市民住房、道路、桥梁、沟渠、堤岸及其他公共土木工程；河道船政管理；广告、路灯管理等。其内部机构设置为三室四科，并将原有下属机构及接收的机构调整为文物整理处、西郊新市区工程处、工程总队、车辆厂、材料厂、测量队、采石厂。

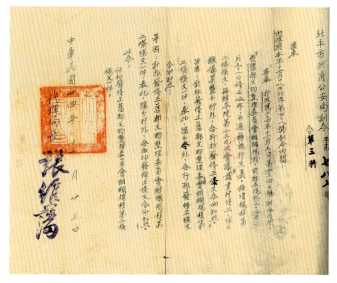

北平政府公安局"关于旧都文物整理委员会组织规程训令"
（1935年12月23日）

看，其上多有袁良的亲笔批示，签印更是必不可少；其他如副处长谭炳训、技正（技术负责人）林是镇及至一般事务员，皆认真钤盖印章，以负其责。

至1935年末，国民政府行政院驻平政务整理委员会裁撤之后，依据1935年12月7日行政院第六三〇四号训令通过的《旧都文物整理委员会组织规程》，旧都文物整理委员会及其北平市文物整理实施事务处改隶国民政府行政院直属，其当然委员也相应稍作调整，改组以内政、财政、教育、交通、铁道五部、蒙藏委员会及国立北平故宫博物院代表各一人，河北、察哈尔两省政府及北平市政府代表各一人组成；此前的委员中央古物保管委员会则由行政院蒙藏事务委员会所替代。1936年3月，旧都文物整理委员会第二次会议决议改组"文整会"的执行机构"北平市文物整理实施事务处"，更名为"旧都文物整理实施事务处"[8]，并于同年5月1日正式成立。此次改组详细规定了"旧都文物整理实施事务处"的人员编制、职责范围、工程细则等内容；该处仍设处长、副处长各一人，处长由时任北平市政府市长的秦德纯兼任，副处长则由时任北平市工务局长的富保衡兼任，但均不支薪。

上右、中、下：旧都文物整理实施事务处组织规则（共5页）

[8]"北平公安局关于旧都文物整理处更名改组仰照的训令"，北京市档案馆藏，档案编号：J181-20-25300

林是镇（1893~1962）

按照编制处长、副处长以下设置秘书一人，负责办理文书总务及特派事
项；设置技正二至三人、技士六至十人、技佐八至十二人等，负责文物整
理的技术事务；设置事务员四至八人、会计员一人办理会计出纳庶务；还
根据事务繁简酌用增设编译员、书记员等职[9]。至1937年末，旧都文物整
理实施事务处人员计有20余人，技正为林是镇，技士有陈捷、樊际麟、查
良铭、齐昌复，助理员为杜佐臣，事务员有杨希雄、刘祚新，测目有刘恩
绶、范宗彝、刘畔池，测丁有冯世卿、余少文、金子岩、林玉、顾文森、
管连升、李子敬、石学勤、伊克敬、赵连等十人，庶务有崔兴久、薛锡成

---

[9] "北平公安局关于修正旧都文物整理委员会组织规程的训令"，北京市档案馆藏，档案编
号：J181-20-20537

等[10]。另外，旧都文物整理实施事务处为组织实施北平的文物整理修缮工程，还专门购置一批进口测绘仪器及特制活动云梯、拔草器、吸尘机、汽车等古建筑修缮工程专用工具等，为北平文物古迹的整理修缮工程提供技术设备的支持。

旧都文物整理实施事务处为保障北平文物整理工程的顺利实施，通常委托北平市工务局、工程司（建筑设计事务所）及各营造厂商代为办理，并同时聘任各方专家或学术团体作为技术顾问。因旧都文物整理实施事务处主持的各项文物整理工程多由北平市工务局代办，因此该处也须委派职员前往北平市工务局参与工作，旧都文物整理实施事务处无论机构建置、技术顾问抑或修缮工程等诸多方面均得到当时北平市政当局以及北平各界的积极响应与支持。在修缮工程技术方面，旧都文物整理实施事务处则聘请对于中国古建筑学识渊深的基泰工程司著名建筑师杨廷宝[11]负责，并同时委托中国营造学社朱启钤、梁思成、刘敦桢等中国古代建筑研究领域的著名学者作为技术顾问直接参与北平的文物整理工程。

事实上，自1935年5月起，在北平文物整理实施事务处成立之初，即开始组织实施名为"北平游览区古迹名胜之第一期修葺计划"文物整理修缮工程，旧都文物整理实施事务处也以北平市工务局的日常事务

梁思成委员致行政院北平文物整理委员会"关于玉泉山疗养院添建房屋事"函（1948年11月2日）
马衡批示：据复　衡

---

[10] 同注9
[11] 参见《中国文物研究所简史》人物索引之"杨廷宝"。

朱启钤（右一）、梁思成（右二）、刘敦桢（右三）考察北京天坛修缮工程（1935年）

天坛维修工程中梁思成、林徽因在祈年殿屋檐上（1936年）

杨廷宝在天坛修缮工程中

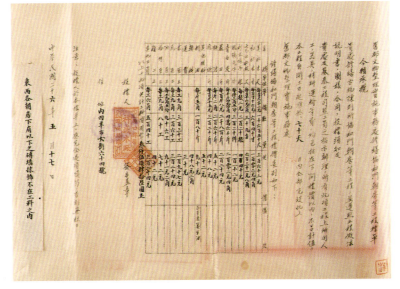

上：内政部北平古物陈列所致旧都文物整理实施事务处"修缮协和门朝房及熙和门事宜"函（1935年4月）

中：祥盛木厂致旧都文物整理实施事务处修缮协和门朝房等工程标单。（1937年5月17日）

下左：旧都文物整理实施事务处致古物陈列所"关于协和门朝房等工程由祥盛承修函达查照"函。（1937年6月17日）

下中：旧都文物整理实施事务处致古物陈列所"关于协和门朝房等工程由祥盛承修函达查照"函。（1937年6月17日）

处　长：秦德纯　签范押、钤印　六月十七日

副处长：富保衡　签范押、钤印　六月十七日

秘　书：朱毓真　技　正：林是镇

下右：旧都文物整理实施事务处技正林是镇为修缮协和门朝房招标图件致处长、副处长呈文。副处长秦德纯签"可，五、八"。钤名印。（1937年5月7日）

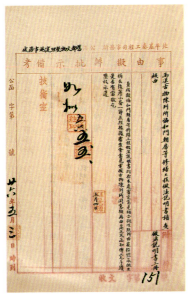

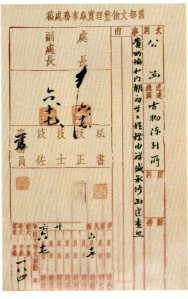

正阳门五牌楼改造工程

正阳门五牌楼改造前旧貌（1910年）
牌楼柱为木质，柱南北两侧加戗柱，高度较低，严重影响交通。

夹杆石上方刻："中华民国二十四年八月重修，北平市长袁良"铭文。

正阳门牌楼匾额为民国时期著名学者邵章手书，敦厚雄壮。

正阳门五牌楼改造后面貌（1935年）
牌楼柱改为钢筋混凝土质，无需戗柱，高度增高，以满足汽车通过之需要。

修缮后正阳门五牌楼石座细部（1935年）

天坛皇穹宇修缮工程完成后全景（1936 年）

天坛皇穹宇修缮工程

修缮后的东南角楼（1936 年）

东南角楼修缮工程

旧都文物整理实施事务处主要成员东南角楼修缮工程开工合影（1936 年）
左起：谭炳训、刘南策、林是镇；右一：杨廷宝

**抗战时期，梁思成等古建筑专家
在四川考察南充西桥（1940年）**
左起：陈明达、梁思成、莫宗江

工作，与旧都文物整理委员会工作密切配合，制订计划将北平历史文化价值最高而亟待整理的文物古迹进行系统地维护修缮。各古建筑修缮工程均逐项按照规定，经旧都文物整理委员会决议整理之后，由北平基泰工程司事务所委派建筑师，会同作为技术顾问的中国营造学社先期进行测绘勘查，编制工程查勘情形图说，拟具修缮计划书及预算册，再经旧都文物整理委员会复加详细审核，确定修缮工程做法说明书，并经投标选择营造厂商付诸实施。由现存当时的档案文书可以看出，在北平文物整理工程的具体实施过程中，旧都文物整理委员会及其文整实施事务处委托基泰工程司测绘设计、招标工程承包商等的各方文件合同齐全，往来文书中各单位印章及负责人签章滴水不漏，工程承包招标及承包商工料报价亦中规中矩，显示出极高的专业水准。

北平第一期文物整理工程自1935年5月开工，至1936年10月告竣，此间共修缮整理北平重要古建筑计有明长陵、内外城垣、城内各牌楼（正阳门五牌楼、东西长安街牌楼、金鳌玉蝀牌楼、东四牌楼、西四牌楼、东西交民巷牌楼等）、东南角楼、西安门、地安门、钟楼、天宁寺、天坛（圜丘、皇穹宇、祈年殿及殿基台面、祈年门、祈年殿配殿及围墙、祈年殿南砖门及成贞门、皇乾殿、北坛门及西天门、外坛西墙）、国子监辟雍、碧云寺总理衣冠冢（金刚宝座塔）、玉泉山玉峰塔、碧云寺罗汉堂、西直门外五塔寺、妙应寺白塔、中南海紫光阁等[12]。

此后，第二期文物整理工程于1936年10月起随即实施，旧都文物整理实施事务处通过聘任审查委员，组织审查会议，所有文物整理计划及重要事项交审查会议核准。至1938年1月，业已竣工第二期工程中修缮的主要古建筑有：天坛祈年殿迄东长廊、碧云寺中路佛殿、

---

[12]《北平游览区古迹名胜之第一期修葺计划》，北京市档案馆藏，档案编号J1-5-116。

张镈(1911～1999)

文丞相祠、故宫午门、协和门朝房及南薰殿、大高玄殿牌坊、隆福寺毗卢殿等二十余项[13]。

此外，在上述的第一、二期工程实施过程中，当时尚有其他机关团体使用的古建筑，如故宫博物院、古物陈列所、中南海及北海公园等，旧都文物整理实施事务处出于对北平各文物古迹负有全面保护之责，也在当时比较宽裕的经济状况下，曾进行过系统的整理修缮[14]。

1937年"七七事变"之后，北平沦陷，北平的著名学者大多转移到西南大后方。至1938年4月底，旧都文物整理实施事务处的工作基本宣告结束，仅有第二期尚未完成部分的工程，移交给伪临时政府行政委员会及其后的伪华北政务委员会属下的建设总署[15]（嗣改称工务总署）接手继续完成，而"旧都文物整理实施事务处"的全部卷宗档案也被移交至伪建设总署。在整个抗战期

---

[13] "修正旧都文物整理实施事务处结束办法"，北京市档案馆藏，档案编号J17-1-1689-40。

[14] "修正旧都文物整理实施事务处结束办法"，北京市档案馆藏，档案编号J17-1-1689-40。

[15] 1937年成立的伪临时政府在行政委员会内曾设有直属机构建设总署，殷同任署长。1940年4月1日，伪华北政务委员会宣布成立，以下设内务、财务、治安、教育、建设五总署，各置督办一人，分掌政委会的政务，华北政务委员会建设总署督办一职由殷同升任。1943年11月16日，汪伪国民政府下令撤销建设总署，成立工务总署，建设总署的一切事务统归工务总署接办，苏体仁、唐仰杜等先后任工务总署督办。该总署具体负责华北地区的河北、山东、山西三省和北京、天津、青岛三市的公路、水利、都市的计划、工务等行政事务。工务总署设督办、署长、秘书主任、参事，内部机构有总务局、公路局、水利局、都市计划局。

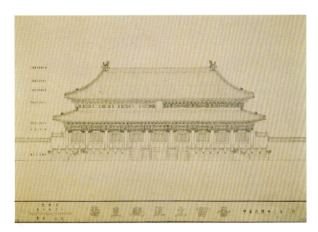

景山寿皇殿正立面图

太庙后殿彩色图

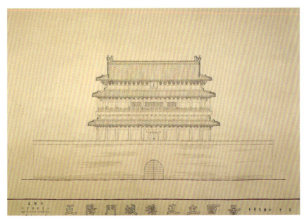

正阳门城楼正立面图

正阳门箭楼彩色图

间，北平文物整理修缮工作始终继续，未曾间断，但工程项目规模较小，仅有故宫、颐和园、中南海、大高殿牌楼、天坛、北海等处的一般性修缮及保养工程。

在此期间，值得特别一提的是，在1941年6月至1944年末，伪建设总署及北平都市计划局曾委托华北基泰工程司，由张镈[16]主持对北平中轴线及其外围重要古建筑进行系统的测绘。1941年初，中国营造学社社长朱启钤面对北平明、清两代保存下来的文物建筑，其忧虑与日俱增。他认为这些中国传统建筑艺术之瑰宝经不起火焚、雷击，尤其当时北平正处于日伪统治之下，必须及时对其进行现场精确的测绘以防兵燹不测。而时任伪北平都市计划局长的林是镇[17]是中国营造学社的成员、原旧都文物整理实施事务处技正，此外伪建设总署署长殷同也与朱启钤相识，藉此关系，朱启钤测绘北平重要古建筑的设想得以实施。同年6月，朱启钤推荐华北基泰工程司事务所的建筑师张镈承担这一重任，而此项动议也得到了基泰工程司老板关颂声的积极支持。为了避免"失节"之嫌，张镈以"建筑师张叔农"的名义，与伪北平都市局签订承揽测绘故宫中轴线（天安门、端门、午门、东西华门、角楼、太和殿、中和殿、保和殿、武英殿、文华殿等），以及外围的太庙、社稷坛、天坛、鼓楼、钟楼等主要古建筑的测绘合同。整个古建筑测绘项目北起钟鼓楼，南至永定门，测绘重点则在于紫禁城内的主要古建筑[18]。

张镈当时除了主持华北基泰工程司业务外，还担任天津工商学院建筑系的教授，天津工商学院建筑系、土木系的师生作为主要力量参与此项浩大的古建测绘项目，最后将每座建筑的平、立、剖面及构造详图均按不小

---

[16] 参见《中国文物研究所简史》人物索引之"张镈"。
[17] 参见《中国文物研究所简史》人物索引之"林是镇"。
[18] 张镈《我的建筑创作道路》，中国建筑工业出版社，1994年版

天坛皇乾殿透视图

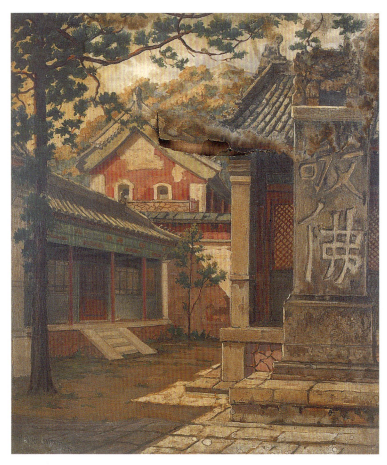

俄国画家毕古列维赤描绘北京古代建筑的油画

左：八大处香界寺（碑中敬佛二字为清康熙帝书）；　右上：北海天王殿；　右下：十三陵神道

于 1/50 的比例尺，用墨线或彩色渲染绘制在 60 × 42 英寸（相当 1.524 × 1.067 米）的进口高级橡皮纸之上。这批测绘图纸的绘制极其认真精细，功底深厚，测量数据翔实，其中彩色的大幅建筑透视渲染图更是难能可贵，尤其精彩。此外，1943 年底，北京大学工学院建筑系的朱兆雪[19]请营造学社的有经验的绘图员邵力工[20]和北京大学工学院讲师冯建逵等带领部分学生，也参加了此项古建筑测绘项目。此次古建筑测绘工作共分为三期，为期大约四年，最终绘制大幅图纸 680 余张，另附大量古建筑照片及测量手稿。至此项工作结束时，抗日战争已显露出胜利的曙光。最为值得庆幸的是，北平古城在八年抗战中侥幸未遭大规模的破坏，而这批在特殊环境中艰难获得的北平中轴线重要古建筑的实测图纸及测绘资料也悉数完整保存下来，成为现今之中国文物研究所的珍贵藏品。

与北京城中轴线重要古建筑测绘工程同时，北平都市计划局还特聘时任教于北京大学艺术学院的俄国画家毕古列维赤进行描绘北京古代建筑的油画及水粉画创作。毕氏的画作并非完全写实，而是带有一定的写意成分，这使得画面更为紧凑迷人。此番创作自 1936 年一直延续到 1948 年，画作后归北平文物整理委员会保存。后有部分画作被送至南京展览流入台湾，现存台湾大学美术馆；而留在北京的画作成为中国文物研究所的珍贵藏品。

1945 年 9 月抗日战争胜利，北平光复，同年 10 月 10 日北平市政府接收日伪工务总署，

---

[19] 参见《中国文物研究所简史》人物索引之"朱兆雪"。
[20] 参见《中国文物研究所简史》人物索引之"邵力工"。

重新组建北平市工务局。时任北平市长的何思源下令将原由伪建设总署管理的北平文物整理工程移交由北平市工务局属下设立的文物整理工程处暂时维继,办公地址设在北平市韶九胡同。

至1946年末,北平市工务局文物整理工程处曾主持北平文物整修大小工程计有四十余处,其中有:中南海勤政殿、先农坛、故宫午门、天安门等处城楼,以及玄穹殿、朝阳门箭楼、永定门城楼箭楼、智化寺钟鼓楼、碧云寺钟鼓楼、颐和园(排云殿、长廊、云辉玉宇牌楼、耶律楚材祠及文昌阁)、东西长安街牌楼、智化寺智化殿及天王殿等[21]。

1946年10月间,随着抗战前"文整会"的部分委员及技术人员逐渐归来,遵行政院令筹划仿照前例,恢复组建北平文物整理委员会;1947年1月1日,行政院北平文物整理委员会正式恢复成立,由主任委员1人与委员9人组成。由著名学者、故宫博物院院长马衡[22]兼任主任委员,九位委员中既有中国古建筑研究及建筑工程界的代表人物朱启钤、梁思成、关颂声[23]、谭炳训,也有学贯中西的著名学者胡适[24]、袁同礼[25]、谷钟秀[26],以及军政要员熊斌、何思源[27];日常管理工作由秘书俞同奎[28]及事务专员刘南策具体办理。1947年1月28日,行政院北平文物整理委员会在太庙事务所召开第一次委员会议,通过关于隶属该会之文物整理工程处的组织规程;该

马衡(1881~1955)

俞同奎(1876~1962)

---

[21] "北平文物整理委员会工程处工作报告",北京市档案馆藏,编号J1-4-494-1。
[22] 参见《中国文物研究所简史》人物索引之"马衡"。
[23] 参见《中国文物研究所简史》人物索引之"关颂声"。
[24] 参见《中国文物研究所简史》人物索引之"胡适"。
[25] 参见《中国文物研究所简史》人物索引之"袁同礼"。
[26] 参见《中国文物研究所简史》人物索引之"谷钟秀"。
[27] 参见《中国文物研究所简史》人物索引之"何思源"。
[28] 参见《中国文物研究所简史》人物索引之"俞同奎"。

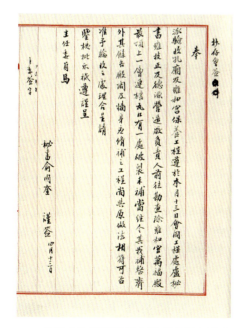

北平文物整理委员会秘书俞同奎致主任委员马衡"验收孔庙及雍和宫保养工程"(1947年12月)

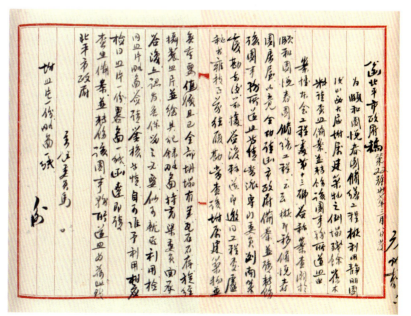

北平文物整理委员会主任委员马衡致函北平市政府"颐和园悦春园修缮事宜"(1948年3月8日)

会暨工程处之经常费预算，工程事业预算费，亦均经审议通过，并决议正式接管北平市政府工务局文物整理工程处[29]。嗣于同年5月，奉令公布行政院北平文物整理委员会组织条例，依照组织条例之规定，设置工程处为其执行机构，由行政院北平文物整理委员会决定文物整理的选择及预算，而其工程处则专门具体负责北平文物整理事宜，正、副处长仍由市长及工务局长分别兼任。时任北平市长的何思源兼任处长，整理工程实施方面由任北平市工务局长的谭炳训兼任副处长，该工程处遂于同年10月1日正式成立，办公地点设在北海团城。工程处下设工务、总务两科，召集前北平市工务局文物整理工程处原有技术员司职，以资熟手，而利推进。至1947年末，行政院北平文物整理委员会工程处聘用的员工32人[30]，其中工程技术人员计有雍正华、曾权、杜仙洲、陈效先、祁英涛[31]、余鸣谦、陈继宗、李方岚、于倬云[32]、赵小彭、曾和霖等十余人[33]。所以此时北平的文物整理工程已完全由工程处负责具体的工程实施；只是每项工程计划，必须交由行政院北

1947年1月29日《华北日报》关于北平文物整理委员会的报道

[29] 《华北日报》1947年1月29日报道

[30] 《行政院北平文物整理委员会工程处1947年员工名册》

[31] 参见《中国文物研究所简史》人物索引之"祁英涛"。

[32] 参见《中国文物研究所简史》人物索引之"于倬云"。

[33] "北平文物整理委员会工程处公务员任用审查通知书存根"，北京市档案馆藏，档案编号：J142—1—174—1

北平文物整理委员会工程处办公地点北海团城

何思源（1896～1962）

北平市市长、北平文物整理委员会委员何思源致函行政院北平文物整理委员会拟请勘察
北平各城楼（1947 年）

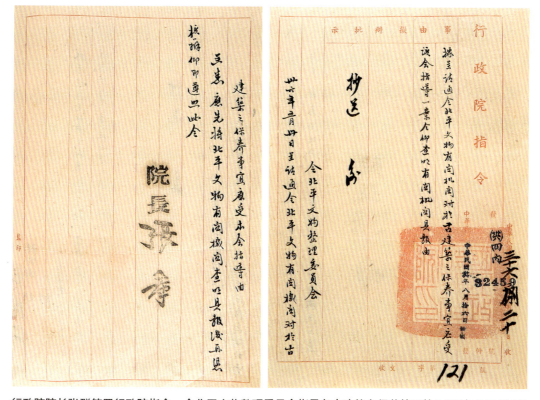

行政院院长张群签署行政院指令：令北平文物整理委员会指导各古建筑之保养的函件（1947 年 8 月 16 日）

修缮中的天安门

修复后的天安门

石栏修复

天安门修缮工程（1948 年）

修缮中的天安门

维修中的北京鼓楼

修缮中的北京鼓楼局部

修缮中的北京鼓楼远景

北京鼓楼修复后的面貌

北京鼓楼修缮工程（1948 年）

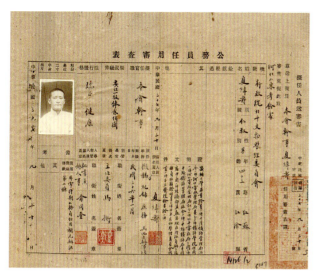

夏纬寿公务员任用审查表

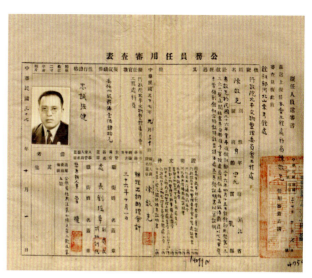

陈效先公务员任用审查表

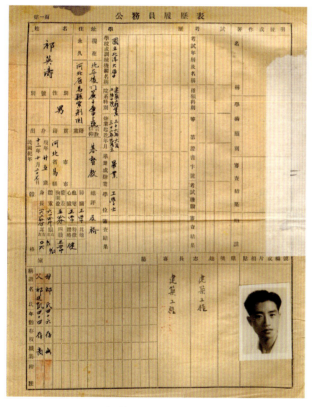

祁英涛公务员履历表

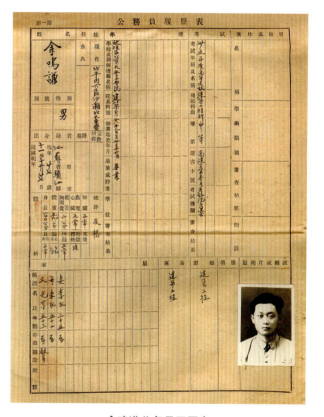

余鸣谦公务员履历表

平文物整理委员会委员中对于中国建筑有专门研究者予以最后的审核。至1948年6月，行政院北平文物整理委员会及其工程处完成的北平古建筑修缮整理项目计有：故宫东路乐寿堂、故宫午门东翼楼、故宫西路寿安宫西南转角楼、故宫保和殿左右崇楼、天安门、钟鼓楼、北海阐福寺、北海蚕坛、北海小西天、智化寺东西配殿、安定门箭楼、颐和园北宫门正座、颐和园香海真源、颐和园画中游、卧佛寺、大慧寺大悲殿、八里庄万寿塔、雍和宫法轮殿、静宜园见心斋等工程[34]。

---

[34] "北平文物整理委员会函送民国三十七年度工作计划及概算书"，北京市档案馆藏，档案编号：J1—4—298

铁影壁迁移工程

梁思成工作照

护国德胜庵铁影壁由碱性火山岩雕刻而成，通高1.89米，檐长3.56米，上雕麒麟，古朴雄健。1948年3月25日由北平文物整理委员会迁至北海公园五龙亭东侧，成为重要文物景点。图为迁移前情形。

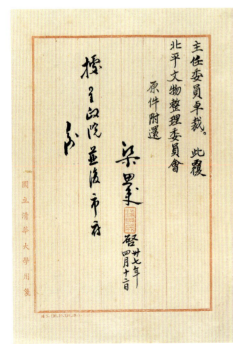

梁思成委员致北平文物整理委员会关于保护铁影壁的信函（1948年4月12日）

马衡批示：据呈政院并复市存，衡。

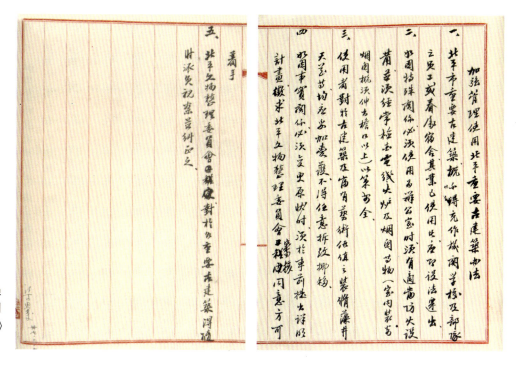

北平文物整理委员会关于《加强管理使用北平重要古建筑办法》（1948年3月11日）

　　抗战胜利以后，大量军队在北平城内各大坛庙寺观内驻扎，破坏古代建筑的现象时有发生。以马衡为首的北平文物整理委员会多方呼吁，并上书军政高层，务求关注北平古建筑的保护事宜。1947年4月、1948年7月，时任军政要员的李宗仁、傅作义曾先后分别致书北平文物整理委员会，明确支持有关呼吁，力主加强文物保护措施。由此可见，北平文物整理委员会在文物保护方面其社会影响之大。1948年以降，国民党政权已是风雨飘摇，从当时各届政府行政院长张群、翁文灏、孙科等致北平文物整理委员会的指令文件可以看出，当时物价飞涨，百业萧条，职员减薪，民生艰难。在此社会背景下，北平的文物

军事委员会委员长北平行辕主任李宗仁致北平文物整理委员会委员袁同礼（守和）、马衡（叔平）、胡适（适之）、谷钟秀（九峰）、梁思成"关于保护古都文物"的信函（1947年4月21日）

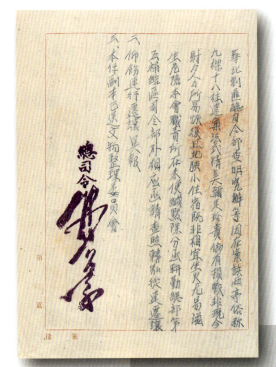

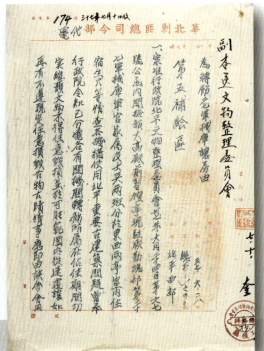

"华北剿匪总司令部"总司令傅作义签署致北平文物整理委员会"保护大高殿前司礼亭事宜"代电
（1948年7月10日）

大高殿司礼亭
（1948年）

整理及修缮保护工程只能量力而行，勉强为之。而此时几乎所有的人都意识到，中国历史新的一页马上就要揭开了。

综上所述，自1935年1月正式成立旧都文物整理委员会及文物整理实施事务处，迄1949年新中国成立之初，对于北平文物古迹的系统整理修缮始终未尝间断，其间总计完成大小文物修缮保养工程近百项，范围基本涵盖了北平市内的主要宫殿、坛庙、寺观、苑囿、城墙城楼、牌楼等重要文物建筑，从而形成了中国文物古迹进行系统整理保护的滥觞。诚然，限于当时复杂多变的时局及随时发生的各种特殊情况，这些工程当时整理修缮所遵循的主要原则，正如梁思成先生的评论："……当时修葺的原则最着重的在结构之加强；但当时的工作

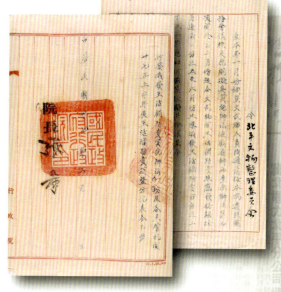

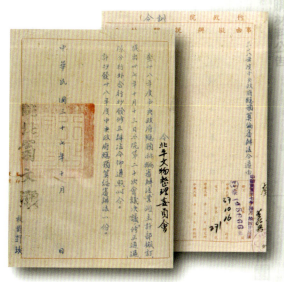

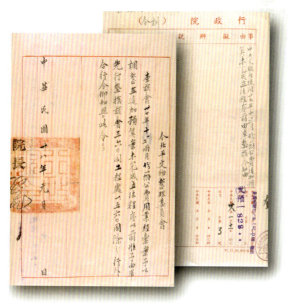

左上：行政院院长张群令北平文物整理委员会"减发工资事"（1948年2月）

左中：行政院院长翁文灏令北平文物整理委员会执行中央政府总预算编审办法（1948年10月）

左下：行政院院长孙科令北平文物整理委员会垫拨经费事宜（1949年1月）

伊始，因市民对于文整工作有等着看'金碧辉煌，焕然一新'的传统式期待；而且油漆的基本功用就是木料之保护，所以当时修葺的建筑，在这双重需要之下，大多数施以油漆彩画……"[35] 尽管如此，这些文物修缮或保养工程的效率很高，其设计、施工、监理质量均属上乘，并在修缮工程实践中培养了一批古建筑工程技术人员，而正是这些在实践中成长起来的古建筑技术人员构成了新中国文物保护科学技术以及文物保护工程事业的中坚力量。

[35] 梁思成《北平文物必须整理与保存》，原载1945年8月重庆《大公报》，后刊入1945年10月国民政府内政部主编《公共工程专刊》第一集，参见《梁思成全集》第四卷P308～309，中国建筑工业出版社，2001年版。

1949 年 10 月 1 日开国大
典时的天安门与天安门广场

二、新生：北京文物整理委员会时期（1949～1955）

　　1949年1月31日，北平和平解放。次日，中国人民解放军北平军事管制委员会和北平市政府进驻办公。为了接管北平市文物、博物馆、图书馆各事业单位，在北平市军事管制委员会所属的文化接管委员会下设文物部。文物部1948年12月成立于河北良乡，由尹达[36]任部长，王冶秋[37]为副部长，王毅、李枫、于坚、罗歌为联络员，负责接管北平市内的文物、博物馆、图书馆等单位事宜。工作机关设在北平市北池子大街66号。1949年2月19日，北平军管会所属的文化接管委员会开始接管北平文物整理委员会及其文物整理工程处，并要求其原有职员继续正常工作。到3月上旬，北平市军管会对北平旧有的文物、博物馆事业的接管工作基本完成以后，随即开始建立健全领导管理机构，并对原有单位逐步进行整顿和改造。这些举措的实施，使北平的旧有文物、博物馆事业有了根本的变化，迅速走向了新的发展时期[38]。

　　1949年6月6日，华北人民政府高等教育委员会（简称"华北高教委员会"）在北平成立。北平市军管会文化接管委员会的文物部随即并入该会，改称"华北高教委员会文物处"，由王冶秋任处长；而此前由北平市军管会所接管的北平旧有文物、博物馆等单位，同时划归"华北高教委员会"直接领导。在该委员会的领导下，北平文物整理委员会录用一批专业技术人员，继续从事北平文物古迹的修缮保护和调查研究工作。

　　1949年10月1日，中华人民共和国成立，北平文物整理委员会及其工程处正式更名北京文物整理委员会。至1949年底，北京文物整理委员会工程处主持完成的北京古建筑修缮整理项目计有：孔庙大成殿、正觉寺金刚宝座塔、西郊大慧寺大悲阁、护国寺金刚殿等修缮工程[39]。此外，北京文物整理委员会还协助故宫博物院进行多处古建筑的修缮设计；由于国家宗教政策的需要，北京文物整理委员会也曾协助北京市建设局对雍和宫等喇嘛庙、清真寺进行勘查设计指导施工。此外，北平研究院历史语言研究所1929～1932年北平城区庙宇实地调查资料三百余份也拨交北京文物整理委员会收藏[40]。

　　1949年11月1日，中央人民政府文化部成立。文化部下设一厅六局，文物局是其中之一，负责指导管理全国的文物、博物馆、图书馆事

北平市军事管制委员会文化接管委员会签发北平文物整理委员会调查组调查本市文物古迹损毁情况的介绍信（1949年2月26日）

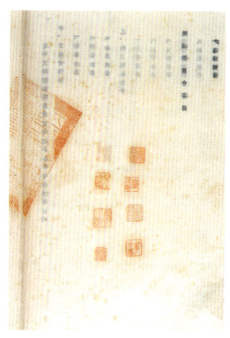

北平文物整理委员会文卷像具器材等总清册，清点委员会委员印信（1949年7月28日）

[36] 参见《中国文物研究所简史》人物索引之"尹达"。

[37] 参见《中国文物研究所简史》人物索引之"王冶秋"。

[38] 《1949年北平市军管会文化接管委员会接管计划草案要点》，北京市档案馆藏，编号1-6-302/304。

[39] 国家文物局编《中华人民共和国文物博物馆事业纪事》，北京：文物出版社，1999年版。

[40] 国家文物局编《中华人民共和国文物博物馆事业纪事》，北京：文物出版社，1999年版。

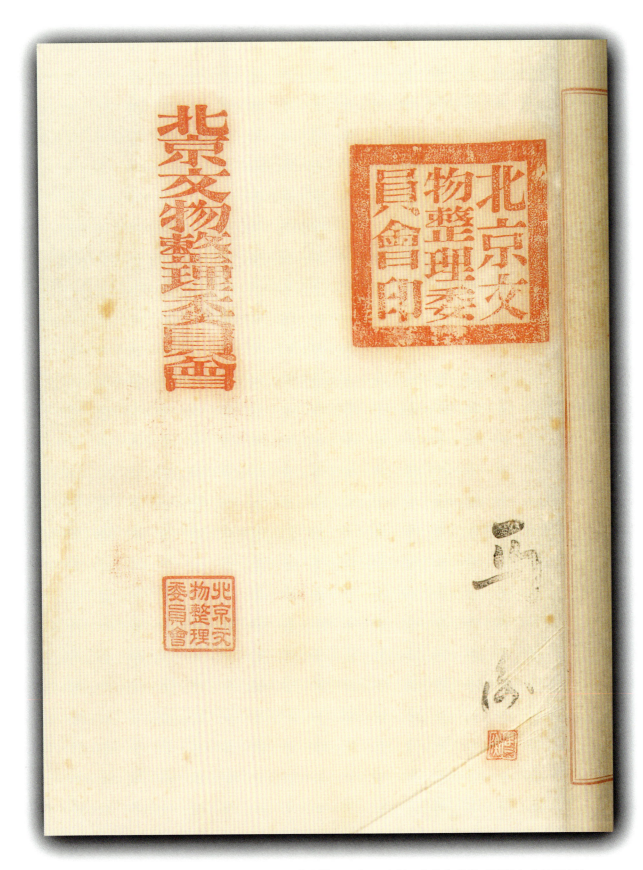

文化部文物局正式启用的北京文物整理委员会印模（原大），主任马衡签名盖章（1950 年 2 月 22 日）

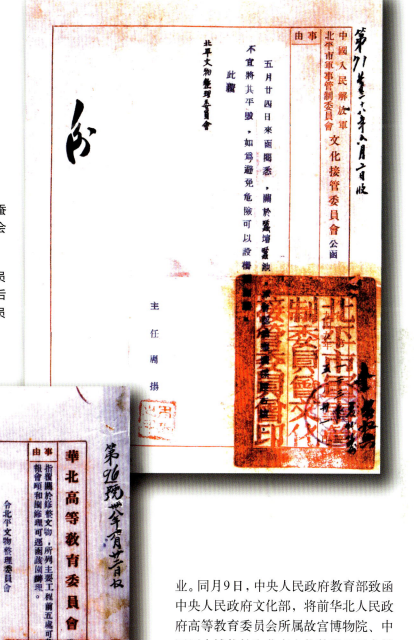

右：华北高等教育委员会为北海蚕坛浴蚕池事通知北平文物整理委员会（1949年6月20日）

下：华北高等教育委员会主任委员董必武、副主任委员张奚若、周扬为战后文物施工修理一事给北平文物整理委员会的指令（1949年6月22日）

业。同月9日，中央人民政府教育部致函中央人民政府文化部，将前华北人民政府高等教育委员会所属故宫博物院、中国历史博物馆和北京文物整理委员会等单位划归文化部领导。16日，中央人民政府任命郑振铎[41]为文化部文物局局长，王冶秋为副局长。北京文物整理委员会由文化部领导，成为国家从事古建筑修缮保护和调查研究工作的专门机构。1951年10月1日，文化部文物局更名为社会文化事业管理局，同年12月14日政务院任命郑振铎为文化部社会文化事业

[41]参见《中国文物研究所简史》人物索引之"郑振铎"。

郑振铎 （1898～1958）

（摄于1958年生前最后一张留影）

王冶秋 （1909～1983）

文物局文物处在北海团城合影（1953年）

前排左起：谢元璐、郑振铎、张珩、陈明达、罗哲文

后排左起：张良柱、丁燕珍、傅忠谟、郑云回、罗福颐、张金民、谢辰生、徐邦达、臧华云、姚寿章

文物局文物处专家在北海团城合影（1953年）

左起：郑云回、谢元璐、罗福颐、陈明达、傅忠谟、谢辰生、张珩、徐邦达、臧华云、姚寿章、罗哲文、丁燕珍、张金民

北京文物整理委员会部分成员在皇堂子门前合影
（1954 年）

前排左起：孔祥珍、梁超、王汝蕙、何凤兰、李全庆、李良姣
中排左起：杨玉柱、李竹君、杨烈
后排左起：周俊贤、罗哲文、酒冠伍

北京文物整理委员会办公
地点皇堂子
　　左：皇堂子内部
　　下：长安街北侧的皇堂子
外观（图右下方）

北京文物整理委员会工程组成员在皇堂子大殿前合影（1954 年）

前坐三男左起：杨烈、酒冠伍、李全庆

中坐四女左起：王真、梁超、孔祥珍、何凤兰

左一：周俊贤

后立左起：王汝蕙、杨玉柱、李竹君

北京文物整理委员会部分成员在皇堂子大殿前合影（1954 年）

一排左起：杨玉柱、酒冠伍、王真、李竹君、杨烈、李全庆、周俊贤

二排左起：罗哲文、余鸣谦、杜仙洲、李良姣、何凤兰、王汝蕙、梁超、祁英涛、孔祥珍、于倬云

风华正茂　北京文物整理委员会部分工作人员（1954 年）

工程师　祁英涛

工程师　余鸣谦

文献组编审员　杜仙洲

工程技术员　陈继宗

文献组编审员　袁钟山

资料员　朱希元

工程技术助理员　李全庆

工程技术助理员　李竹君

工程技术助理员　杨玉柱

工程技术助理员　杨烈

练习生　贾瑞广

练习生　姜怀英

工程技术助理员　梁超

工程技术员　李良姣

工程技术助理员　王真

工程技术员　孔祥珍

工程技术助理员　何凤兰

工程技术助理员　王汝蕙

图书管理员　李淑其

行政秘书　冯学芬

中央文化部文物局北京文物整理委员会
山东省文物建筑勘察组工作人员胸牌（背钤
"北京文物整理委员会印"朱文方印）
（1951年2月）

北京文整会委员视察修缮后的德胜门箭楼（1951年）

管理局局长，王冶秋、王书庄为副局长。北京文物整理委员会隶属于文化部社会文化事业管理局。

北京文物整理委员会办公地点设在南河沿南口东侧的皇堂子。由马衡任主任委员，梁思成任委员，俞同奎任秘书；机构设置有工程组、文献组、总务组；赵正之[42]任工程组组长，俞同奎兼任文献组组长，夏纬寿任总务组组长，员工计有69人。后于1953年增设人事组，纪思任组长；特聘朱启钤、宿白为顾问。1953年成立中国共产党中国革命博物馆、自然博物馆和北京文物整理委员会联合支部，纪思为支部委员，中国革命博物馆的沈庆林为支部书记。当时，一批风华正茂的青年知识分子和工人投身于新中国文物保护的神圣事业中来，他们向前辈专家和匠师学习，紧密配合，迅速成长为新中国文物保护事业的新生力量。当年的这批青年人已是如今中国文物研究所的资深专家。

新中国成立之初，国家百废待兴，国民经济虽然尚处于恢复时期，文物古迹的整理修缮多属中小型工程，且多集中在北京等大城市中。虽然如此，中央人民政府还是对文物保护事业给予了积极的支持和关注，1950年5月24日，政务院颁布《禁止珍贵文物图书出口暂行办法》、《古迹、珍贵文物、图片及稀有古生物保护暂行办法》、《古文化遗址及古墓葬之调查发掘暂行办法》；同年7月7日，政务院还颁布《关于保护古文物建筑的指示》等文物保护法规，作为新中国成立初期发布的文物保护政策的指导性文件，上述文件精神要求全国各地在国家经济建设和土地改革过程中落实文物保护政策，积极保护文物古迹。其后，随着国家大规模经济建设全面展开，国家的财政经济状况逐步恢复，文物保护事业也随之成长发展起来；而此时相应的各级文物保护机构在全国范围内业已初步形成，古建筑的修缮保护伴随大规模的古建筑调查工作的开展向全国扩展，国家的文物政策体系逐步完善，这些均为新中国成立以来的文物及古建筑保护事业奠定了良好的基础[43]。

---

[42] 参见《中国文物研究所简史》人物索引之"赵正之"。

[43] 1961年3月4日，国务院发布《关于进一步加强文物保护和管理工作的指示》、《关于发布〈文物保护管理暂行条例〉的通知》和《关于公布〈第一批全国重点文物保护单位名单〉的通知》三个文件。《文物保护管理暂行条例》规定文物保护的对象、范围以及文物古建筑在进行修缮、保养的时候，必须严格遵守恢复原状或者保存现状的原则，提出了文物保护单位应有保护范围、标志说明、记录档案、保管机构（即"四有"）。第一批全国重点文物保护单位共180处。

安定门城楼修缮工程在进行中（1951年）

修缮工程中的历代帝王庙前景德街牌楼（1952年）

1950年7月21日，文化部文物局组织"雁北文化勘查团"，团长为裴文中[44]，副团长陈梦家[45]与刘致平[46]。勘查团分考古、古建筑两组，有莫宗江[47]、赵正之、傅振伦[48]、阎文儒[49]、宿白等专家参加。考察结束后出版了《雁北文物勘查团报告》，郑振铎为该报告作序《重视文物的保护、调查、研究工作》。此次考察，晋冀两省因唐、宋古建筑遗物保存较多，引起国家文物局的高度重视，因此责成北京文物整理委员会编订《文物建筑等级评定表》，并选定山西、河北两省作为古建筑重点调查修缮保护的地区。

自1950年起，北京文物整理委员会密切配合国家经济建设，对全国范围内的重点文物古迹进行了系统的调研，并先后主持完成北京及全国各地重要古建筑的修缮保护工程数十项，业绩卓著，影响深远。其主要工程项目计有[50]：北京阜成门城楼、安定门城楼、德胜门箭楼、

[44] 参见《中国文物研究所简史》人物索引之"裴文中"。

[45] 参见《中国文物研究所简史》人物索引之"陈梦家"。

[46] 参见《中国文物研究所简史》人物索引之"刘致平"。

[47] 参见《中国文物研究所简史》人物索引之"莫宗江"。

[48] 参见《中国文物研究所简史》人物索引之"傅振伦"。

[49] 参见《中国文物研究所简史》人物索引之"阎文儒"。

[50] 国家文物局编《中华人民共和国文物博物馆事业纪事》，北京：文物出版社，1999年版。

上：前万松精舍同人代表叶恭绰
"关于上交万松老人塔"的手书信函
（1953年6月25日）
右：万松老人塔（1953年）

东便门箭楼修缮工程（1951年9月~12月）；山西省五台山佛光寺文殊殿修缮保护工程（1951年10月）；北京天安门修缮保护工程（1952年5月）；山海关城楼、沈阳故宫大清门、吉林农安塔的修缮工程（1952年8月）；北京护国寺金刚殿及北海天王殿修缮工程（1952年12月）；北京雍和宫修缮工程（1952年10月）；北京故宫皇极殿修缮工程（1952年8月）；北京北海五龙亭修缮工程（1952年10月）；北海团城衍祥门复建工程（新中国成立之后首次对古建筑按原状进行复原，1953年1月）；北京中南海云绘楼、清音阁迁建工程（新中国首次古建筑原状迁建保护工程，1953年8月）；河北正定隆兴寺转轮藏殿修缮工程（1954年3月）；山西太原晋祠修缮工程（1954年5月~6月）；山西大同大东街九龙壁、大同善化寺普贤阁、太原晋祠鱼沼飞梁、朔县崇福寺观音殿修缮工程及大同云冈石窟第5、6、7窟木构窟檐揭瓦整修工程（1953年12月）；河北赵县安济桥修缮工程（1955年4月）；八达岭长城修缮工程（1955年9月）等。以上古建筑修缮工程通常均由北京文物整理委员会委派的工程技术人员负责勘测设计、施工管理、技术咨询等工作，并与工程所在地的古建筑匠师通力合作而完成。由于各部门领导有方，工程技术人员认真敬业，许多落架修缮工程都仅在一年内或更短时间顺利完成，非常难能可贵。

自1952年起，北京文物整理委员会在实施修缮保护工程的同时，还在全国范围内进行大规模古建筑

北海团城衍祥门复建工程
（1953年）

此为新中国成立后，首次依照资料对古建筑遵循原址原貌原则进行的复原工程

下：北海团城外观（1953年）
右：复建的北海团城衍祥门（1953年）

南海云绘楼近景

搬迁前云绘楼匾额

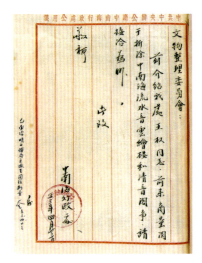

中共中央办公厅中南海行政处
致文物整理委员会"拆除中南海流
水音云绘楼"函（1953年4月23日）

陶然亭新址云绘楼迁建工程远景

陶然亭新址云绘楼迁建工程近景

陶然亭新址云绘楼迁建工程细部

云绘楼迁建碑
郑振铎撰文书丹（1954年11月）

北京中南海云绘楼迁建工程

此为新中国成立后，首次对
古建筑依原貌易地迁建工程

右：迁建陶然亭的云绘楼新貌

的勘查调研活动，其涉及范围之广、规模之大、内容之丰富均使之构成了新中国古建筑调查研究的主导力量。此间重要的勘查调研活动计有：1952年10月，山西雁北地区古建筑勘查；1953年，在山西省勘查发现37处古代建筑，其中主要的有全国现存最早的木结构建筑五台县南禅寺大殿，以及平遥镇国寺大殿、平遥县文庙大成殿、朔县崇福寺弥陀殿、永济县永乐宫及壁画和万荣县飞云楼等，上述调查及重要发现均在中国古代建筑史研究中具有极高学术意义和研究价值。

北京文物整理委员会作为文物保护科研机构，自创设之初即陆续开展了相关的学术研究，并面向全国文物系统开展教学培训工作。

新中国成立后，北京文物整理委员会进行系统的古建筑研究，始自中国古建筑模型与古建筑彩画范本的制作保存工作。北京文物整理委员会花费巨资与时间，由会内著名模型制作匠师路鉴堂、刘敏、郭旺等先后制作了北京西安门、山西应县木塔、山西五台佛光寺大殿与南禅寺大殿、河北赵县安济桥等中国著名古建筑模型。作为保存古建筑的副本，模型用旧金

北京文物整理委员会模型室

右图：模型室部分技术员及匠师

由上至下：
技术员路鉴堂
技术员刘敏
匠师郭旺
匠师路凤台
匠师井庆升

古代建筑修整所模型室全体同志获奖留念合影（1956年）
前排左起：李春长、郭旺、俞同奎（所长）、路鉴堂、白明仁
后排左起：井庆升、路凤台、邓景安、刘敏

北京文物整理委员会模型制作室（1954年）

北京文物整理委员会制作的木制模型（1954年）

北京文物整理委员会古建筑彩画室

彩画技师　刘醒民

彩画助理员　王仲杰

彩画技术员　金荣

彩画技术员　陈连瑞

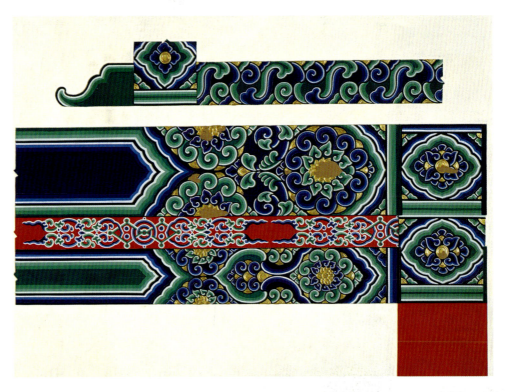

古建筑彩画手绘原稿

丝楠木制作，比例精准，做工细腻，现已系文物级藏品；在制作模型的过程中，各方专家不仅实地勘测古建筑，绘具完整缜密的测绘图纸，而模型制作本身即是全面深入研究中国古建筑的过程，也由此而促成了诸如陈明达《应县木塔》等中国古代建筑研究的经典性著作的出现。

1955年3月，北京文物整理委员会刘醒民、王仲杰主编的《中国建筑彩画图案·清代彩画》由人民美术出版社出版；1958年6月，《中国建筑彩画图案·明代彩画》由中国古典艺术出版社出版，成为中国古代建筑彩画研究重要的奠基性著作。

1952年10月，文化部社会文化事业管理局责成委托北京文物整理委员会举办第一期全国古建筑培训班，学员来自五个省市，共计11人。其后1954年2月、1964年4月、1980年9月又举办了二、三、四期。四期培训学员共计127人。结业学员大部分回至原部门从事文物保护研究工作，构成了中国文物及古建筑保护工作的骨干力量。

综上所述，新中国成立以后，从1950年至1955年间，是全面进行社会主义改造与社会主义建设的重要时期，也是新中国文物事业及其文物保护体系逐步完善的关键时期。在此期间，北京文物整理委员会顺利完成了自旧中国至新中国的改造。作为全国古建筑修缮工程勘测设计的主要单位，在全国范围内承担主持大量重要古建筑的修缮工程，逐步建立起较为完整规范的古建筑修缮工程勘测设计、工程管理、学术研究体系，并在工程实践中培养了专门人才，构筑成为新中国文物保护事业的中坚力量，取得了令人瞩目的成就。

北京文物整理委员会第二届古建筑实习班结业合影（1957年12月21日）
前排左起：纪思（左一）、余鸣谦（左二）、祁英涛（左四）、俞同奎（左六）、王冶秋（左七）、陈滋德（左九）、陈明达（左十）

北京文物整理委员会第一届古建实习班毕业合影（1953年12月）

一排左起：李全庆、杨玉柱、何凤兰、王真、李竹君、孔祥珍、梁超、王汝蕙、杨烈
二排左起：罗哲文、余鸣谦、俞同奎、张珩、王冶秋、马衡、陈明达、祁英涛、杜仙洲
三排左起：王月亭、律鸿年、舒永泰、孔德埡、李良姣，左七起：曾权、周俊贤、金豫震、酒冠五、荆惕华、王丽英、张中义
四排左起：于倬云、路鉴堂
四排右起：张凤山、夏纬寿、陈裕如、陈效先、苏香厂、单少康、沈宝安

北京文物整理委员会第二届古建筑实习班结业典礼合影（1954 年 12 月 21 日）

一排左起：孔德墇、吕俊岭、王伟、郎凤岐、蔡述传、尤瀚清、李竹君、冯乘其、齐银成、崔淑贞

二排左起：纪思、金豫震、余鸣谦、祁英涛、陈长龄、俞同奎、王冶秋、和良弼、陈滋德、陈明达、杜仙洲

三排左起：舒永泰、王真、井庆升、张中义、王丽英、梁超、荆惕华、左九起：李淑其、何凤兰、戴书泽、陈颖敏、单少康、路鉴堂、王汝蕙、冯学芬

四排左起：贾金锋、刘世厚、姜怀英、朱希元、龚迁万、张思信

五排左起：汪德庆、李敬业、左四起：律鸿年、王月亭、刘国墉、杨烈、杨玉柱、刘世厚、秦秀云、贾瑞广

三、发展：古代建筑修整所与文物博物馆研究所时期（1956～1965）

1955年3月，马衡先生病故，由俞同奎主持北京文物整理委员会的全面工作。1956年1月，文化部决定北京文物整理委员会更名为古代建筑修整所，办公地点设在沙滩原北京大学红楼。机构设置有办公室、工程组、勘察研究组、资料室、人事组，共有员工73人。古代建筑修整所由俞同奎任所长，姜佩文任副所长，聘请朱启钤先生为顾问；黎辉、何良弼先后担任办公室主任，祁英涛任工程组组长，杜仙洲、纪思先后任勘察研究正、副组长；俞同奎兼任资料室主任，张思信任人事组长；1955年成立古代建筑修整所中共党支部，书记由张思信担任。

古代建筑修整所成立后，除担负着北京古建筑修缮保护工作外，对全国各地的文物勘查与保护的力度更为加强。1956年4月，杜仙洲、李竹君、朱希元、崔淑贞等赴山西进行文物普查；余鸣谦、杨烈、姜怀英则赶赴甘肃永靖县对炳灵寺石窟进行勘查，以确保刘家峡水库兴建时的文物安全。此后，全国范围内的古建筑调查继续深入进行，例如1956年秋福建、广东两省古建筑调查；1957年初，云南古建筑调查；1958年8月，古代建筑修整所组织华中、华东两勘查小组分赴河南、湖北、江西、湖南、广西及山东、江苏、浙江、上海、广东等省市对262处重要革命建筑、古建筑、石窟寺等进行了勘察，考察历时五个月；1960年夏，陕西、甘肃、青海三省古建筑调查，发现青海乐都瞿昙寺；1962年3月，山西洪洞县广胜上寺、下寺及水神庙调查；1962年，四川大足宝顶山及广元、乐山、绵阳、夹江等地摩崖造像调查等。

北京大学红楼外景
（1963年）

古代建筑修整所欢送12名干部下放河北省丰润县参加农村劳动锻炼合影（1958年1月）

一排左起：陈长龄、刘世厚、朱希元、陈国莹、孔德墫、梁超、贾金锋、和良弼、贾瑞广、李哲元、张智、舒永泰、吕俊岭
二排左起：张思信、刘慕三、王真、余鸣谦、李方岚、金荣、夏纬寿、祁英涛、路鉴堂、陈颖敏、何凤兰、李惠岩
三排左起：崔淑贞、冯学芬、张中义、秦秀云、荆惕华、李淑其、蒙淑云、单少康、何云祥、王月亭、邓景安、律鸿年、汪德庆
四排左起：杨烈、宋森才、杨玉柱、赵仲华、陈效先、李竹君、沈宝安、王仲杰、侯作计、孟繁兴、佟泽泉、王汝蕙、陈继宗

此时，古代建筑修整所的学术研究也有新的进展，1956年9月，古代建筑修整所杜仙洲、纪思主编的《古建通讯》作为内部学术刊物创刊，1958年8月更名为《历史建筑》继续发行，其间虽然由于各种原因存在时间较短，但却是新中国创刊较早的古代建筑研究专业学术期刊。与此同时，对友好邻邦的文物援助工作也逐渐增多：1958年余鸣谦和国家文物局的陈滋德应邀赴越南讲学；1959年，余鸣谦、李竹君进行技术指导的蒙古人民共和国乌兰巴托兴仁寺及夏宫修缮工程相继开工。由此，古代建筑修整所的各项工作出现了全面蓬勃发展的可喜局面。

1958年，全国进入"大跃进"年代。1月，古代建筑修整所朱希元、梁超、贾瑞广等12名干部下放

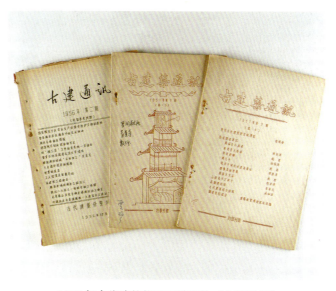

1956年古代建筑修整所编印的《古建通讯》

余鸣谦（左）、李竹君（右）在蒙古人民共和国乌兰巴托夏宫维修工地（1961年夏）

到河北省丰润县参加劳动锻炼，全所同志齐聚一堂进行欢送。

同年开始的山西永乐宫的整体迁建工程是这一特殊政治时期对古代建筑修整所的一次严峻考验。坐落在山西永济县永乐镇的永乐宫，是我国现存格局最完整的元代建筑，其元代壁画更是彰显中国古代壁画艺术的精品杰作。为了修建黄河三门峡水库，国家决定将永乐宫整体迁建于距其旧址20公里的芮城县龙泉村。永乐宫的古建筑整体搬迁复建和元代壁画揭取复位工程由古代建筑修整所承担，这对全所来说是一个全新的课题。工程项目由祁英涛、陈继宗主持，集中了全所的主要技术力量进入工程现场，所领导黎辉、张思信等则亲自负责工程后勤保障工作，出现了领导干部、技术人员和工匠密切配合"三结合"的动人场面。在全无先例的情况下，全所上下坚持工程实践与科学研究相结合，走出了一条富于创见、科学实用的中国古建筑保护工程实践与研究道路。山西永乐宫整体迁建工程前后历时七年，于1965年春胜利告竣，这是中国首次完成的大规模古代建筑群的整体搬迁复建，该成果获得全社会的高度赞誉，经受住了时间的考验，于1978年荣获国家科学大会奖。古代建筑修整所在这项重要工程中得到了全面的锻炼与升华，同时也充分展现了其中国古建筑保护工程国家队的优秀素质与高超水平。

古代建筑修整所所长俞同奎在任三年，于1959年病逝于任上，所幸所内以祁英涛、杜仙洲、余鸣谦为代表的一批技术人员已经开始担当大任，因此所领导的早逝，并未对已全面开展的文物保护工程产生太大的影响。

古代建筑修整所12名干部下放到河北省丰润县参加劳动锻炼前合影（1958年1月）

前排左起：孔德堉、陈国莹、梁超、刘世厚、吕俊岭、舒永泰
后排左起：李哲元、贾瑞广、朱希元、贾金锋、张智、陈长龄

古代建筑修整所女同志合影

一排左起：王真、孔祥珍、李淑其、李惠岩
二排左起：岳瑾瑜、秦秀云
三排左起：何凤兰、江淑娟、张中义、崔淑贞、王汝蕙、
荆惕华、梁超、廖泳庠、王丹华

永乐宫整体迁建工程部分工作人员合影（1958年12月）
前排左起：陈继宗、何云祥、汪德庆、祁英涛、梁超
后排左起：贾瑞广、张智、姜怀英、赵仲华

永乐宫整体迁建工程揭取壁画工作人员合影（1959年春）
前排左起：陈继宗、祁英涛、梁超、王真、黎辉、李惠岩、何云祥
后排左起：金荣、贾瑞广、杨烈、张智、王仲杰、姜怀英、赵仲华

迁建工程现场　　　　　　　迁建工程现场　　　　　　　搬迁场景

山西永乐宫整体迁建工程

搬迁前永乐宫全貌

王书庄（1962年）

王振铎在工作中（1986年）

1962年，文化部决定在古代建筑修整所和成立于1956年12月的文化部博物馆科学工作研究所筹备处的基础上，合并组建文化部文物博物馆研究所，保留古代建筑修整所机构名称，并将其业务范围扩大，除古建筑修缮工程设计、调查研究之外，另新增馆藏文物化学保护、石窟寺与木构建筑的化学加固，以及文物与博物馆工作研究等。由国家文物事业管理局副局长王书庄兼任所长，副所长为姜佩文、王振铎、王辉、南峰；业务秘书纪思（工程技术与科学研究范畴）、罗歌（文物博物馆研究与文献资料范畴）。机构设置有建筑、石窟、化学、资料、博物馆工作等五个业务组：办公室主任张思信；建筑组组长祁英涛；石窟组组长余鸣谦；化学组组长纪思（兼任）；资料组组长王辉（兼任）；博物馆工作组组长王振铎（兼任）；人事组长李永奎。1962年成立文物博物馆研究所中共党支部，书记由姜佩文担任。单位员工计81人。同年，著名文物学家王世襄先生接到上级"回归文物口"的指示，由音乐研究所调入文物博物馆研究所。

"一个单位、两块牌子"，意味着中国文物保护事业在新形势下新学科的引入与新工作领域的拓展。新领导班子中，王振铎是我国著名的文博专家，在运用科学技术研究中国古代科技成就方面造诣尤深，历史博物馆陈列的浑天仪、地动仪、计里鼓车、指南车即根据他的研究设计复原制造而成，而对于古建筑的保护与修复也有精深的研究。王振铎的加盟，无疑增强了文物博物馆研究所的研究力量，而应用现代科学技术保护文物的科学研究更成为发展的热点。

早在20世纪50年代末期，在古代建筑修整所下放北京市期间，文化部文物局局长王冶秋十分关心古代建筑修整所的工作，经多年工作经历与深入思考，决定开展应用现代科学技术更为妥善、有效地保护馆藏与出土的各种器物、古建筑与石窟寺等珍稀历史文物与革命文物的科学研究工作，并拟由古代建筑修整所承担这项新任务。古代建筑修整所即将这项艰巨、重大的文物工作新任务列入首要日程。文物局副局长王书庄、文物处处长陈滋德经常亲临古代建筑修整所检查指导工作，率领古代建筑修整所有关人员寻求、商洽协作进行文物保护技

王振铎手书对修缮小雁塔的意见（1963年8月）

云冈石窟岩石风化的化学方法处理部分工作报告（1960 年 6 月）

术科学研究[51]。

1960 年初，古代建筑修整所的王书庄、姜佩文、纪思等拜访中国科学院化学研究所所长柳大纲教授，详细地介绍了文物保存现状及其存在的问题，征求协助、协作进行保护文物的化学材料和应用技术研究。洽谈取得了承诺，指定并介绍高分子化学专家林一研究员指导，由中国科学院中南化学研究所（所址在武汉，后迁至广州，更名为广州化学研究所）担负这项科学研究。随后，古代建筑修整所派纪思赴武汉中南化学研究所商谈科研协作的项目、项目负责人与研究人员，以及具体工作事宜等。科研项目为甲基丙烯酸甲酯用作石窟裂隙灌浆黏结、表面封护材料的研究；中南化学研究所决定高分子化学专家叶作舟（后任副所长）担任项目负责人，古代建筑修整所由纪思负责，两所各指定若干人员担负这一项目的研究助手。实验研究地址分为中南化学研究所和古代建筑修整所两处，古代建筑修整所建立化学实验室；科研经费由两所共同负担。事后立即开展研究工作，叶作舟研究员经常往返于京汉（京广）两地安排、检查研究工作；中南化学研究所还专门派出两名中级研究人员长驻北京培训古代建筑修整所人员，协助开展研究工作。并赴大同与洛阳勘查石窟现状及其裂隙分布的具体情况，还赴宁夏青铜峡水坝参观考察裂隙灌浆加固研究工作。1964 年这项科研项目取得初步成果，上报文化部与国家科学技术委员会。

1961 年初，古代建筑修整所姜佩文、纪思拜访北京地质学院党委书记周守成同志，详细地介绍了文化遗产石窟寺的历史、艺术价值，现存情况与存在的问题，征求协作进行科学研究解决办法。北京地质学院指定岩石矿物专家苏良赫教授、工程地质水文地质专家王大纯教授、青年教师王玉茹与许以和协作进行科学研究。嗣后，1962 年春至 1964 年夏，纪思陪同苏良赫、王大纯二教授等人先后勘查研究了大同云冈石窟、敦煌莫高窟、天水麦积山石窟、洛阳龙门石窟与巩县净土寺石窟

古代建筑修整所邀请中国科学化学研究所研究员林一、中南化学研究所研究员叶作舟等到大同云冈石窟勘察石窟风化、渗水等情况在大同云冈石窟前合影（1960 年夏）

前排 中：林一 中：纪思 右：叶作舟

文物博物馆研究所邀请北京地质学院教授赴河南洛阳龙门石窟考察地质、水文情况（1961 年 4 月）

前排：左二许以和（北京地质学院助教）
左三王玉茹（北京地质学院讲师）
后排：左三苏良赫（北京地质学院教授）
左四纪思

[51] 参见《纪思先生回忆录》。

姜佩文所长陪同北京地质学院王大纯、苏良赫教授在云冈石窟工作时合影（1961 年）

前排左起：贾瑞广、王玉如、员海瑞（云冈石窟所长）

后排左起：王大纯（北京地质学院教授）、苏良赫（北京地质学院教授）、姜佩文、杨烈

等，提出了地质勘查报告与防止渗水、风化的初步措施设想。1964年文物博物馆研究所派出科研人员协助指导龙门石窟保管所对奉先寺卢舍那大佛头部进行高分子化学材料粘接修补与表面封护加固。

1962 年春，文物博物馆研究所在沙滩北大红楼所址构建化学实验室多间，购置仪器设备。实验室分有基础试验、高分子材料与灌浆、金属文物除锈复原、纸张与出土纺织品的提取和保存、竹木漆器脱水保护等专门试验室。

同年文化部、文物局与文物博物馆研究所决定将文物保护科学技术研究争取列入国家科学技术委员会主持的"十年科学研究规划"，纪思受命起草《文物保护技术十年科学研究规划》，王书庄副局长主持讨论，修改定稿后，1962年秋上报国家科委列入全国十年科学研究规划。文物保护技术科研规划中的项目有：甲基丙烯酸甲酯用于石窟寺裂隙灌浆黏结；岩石与木构建筑文物的封护加固；壁画颜料成分分析；壁画龟裂、起甲的黏结加固；壁画变色的防止；出土竹木漆器的脱水保护；纸张文物与出土纺织品酥碎的防止和加固；出土与馆藏金属文物（铜、铁、金、银等）的防锈和除锈；石窟寺工程地质水文地质勘测研究及渗水、风化与风沙侵蚀的防止；出土文物年代的测定；古遗址、墓葬的探测等十余项。

1962 年秋，文物局陈滋德处长、文物博物馆研究所姜佩文副所长与纪思业务秘书拜访北京师范大学化学系主任胡志彬教授，寻求协作进行有关壁画和出土金属文物保护的各项研究，达成共识与协作。胡志彬主任亲自担负出土金属文物保护研究，另一副教授先从壁画颜料成分分析入手，进行壁画保护研究。两教授各自选定一名高年级学生协助进行科学研究，该二人大学

姜佩文副所长在居庸关和化学组同志合影（1962 年）

杜仙洲、李竹君在山西广胜寺考察（1962 年春）

李竹君（前排右一）、杜仙洲（后排右三）

胡继高、王丹华与在波兰留学同学合影（1956年）
左起：李其芳（中央音乐学院教授）、胡继高、于润洋（中央音乐学院原院长）、王丹华

云冈石窟49号窟维修施工连夜奋战27
小时浇筑水泥混凝土样（1964年8月15日）
杨玉柱（左一）、姜怀英（左二）

毕业后即分配到文物博物馆研究所工作。

1962年秋至1965年秋，教育部分配化学、地质学科大学毕业生徐毓明、黄克忠等九人到文物博物馆研究所工作。文化部调入文物学科波兰毕业留学生王丹华、胡继高二人。在文物局、文物博物馆研究所党政领导下，这些新力军与文物博物馆研究所原有技术人员共同协力，与所外协作科研机构、高等院校、文物单位密切合作开展了创业性的文物保护技术科学研究工作。甲基丙烯酸甲酯用于石窟寺裂隙灌浆黏固项目取得初步成果上报文化部、国家科委之外，先后开展壁画保护、出土金属文物除锈复原、出土竹木漆器脱水加固、纸张文物与出土纺织品的加固提取等项目的研究，以及石窟寺工程地质水文地质的勘查等，写有阶段报告、勘查报告十多件[52]。

至此，古代建筑修整所与文物博物馆研究所应用现代科学技术保护文物的科学研究进入了一个全面发展的新阶段。

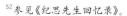

[52] 参见《纪思先生回忆录》。

右中：云冈石窟第一窟东壁风化石刻化学加固试验现场
（1962年）

右下：胡继高（中）在湖北望山一号墓发掘工地处理丝织品
（1965年冬）

四、停滞：集体下放湖北咸宁文化部"五七"干校时期
(1966～1973)

1966年5月，"文化大革命"开始，文化部文物博物馆研究所及古代建筑修整所除在1966年5月至1967年7月期间参加北京人民大会堂维修工程，完成了高分子化学材料灌浆修复加固混凝土大梁裂缝的政治任务之外，其他业务工作全部中止，全国范围内的文物保护工作从此进入停滞阶段。

1969年9月，全体工作人员集体下放湖北咸宁文化部"五七"干校参加劳动。随后"工宣队"和"军宣队"进驻所内搞运动，一直持续到1970年5月，国务院总理周恩来指示成立图博口领导小组，由国务院办公厅直接领导。中央图博口领导小组于1971年和1972年先后从湖北咸宁文化部"五七"干校抽调回一批文物专业技术人员，逐步恢复古建筑修缮和文物保护研究工作。1971年6月，由"五七"干校调姜怀英、陆寿麟等参加完成了河南洛阳龙门石窟奉先寺卢舍那大佛加固工程，对大佛头部和胸部进行化学灌浆和金属锚杆加固；1972年4月，胡继高参加湖南长沙马王堆西汉墓出土大件漆器脱水修复的研究工作。同年，又有多名专业技术人员恢复文物工作。国家其时虽尚处在"文化大革命"后期万马齐喑的时代，但文物保护与古建筑修缮工程因其特殊的社会属性与国际影响，率先显露出了恢复的生机。

湖北咸宁文化部"五七"干校外景（1966年9月）

古代建筑修整所同志在湖北咸宁火车站下车赴"五七"干校，李老门（二大队长）接站

右一队：钱光依、庄敏、蔡润

右二队：冯学芬、杨烈、邱百明

右三队：李惠岩、蒋沽、朱希元、贾瑞广

右四队：李老门、李淑其、祁英涛、荆惕华

右五队：孙铁宗、何凤兰

王世襄在湖北咸宁文化部"五七"干校（1973年）

贾瑞广在湖北咸宁文化部"五七"干校（1973年）

李淑其在湖北咸宁文化部"五七"干校（1973年）

中国文物研究所同志组成的咸宁文化部"五七"干校七连二大队地头批判会

五、复兴：文物保护科学技术研究所与古文献研究室时期
（1974～1990）

　　1973年6月，中央图博口领导小组批准组建成立文物保护科学技术研究所（简称"文保所"），曾先后隶属于文化部和国家文物事业管理局，办公地址仍然设在沙滩北京大学红楼（今五四大街29号）。文物保护科学技术研究所编制员工36人，设有办公室及古建筑研究组、石窟研究组、化学研究组、资料组等机构。文物保护科学技术研究所由蔡学昌任副所长，冯屏任办公室主任，古建研究组组长由祁英涛担任，石窟研究组组长由余鸣谦担任，王丹华出任化学研究组组长，而资料组组长则由何国基担任。

北京大学红楼外景
（1974年）

1973年9月15日,法国总统蓬皮杜访华,由周恩来总理陪同参观山西大同云冈石窟,周总理向国家文物局局长王冶秋询问关于云冈石窟的维修保护情况之后,对随行中外记者宣布:"云冈石窟艺术,我们一定要想办法保存下来。刚才说有一个十年规划,时间太长了,要三年修好"。为了落实周总理的指示,开始对云冈石窟展开大规模的维修保护。文物保护科学技术研究所的蔡学昌、祁英涛、陆寿麟等受国家

蔡学昌

文保所副所长蔡学昌在延安南泥湾考察
(1974年10月22日)
右一彭卿云(文物局)、右三杨晶旭(文物局)、右五蔡学昌
(文研所)

文物局古建筑调查组在山西云冈考察 (1973年)
前排:柴泽俊(左一)、孟繁兴(左八)　　中排:李竹君(左三)、祁英涛(左八)　　后排:莫宗江(左一)、陈明达(左二)、卢绳(左四)、
杨廷宝(左五)、刘致平(左七)

文物局指派勘查处理云冈石窟第五窟顶岩脱落的险情，同年11月，云冈石窟维修工程领导小组正式成立，蔡学昌任副组长。以此为契机，同年年底在"五七"干校的员工得以大批调回北京安排工作，文保所终于显露出全面复兴的曙光。1974年至1976年的云冈石窟"三年保护工程"启动，由余鸣谦任总负责人，主持工作，业务骨干姜怀英、贾瑞广、李哲元、蔡润等参加洞窟化学灌浆黏结工程，工程于1976年9月竣工验收，为落实周总理的遗愿做出了重要贡献。

1976年，"文化大革命"宣告结束，拨乱反正，春回大地，已经成立三年的文物保护科学技术研究所各项事业得到了迅速的恢复和发展。以祁英涛为组长的古建筑保护研究组，以余鸣谦为组长的石窟保护研究组，以王丹华为组长的化学研究组三面出击，承担全国各地大量的古建筑修缮保护、石窟保护及出土、馆藏文物的抢救、修复任务，确立了文物保护科学技术研究所国家级文物保护工程与研究的权威地位。

1976年9月21日国家文物局彭则放局长（中）在云冈石窟验收"三年维修工程"。

1974年在云冈石窟维修工程中技术人员与大同市委有关领导及军代表合影

余鸣谦（左一）
刘静长（左二）
兰亭（左三）
吴培文（右二）
王明选（右一）
李哲元（后左一）
吴自清（后左二）
贾瑞广（后右二）

云冈石窟三年抢险加固工程（1974~1976年）五华洞前施工

大同"云冈石窟三年抢险加固工程"验收会合影

1976 年 9 月 21 日国家文物局王冶秋局长、彭则放副局长、罗哲文先生及山西省委宣传部卢梦部长赴大同云冈石窟验收
"云冈石窟抢险加固三年工程",同参加工程的同志合影。

国家文物局王冶秋局长(前排左六)、彭则放副局长(前排左五)、中共山西省委宣传部长卢梦(前排左七)、山西省文物管理委员会主任李正云(后排左七)、古建筑学家罗哲文(前排左一)、大同市文化局局长王明选(前排右一)及大同市有关领导。

我所蔡学昌副所长(前排左二)、余鸣谦(后排左四)、贾瑞广(后排左二)、杨玉柱(后排左三)及云冈石窟文物保管所员海瑞(后排右二)、李治国副所长(后排右一)、解廷藩等同志参加合影。

1974 年云冈石窟维修工程工地施工现场

1980 年 12 月，中国文物保护科学技术协会成立，大会推举著名科学家茅以升为名誉会长，文物局、文保所的老领导王书庄当选理事长，文保所蔡学昌、余鸣谦当选副理事长，蔡学昌兼任秘书长。协会是以文保所的各方专家为骨干而成立的，其办公地点即设在文物保护科学技术研究所内。协会的成立，大力推进了中国文物保护事业的发展。

据不完全统计，文物保护科学技术研究所在 1976 年至 1990 年的 15 年间，承担的文物保护项目及研究课题数百项，遍及全国 22 个省、自治区、直辖市。其间包括山西五台南禅寺大殿、洪洞广胜上寺毗卢殿，北京大葆台汉墓，河南登封少林寺初祖庵、洛阳龙门石窟奉先寺，湖南岳阳楼、广州南越王墓、云南大理三塔、西藏拉萨大昭寺、布达拉宫，甘肃敦煌莫高窟壁画、天水麦积山石窟，新疆库车库木吐喇、森木赛姆、克孜尔千佛洞以及阜康图墩子清真寺大殿、喀什昭苏圣佑庙，浙江宁波保国寺大殿维修工程等国家重要古建筑及重要文物的保护项目。

1985 年 1 月 7 日，杨占庭调任、王丹华升任文物保护科学技术研究所副所长。鉴于中层各组组长大多为北平文物整理工程处及北京文物整理委员会时期的老一辈专家，年事已高，决定让一批中年业务骨干接班走上中层领导岗位。全所设五个中层直属部

中国文物保护技术协会第一次代表大会合影（1980 年 12 月）

合影中我所代表：第一排：蔡学昌（左一）、余鸣谦（左八）、王书庄（左十一）、罗哲文（左十五）
　　　　　　　第二排：陆寿麟（左一）、祁英涛（左四）、杜仙洲（左六）、李竹君（左十）
　　　　　　　第三排：胡继高（左六）、黄克忠（左十二）、宋森才（右七）、孔祥珍（右二）
　　　　　　　第四排：姜怀英（左八）
　　　　　　　第五排：崔兆忠（右四）、高念祖（右五）
第一排有关领导及专家：
　　　　　　　茅以升（左十）、林幼民（左九）、王书庄（左十一）、沈之瑜（左十二）、罗哲文（左十五）、叶作舟（左七）、于倬云（左五）

门，改"组"为"室"，崔兆忠、李竹君升任古建筑保护研究室正、副主任，黄克忠、贾瑞广升任石窟保护研究室正、副主任，徐毓明、冯耀川升任馆藏文物保护研究室正、副主任，施子龙升任情报资料室主任，办公室正、副主任为王中年、杨朝权。中层领导班子的年轻化给文物保护科学技术研究所的工作增添了活力，使之更为适应新时期文物保护事业迅猛发展的需要。

与此同时，文物保护科学技术研究所的科研工作呈现出喜人的面貌，科研成果不断涌现。1985年3月15日，文物保护科学技术研究所同建设部综合勘察研究院合作开发文物保护新技术，决定两家共同承担科研课题《近景摄影技术在石窟测绘中的应用研究》。我所主要课题负责人：贾瑞广、黄克忠、宋森才。课题于1988年8月顺利通过验收。此项研究的成功为我国石窟测绘开辟了一条新路，填补了我国文物保护技术的空白。在1990年荣获国家科技进步三等奖。此项科研成果在工作实践中发挥了重要作用，先后在云冈石窟完成第5、6、7、8、9、10、11、12、13、16、18、19、20号共13个大型洞窟的立壁面图和部分雕像的等值线图。在四川大足石窟的测绘中完成宝顶山摩崖石刻和北山摩崖石刻两处石刻和部分雕像的等值线图。此项成果推广应用在洛阳龙门石窟、

重庆大足宝顶山石刻地狱变相危岩灌浆加固工程
（1982年7月）

经近景摄影技术测绘的广西花山崖画

"近景摄影测量技术在石窟测绘中的应用研究"课题鉴定会（1988年8月24日）

《科学技术研究成果公报》中关于《近景摄影测量技术在石窟测绘中的应用》成果介绍（1992年6月）

亚洲地区文物保护技术讨论会（1986年4月～11日20日在北京召开）
东道主中国代表陪同亚洲地区各国代表参观故宫博物院

会议由联合国教科文组织委托中国文物保护技术协会和中国博物馆学会共同组织召开。

参观者有泰国K·姜波斯里、朝鲜玄仁均、菲律宾E·Y·莫尔、孟加拉S.A.M·莫诺瓦·加汗、巴基斯坦拉赫马杜拉、尼泊尔K·P·斯瑞斯塔、日本青木繁长、缅甸吴巴顿。

中国文物研究所陪同人员：前排有黄克忠（左一）、姜怀英（右一）；后排站立者有蔡润（左二）、胡骏（左七）、蔡学昌（左九）、贾瑞广（左十二）、李化元（左十三）、陆寿麟（左十四）。

云南剑川石窟、河北邯郸南响堂山石窟、北响堂山石窟、广西花山崖画、西藏布达拉宫等重要文物保护单位，为其申报世界文化遗产提供了重要图纸资料。

1986年，联合国教科文组织委托中国文物保护技术学会和中国博物馆学会共同组织召开"亚洲地区文物保护技术讨论会"，会议于同年4月11日至20日在北京召开，朝鲜、泰国、孟加拉国、巴基斯坦、尼泊尔、日本、缅甸均派出专家学者参加。会议扩大了文物保护科学技术研究所的国际影响，推动了国际间的学术交流与互补。

与此同时，后来并入中国文物研究所成为其重要组成的文化部古文献研究室的创建及发展历程，则颇为引人注目。

1972年初，湖南长沙马王堆汉墓及山东临沂银雀山汉墓出土了大批先秦古籍的帛书竹简，大批竹简帛书的出土，从历史上来说，也是非常罕见的。为了研究清理这批出土重要文献的内容，破天荒地将饱受冲击、已经下放到全国各地的一批历史、文物、古文字学研究的学术精英荟萃至北京老北大红楼，进行竹简帛书的释读研究。其中有故宫博物院的唐兰[53]、张政烺[54]、中山大学的商承祚[55]、武汉大学的唐长孺[56]、北京大学的容庚[57]、顾铁符，吉林大学的于省吾等均受命参加此项工作，其他如现在的著名学者傅熹年、李学勤、裘锡圭等则在当时还属于年轻学者。当时，对竹简的释读研究成果得到了毛泽东主席的关注，要求三天内印出大字本，上呈中央。作为中国的最高领导人对出土文献竟然倾注如此高的热情予以关注，体现了毛主席的伟人素质。经过两年多的清理、保护、编号、照相，并作了初步释文，发现其中有失传近两千年的《孙膑兵法》等古代佚书，引起了国内外学术界的广泛注意。至1974年6月"银雀山汉墓竹简整理小组"正式成立；同年8月，马王堆三号汉墓出土了大批帛书的消息发表以后，随即成立了"马王堆汉墓帛书整理小组"。上述整理小组设在文物出版社内，具体组织工作由总编办公室承担，并根据工作的内容陆续增加，整理工作有所分工。1975年，"睡虎地秦墓竹简整理小组"和"吐鲁番出土文书

---

[53] 参见《中国文物研究所简史》人物索引之"唐兰"条。

[54] 参见《中国文物研究所简史》人物索引之"张政烺"条。

[55] 参见《中国文物研究所简史》人物索引之"商承祚"条。

[56] 参见《中国文物研究所简史》人物索引之"唐长孺"条。

[57] 参见《中国文物研究所简史》人物索引之"容庚"条。

在全国范围内调集的古文献专家们在北大红楼工作室开展研究工作（1974年7月）
左桌（自左至右）：商承祚、罗福颐、左四起：裘锡圭、朱德熙、曾宪通
中桌（自左至右）：吴九龙、吴铁梅、顾铁符、张政烺、黄逖
右桌（自左至右）：史树青、孙贯文、赵希敏、李硕之、韩仲民、田地

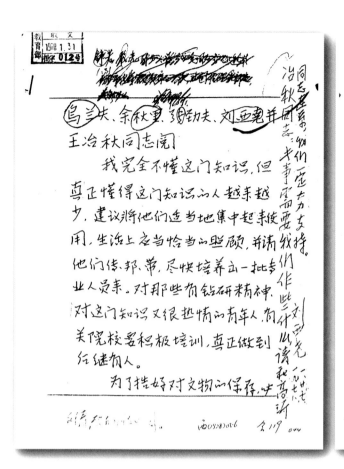

李先念副总理致乌兰夫、余秋里、张劲夫、刘西尧并王冶秋的信（1978 年 1 月 23 日）

整理小组"也相继成立；1978 年初，还成立了"居延汉简整理小组"。对湖北云梦睡虎地秦墓竹简，甘肃额济纳旗汉代居延遗址破城子和第四隧木简，新疆吐鲁番阿斯塔那、哈拉和卓出土的十六国至唐代的文书，以及河北定县八角廊汉墓出土的已炭化了的竹简，安徽阜阳双古堆汉墓竹简等进行系统全面的考释和研究。随着研究工作的推进，大批重要学术研究成果涌现出来：1974 年 9 月，《马王堆汉墓帛书》（壹）出版；1975 年 1 月，《银雀山汉墓竹简》（壹）出版，2 月《孙膑兵法》出版；1976 年马王堆汉墓帛书《老子》、《导引图》、《战国纵横家书》、《经法》等出版。在国家文物局王冶秋局长亲自主持下，开始筹划成立一个永久性古文献研究机构来取代阶段性整理小组，由谢辰生起草有关报告上报中央。1978 年 1 月 23 日，由时任国务院副总理的李先念同志批复，1978 年 2 月经国务院批准，正式成立了以整理小组为基础的文化部古文献研究室，由著名学者唐长孺出任主任。

文化部古文献研究室的创立，标志着中国的古文献研究步入了一个崭新的阶段。也许古文献研究室成立的意义还远不止如此，更为重要的是，一大批已臻高龄、堪称国宝的文物与古文字学家由此走出干校登上学术研究的岗位，得以发挥最后的光和热；同时一批中青年专家纷纷显露头角，从而一度形成代代相衔、后继有人的可喜局面。多年来，

唐长孺、韩仲民会见日本友人

左起：王素、陈国灿、韩仲民、池田温（日本）、唐长孺、王去非

韩仲民（中）和周绍良先生（右）进行学术交流

古文献研究室的研究工作通过与地方单位的合作、努力，取得了多项丰硕成果。其中如国家级研究项目《吐鲁番出土文书》释文本（全十册）与《吐鲁番出土文书》图文对照本（全四卷）分别于1975年和1988年立项，通过多年的研究，其成果均获得重要的国家级图书奖，这与中国古文献研究的国家级团队可谓名实相符。

1986年，当时我国唯一的文物普及性杂志《文物天地》（双月刊）自文物出版社转由古文献研究室主办。副所长张羽新、盛永华先后出任杂志主编，韩仲民[58]、吴铁梅、盛永华先后主持《文物天地》编辑部工作。杂志采用大专家写小文章方略，多学科、多角度全面普及介绍文物知识与最新研究成果，深受广大读者的喜爱与欢迎。《文物天地》作者队伍中既有苏秉琦、吴汝康、贾兰坡、周一良、商承祚、王世襄、朱家溍、宿白、黄盛璋、徐苹芳等老一辈学界名宿，也有李零、林梅村、齐东方、晁华山、陈星灿等青年学者。著名文物学家孙机与杨泓先生对杂志支持尤大，两先生合著的《寻常的精致》，即以在《文物天地》发表的文章汇聚成集，引起了广大读者的浓厚兴趣。在1986年至2001年间，《文物天地》（双月刊）真诚面对普通学子与寻常百姓，以平易的生活化语言、生动的文学式笔法，广征博引、深入浅出地讲授文物知识，轻松揭开考古、文物学神秘、冷僻的面纱，寓教于乐，雅俗共赏，令人耳目一新。在当时的学术界内外均产生了重大影响。

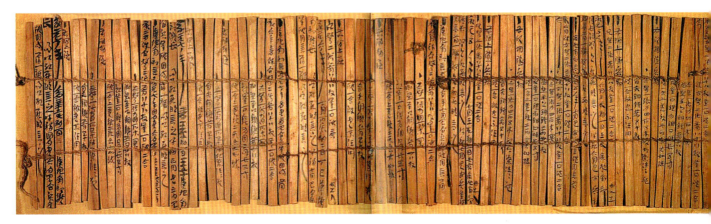

居延汉简

《吐鲁番出土文书》获奖奖状、证书

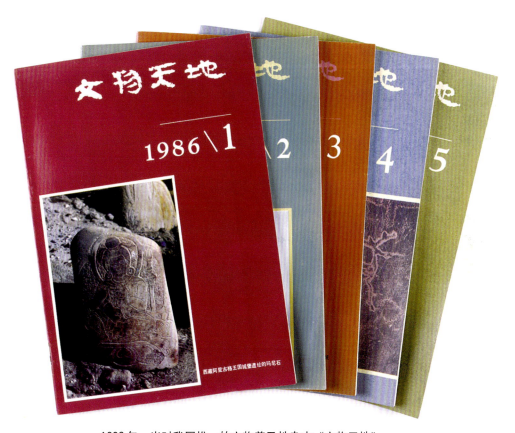

1986年，当时我国惟一的文物普及性杂志《文物天地》

关于文化部古文献研究室的重要意义及价值，诚如谢辰生先生所感言："……中国文物研究所如果要名符其实，就要做到文物与古建筑研究、文物科技研究、古文献研究三足鼎立，强强联手……中国文物研究所正值七十年之际，而所面临的大好发展机遇更为难得，切望扬长补短，奋力图强，以不辜负全国人民的期望。"[59]

---

[58] 参见《中国文物研究所简史》人物索引之"韩仲民"条。
[59] 编纂组采访谢辰生先生谈话记录。

王世襄先生

在大好的形势下，古文献研究室老一辈文物学家王世襄迸发出了惊人的创作活力。王世襄先生字畅安。1941年毕业于燕京大学研究院。抗战时期，毅然离开北京，初至重庆，后赴李庄到营造学社工作。抗战胜利后，曾任教育部清理战时文物损失委员会平津区助理代表。1945年至1946年先后经手没收德人杨宁史（Werner Jannings）青铜器240件、收购郭保昌（号觯斋）藏瓷器、接收溥仪天津张园文物等文物清理回收工作，为上述文物入藏故宫博物院做出了重要贡献。

自1962年调入文物博物馆研究所以来，王世襄先生潜心于木器、漆器、竹刻、杂项等古器物研究。1983年，王世襄先生的漆器工艺研究专著《髹饰录解说》正式出版，此后一发而不止。正如王世襄先生所言："从1983年到今天，我又争取到二十个春秋。欣逢明时，加倍努力，把数十年来积累的资料一一写成专著，连同1983年以前之作，一共出版了中外文本三十多种。其中有关明式家具两书，已被世界公认为经典著作。其他各种，也无一不被认为是研究中国文化的有益之书。"（《锦灰二堆》第11页）王世襄先生的系列个人研究著作，在国内外引起巨大的反响，产生了令人瞩目的社会效益。

"风雨摧园蔬，根出茎半死。昂首犹作花，誓结丰硕子。"（王世襄《畦边偶成》诗）　"王世襄现象"是中国文物研究所所有老专家在新形势下壮志得酬、厚积勃发的代表性事例，同时也是中国文物研究所经过漫长而曲折的成长历程，终于面临前所未有的发展机遇，得以集成发展，全线突破，走向辉煌的真实反映。

王世襄先生接收杨宁史藏青铜器时在故宫御花园摄影留念（1946年1月23日）
前排右起：王世襄、罗越、杨宁史、沈兼士、康思敦（女）
后排右起：张廷济、曾昭六、邓以蛰、赵席慈、于思泊

《竹刻艺术》
1980 年出版

《髹饰录解说》
1983 年出版

《明式家具珍赏》
1985 年出版

《中国古代漆器》
1987 年出版

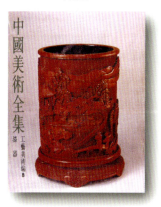

《中国美术全集·竹木牙角器》
1987 年出版

《中国美术全集·漆器》
1987 年出版

《明式家具研究》
1989 年出版

《北京鸽哨》
1989 年出版

王世襄先生 1980～1989 年间出版的部分中文著作

2003 年度杰出文化人物

王世襄先生入选光明日报、网络文明工程组委会、中国网联合举办
评选的 2003 年度 10 位杰出文化人物

六、创新：中国文物研究所时期（1990～　　　）

　　1990年8月，在文物保护科学技术研究所与文化部古文献研究室的基础上，合并组建成立中国文物研究所，1994年迁至北京市朝阳区北四环东路高原街2号现址。

　　作为改革开放新时期组建的中国文物研究所，其研究定位是根据国家文物保护科学技术发展规划，整合文物保护科技资源，承担国家重大文物保护科研课题和文物保护项目，具有综合攻关能力，指导全国的、与世界文物保护科技水平接轨的国家科研机构。其主要工作职责是承担国家重点文物保护单位的保护项目，开展对突发性的文物保护工作的调查研究，提

中国文物研究所办公楼

国 家 文 物 局

关于成立中国文物研究所的通知

(91)文物字第422号

各省、自治区、直辖市、计划单列市文化(文物)厅(局)、文管会,各直属文博单位:

为适应文物博物馆事业的发展需要,进一步加强对全国文物、博物馆和文物保护科学技术研究工作,经国家编制委员会批准,成立中国文物研究所(司局级),撤销原文化部文物保护科学技术研究所和文化部古文献研究室。

中国文物研究所是由国家文物局直接领导的国家一级科研事业单位。其主要任务是:

一、利用国内外先进的科学技术手段,开展文物、博物馆和文物保护科学技术研究,为国家文物局制定有关方针、政策提供科学依据;

二、中国文物研究所要加强对文物、博物馆和古文献的具体研究和理论研究,特别是要着重加强对文物保护和利用的实践与理论研究;

三、根据国家文物局决定,规划、组织、协调全国文物、博物馆科学研究和文物保护科学技术研究的重大课题,评审、奖励文物保护科学技术的重要科研成果,做好科研成果的宣传和推广应用;

四、积极利用国内和引进国外先进的科学设备和技术手段,对文物保护科学技术中的尖端课题,进行研究和攻关;

五、搜集、整理、保管全国重点文物保护单位、历史文化名城、文物一级品的档案资料,以及有关文物、博物馆工作的重要档案、图书、资料和国外有关的情报资料;

六、根据国家文物局决定,审核全国重点文物保护单位,以及其他重要的文物、古建筑维修保护方案,直接承担重要的古建维修设计任务;

七、就文物、博物馆和文物保护科学技术的研究,开展国际间的合作与交流;

八、培养文物、博物馆研究和文物保护科技人才;

九、对全国文博系统的文物考古研究所、古建研究所等科研单位的科研工作,以及博物馆藏品的保护工作,进行业务指导。

中国文物研究所的公章已正式启用,原文化部古文献研究室、文化部文物保护科学技术研究所的公章即行作废。

特此通知。

一九九一年六月六日

抄送:局分党组成员、文化部人事司、局直属机关党委、纪筹组、人事处

国家文物局关于成立中国文物研究所的通知(1991 年 6 月 6 日)

出解决的办法和处理意见;承担重大、复杂的文物保护工程,开展文物保护重点课题研究;开展文物保护基础理论研究,为文物保护的科学管理提供依据;发挥国家文物行政管理部门科技顾问的作用;对各地方文物保护工程或项目进行技术指导;开展出土文献、文物和考古资料的综合研究;对国家重点文物资料和档案进行记录整理研究,汇集文物保护科技信息;开展文物保护科学技术和文物保护工程技术的应用研究;开展文物修复理念、方法和保护技术研究;开展文物保护科学技术规范和标准的研究;开展对文物保护管理和科技人员的培训;开展国内外文物研究、文物保护科技研究的学术交流与合作等。

中国文物研究所共设有六个科研部门,分别是古代建筑与古迹保护中心、文物保护科技中心、古文献与文物研究中心、文物资料信息中心、文物保护修复培训中心、文物保护基础理论研究室。

古代建筑与古迹保护中心:主要突出工程技术与方法、砖木结构和岩土结构文物保护的综合研究,开展文物保护维修工程方案的设计与指导,文物保护单位的保护规划编制,文物保护工程的规范、标准等相关课题的研究。

罗哲文所长（中）

黄景略常务副所长（左三）

张羽新副所长

黄克忠副所长

文物保护科技中心：重点是开展现代科学技术的原理、方法在文物保护中的应用研究，依据文物的特殊性质，探索符合文物保护原则的方法和手段；遵循文物的特殊性，确定科学严谨的文物保护方案；承担重要的文物保护项目。探索考古发掘现场文物保护技术，开展文物保护理论、方法与技术的课题研究。设有分析、检测、材料和新技术实验室，开展对金属、石质、壁画、丝织品及竹木漆器等文物损坏机理、保存环境、保护技术、保护方法等方面的研究。

古文献与文物研究中心：主要从事出土的简牍、文书、碑刻、甲骨等资料的整理与综合研究，承担简帛、墓志、残卷及一切有文字资料的整理、研究，制定相应的标准与规范。出土文献研究几乎涵盖了解放以来发现的不同时期的重要简牍、帛书，以及敦煌学与吐鲁番文书等文献整理和研究，以及建国以来出土墓志的综合整理研究。

文物资料信息中心：主要从事文物资料的保护及整理；对于全国重点文物保护单位档案和博物馆馆藏一级品档案的整理、保护和利用，并采用现代化信息手段管理。现有藏书近30万册，其中不乏包括明刻本在内的善本、手抄本和地方志，另有一批包括图纸、照片和拓片在内的重要档案资料。该中心的任务是保存、管理好这批资料，开展文物资料的整理与研究，及时了解和掌握国内外文物保护的最新成果，建立信息收集与交流系统，则是研究所的重要工作内容。

胡骏副所长

吴加安所长

盛永华副所长

谢方开副所长

文物保护修复培训中心：利用科研机构、高校的资源，开展专业技术和管理人员资格培训，举办各类培训班、专题论坛，学术研讨，成为经常化、规范化、系统化的全国文物保护培训基地。培训中心面积1000平方米，三个高标准的陶瓷、金属、石质文物的修复实验室、测试室和技术档案室；多功能电化教室和资料室、学术会议室和办公室。

文物保护基础理论研究室：开展文物学、博物馆学以及文物保护等学科的基础研究，完成文物保护中重大科研项目的研究，结合文物保护工作实际，研究的领域重点在法规、标准、理念、体系等方面。

中国文物研究所的现状及所取得的重要成果本书前章已有详细介绍，不再赘述。

2005年，正值中国文物研究所成立七十周年之际，全所员工上下一心，团结和睦，奋发图强，开拓进取，决心发扬"对历史负责，对未来负责"的优秀传统与肯拼搏、敢创新的时代精神，总结过去，开拓未来。

葛承雍副所长

刘维平所长助理

所史撰文＼刘志雄（中国文物研究所文物资料信息中心）
温玉清（天津大学建筑学院建筑历史与理论研究所）

人物索引

朱启钤（1872～1964），贵州紫江人，字桂辛，号蠖园（著有《蠖园文存》），室名存素堂（辑有《存素堂丝秀录》）。清末由举人纳资为曹郎。历任京师大学堂监督、京师外城警察总厅厅丞、内城警察总监，东三省蒙务局督办、津浦铁路北段总办等职。入民国后，先后出任中华民国内阁交通总长、内务部总长、代理国务总理等职。后于1919年南北议和时出任北方总代表。之后，在津沪经办中兴煤矿公司、中兴轮船公司等企业。1930年，在北平创办中国营造学社，以整理国故、发扬民族建筑传统为宗旨，从事中国古建筑研究，是中国创办最早的建筑文化遗产研究机构。朱启钤对中国古代建筑研究很有造诣，对早期北京的市政建设做出过积极贡献，是将北京从封建都城改建为现代化城市的先驱者。自1935年起，兼任旧都文物整理委员会技术顾问，并于1947年1月，兼任行政院北平文物整理委员会委员。1949年新中国成立后，曾任中央文史馆馆员及全国政协委员，并兼任北京文物整理委员会及古代建筑修整所顾问。编著有《李明仲营造法式》、《岐阳世家文物图传》、《东三省蒙务公牍汇编》及《朱氏家乘》等。

梁思成（1901～1972），广东新会人。1901年4月20日出生于日本东京，1915年入清华学校学习，1924年赴美国入宾夕法尼亚大学建筑系学习，1927年以优异成绩获得建筑学硕士学位。1928年回国后应东北大学之邀创办建筑系，任系主任和教授。1931年参加朱启钤先生创办的中国营造学社，任法式部主任，从事中国古代建筑研究；自1935年起，兼任旧都文物整理委员会技术顾问。1937～1945年抗日战争期间，在极端困难的条件下，率领中国营造学社同仁坚持在四川李庄继续古建筑的调查研究工作；1946年赴美讲学，因在中国古代建筑的研究上做出的杰出贡献，被美国普林斯顿大学授予名誉文学博士学位。1946年，受清华大学校长梅贻琦之邀创办了营建系（建筑系），并兼任行政院北平文物整理委员会委员。1947年，受中国政府委派担任联合国大厦设计顾问团顾问。1948年，当选为中央研究院院士。新中国成立后，梁思成除在清华大学任教授和建筑系主任外，以高度热情参加了新中国的各项建设事业，先后担任北京市都市计划委员会副主任、中国建筑学会副理事长、中国美术家协会常务理事、中国文联全国委员会委员、中华全国自然科学专门学会联合会委员、中国科学院技术科学部委员、中国科学技术协会委员、建工部建筑科学研究院建筑理论与历史研究室主任、北京市城市建设委员会副主任等职；梁思成先生还积极参加了国家的政治领导活动，曾任北京市人民委员会委员，政协北京市委员会副主席，第一、二、三届全国人民代表大会代表，三届人代会常务委员；1959年，加入中国共产党；1972年病逝于北京。

刘敦桢（1897～1968），湖南新宁人。字士能，1913年留学日本，1921年毕业于东京高等工业学校（现东京工业大学）机械科、建筑科，获建筑工程科学学士学位。1922年回国后，任上海绢丝纺织公司建筑师，并与柳士英等人共同创办华海公司建筑部。1925年任教于苏州工业专科学校建筑科，1927年该校与东南大学合并，1928年改称中央大学。1931年加入中国营造学社，1932年任学社文献部主任。自1935年起，兼任旧都文物整理委员会技术顾问。1943年任中央大学教授，1944年起任建筑系主任，同时兼任重庆大学教授。1946年起，任中央大学工学院院长。1949～1952年任南京大学建筑系教授，1952～1968年任南京工学院教授，其间在1960～1968年间还任建筑系主任。1953年，创办中国建筑研究室。1955年当选为中国科学院技术科学部学部委员。1968年5月10日，逝世于南京。刘敦桢主持编著的《中国古代建筑史》，自1959年来，历时七载，八易其稿，于"文革"后出版。刘敦桢先生的重要学术著作有《中国住宅概说》、《苏州古典园林》以及《刘敦桢文集》1～4卷。

袁良（? ～1953），字文钦，浙江杭州人，清末时曾在东北三省总督赵尔巽和锡良的幕府中，与蒋百里等同为幕中重要人物，入民国以后，曾任国务院参议多年。1933年6月就任北平特别市政府市长，首倡《北平游览区建设计划》、《北平市沟渠建设计划》、《北平河道整理计划》诸计划，开北平现代都市计划之先河，并兼任旧都文物整理委员会文物整理实施事务处首任处长。1935年11月去职。

杨廷宝（1901～1982），河南南阳人，字仁辉，1901年10月2日出生于河南南阳知识分子家庭。1915年，考入北京清华学校，1921年清华学校毕业后赴美国留学，在宾夕法尼亚大学学习建筑，学习成绩优异。1924年曾先后在全美建筑系学生设计竞赛中，他荣获1924年艾默生奖竞赛（Emerson Prize Competition）一等奖，同年又获市政艺术协会奖竞赛（Municipal Art Society Prize Competition）一等奖。1924年获硕士学位后在美国费城克瑞（Paul Philippe Cret）建筑设计事务所工作，参加了克利夫兰博物馆的设计。1926～1927年赴欧洲考察建筑。1927年，回国加入基泰工程司，是建筑设计方面的主要负责人。1935年以后，杨廷宝参与主持旧都文物整理委员会以及文物整理实施事务处北平各处古建筑修缮保护工程数十项。1940年起，兼任中央大学建筑系教授。中华人民共和国成立后，历任南京工学院建筑系教授、系主任、副院长、建筑研究所所长、中国科学院技术科学部委员、中国建筑学会第五届理事长、江苏省人民政府副省长等职。1957年和1965年，两次被选为国际建筑师协会副主席。

张镈（1911～1999），山东无棣人，1911年4月12日生于广州。1934年毕业于中央大学建筑系。后在北平、天津、南京、重庆、广州和香港等地的基泰工程司从事建筑设计工作。1940～1946年兼任天津工商学院建筑系教授，1941～1944年，曾受建设总署都市计划局委托主持北京中轴线古建筑测绘工作。1951年3月从香港回京，任北京市建筑设计研究院总建筑师。1995年退休，聘为院顾问总建筑师。曾主持和指导设计了百余项重大工程，在建筑界享有盛誉。人民大会堂、民族文化宫、友谊宾馆、北京饭店东楼和贵宾楼等工程是其大量作品中的代表作。张

铸是无党派知名人士，曾任第四届全国人民代表大会代表、北京市第七、八、九届人民代表大会常务委员会委员，他还是北京市政协第一、二、三、四届委员，并任第三、四届政协常委，北京市人民政府专业技术顾问、首都建筑艺术委员会顾问。兼任清华大学建筑系研究生班导师、北京工业大学建筑系顾问。1994 年出版张铸所著的《我的建筑创作道路》一书，是当代中国建筑师完成的第一本自传。

林是镇（1893～1962），福建长乐人，字志可，祖及父均为清末翰林，自幼随宦河南、江西，十七岁赴日本留学，中以辛亥革命归国两载，1917 年毕业于东京高等工业学校建筑科，回国后历任京都市政公所技术员、设计科主任、技师等职，办理都市建设工程。自 1928 年起，历任北平特别市政府工务局技正、第二、三科科长，办理工程设计事项，并兼任市政府中山公园中同纪念堂设计委员、市政府工料查验委员会委员等职。1931 年 9 月，兼任北平大学艺术学院建筑系讲师。1933 年 1 月，参加中国营造学社，开始研究中国古代建筑。1935 年 2 月，调任北平文物整理实施事务处技正，办理北平文物整理修缮工程，1936 年 5 月，该处改隶南京旧都文物整理委员会，更名为旧都文物整理实施事务处，仍任技正。抗日战争期间北平沦陷之后，曾历任伪建设总署都市局局长、伪工务总署都市计划局局长，曾主持策划实施北平古建筑修缮保护项目以及北平故宫及中轴线古建筑测绘。抗战胜利后，被国民党军统系统稽查处检举扣押。新中国成立后，历任北京市都市计划委员会委员、北京市人民政府建设局顾问等职直至退休；1962 年病逝于北京。

朱兆雪（1899～1965），江苏张家港人，1917 年进上海复旦大学。1919 年 11 月赴法国留学，1923 年毕业于巴黎大学理学院，获数学硕士学位。后又留学比利时，攻读土木工程专业，1926 年毕业于岗城大学水陆建筑工程系。次年 2 月回国。1930 年 8 月起，先后任北平大学建筑系教授、中法大学理学院教授、北平大学土木建筑系教授、北平师范大学数学系教授、北洋大学北平部建筑学院主任、北平大学工学院建筑系主任，曾参加北平故宫及中轴线古建筑测绘。新中国成立后，历任中国建筑学会常务理事、北京大学工学院建筑工程系主任、北京师范大学数学系教授、北京建筑公司经理兼总工程师、北京建筑设计院及北京市规划局主任总工程师、北京工业大学校长和教授等职。曾当选为第一届、第二届全国人民代表大会代表，北京市第一届、第二届人民委员会委员、人民代表。20 世纪 50 年代，曾负责和主持全国政协礼堂、北京人民大会堂、北京清河毛纺厂等重大建筑的结构设计；1961 年加入中国共产党。撰有《高等数学》、《图解力学》、《材料耐力学》等著作行刊于世。1965 年 5 月 30 日在北京病逝。

邵力工（1904～1991），北京人，1925 年毕业于美国俄亥俄州立大学土木建筑工程系函授班；1932 年入营造学社任法式助理，1935 年成为正式社员，在梁思成指导下绘制清工部工程做法的补图，并参加北平故宫及中轴线古建筑测绘。1937 年至 1949 年，在北平开办力工建筑补习学校任校长兼教员。新中国成立之后，历任中国建筑企业公司、中国人民解放军海军工程部工程师、主任工程师；1958 至 1962 年任中国建筑科学研究院建筑理论历史室工程师；1962 至 1964 年任哈尔滨建筑工程学院建筑系教授；1964 至 1966 年任大庆油田指挥部总工程师直至 1966 年离休；1991 年病逝。

马衡（1881～1955），浙江鄞县人，字叔平，幼年随父母迁居上海，1901年肄业于南洋公学。1922年被聘为北京大学研究所国学门考古研究室主任兼导师，同时在清华大学、北京师范大学、北京女子师范大学兼课，曾主持燕下都等地的考古发掘和调查工作。1924年11月受聘于"清室善后委员会"，参加点查清宫物品工作。1925年10月故宫博物院成立后，曾兼任临时理事会理事、古物馆副馆长。1929年后历任故宫博物院理事会理事兼古物陈列馆副馆长、故宫博物院代理院长、故宫博物院院长，对保护北京故宫的历史文物、档案资料、宫殿建筑及历代艺术珍品，并进行整理研究、陈列展出、编辑出版等宏大而繁复的工作，业绩炳彰。抗战期间，他主持故宫博物院西迁文物的维护工作，为保护历史文物做出了重要贡献。抗战胜利后，主持故宫博物院复原与西迁文物东归南京的工作，同时兼任行政院北平文物整理委员会主任委员。北平解放前夕，为确保故宫建筑与文物的安全，他坚守院长岗位，并与社会名流呼吁国民党当局避免战火，保护北平文化古城。北平解放后继续留任故宫博物院院长，兼任北京文物整理委员会主任委员。1952年，调离故宫博物院，专任北京文物整理委员会主任委员。1955年3月在北京病逝，终年74岁。马衡先生毕生致力于金石学的研究，上承清代乾嘉学派的训诂考据传统，又注重对文物发掘考古的现场考察，遂使其学术水平领先于时代，被誉为"中国近代考古学的前驱"。主要著作有《中国金石学概要》、《汉石经集存》、《凡将斋金石丛稿》等。马衡先生在1952年将自己收藏的大量甲骨、碑帖等文物捐献故宫博物院；去世后，其家属又遵嘱将家藏金石拓本九千余件悉数捐给故宫博物院。

胡适（1891～1962），安徽绩溪人，字适之，现代著名学者、哲学家、文学史家、诗人，新红学的创始人之一。早岁就读于上海梅溪学堂、澄衷学堂及中国公学。1910年留学美国，先后入康奈尔大学和哥伦比亚大学研究院，分别获得文学士及哲学博士学位。1917年1月，发表《文学改良刍议》于《新青年》。同年7月回国。任北京大学教授，参加编辑《新青年》、参与创办《每周评论》，为新文化运动著名人物之一。"五四"运动后期，提出"多研究些问题，少谈些主义"。后和丁文江等创办《努力》周报、《独立评论》，并与徐志摩等创办《新月》杂志。历任中国公学校长、北京大学文学院院长等职。抗日时期曾任国民政府驻美大使。胜利后，任北京大学校长，中央研究院院士。自1947年起，兼任行政院北平文物整理委员会委员。1949年3月，将眷属安置到台北后，遂赴美国。此后，任联合国文教组世界人类科学文化史编委委员。1958年任台湾中央研究院院长等职。卒于台北。著有《中国哲学史大纲》、《白话文学史》、《胡适文存》等。

袁同礼（1895～1965），河北徐水人，字守和，1895年生于北京，美国华裔图书馆学家，目录学家。1916年毕业于北京大学，1917年任清华学校图书馆主任，1918年当选为北京图书馆协会会长，1920年赴美，在哥伦比亚大学、纽约州立图书馆专科学校学习。1924年回国，在北京大学讲授目录学，兼图书馆主任；同年，去广州任广东大学图书馆馆长，并担任中华图书馆协会书记。1929年任北平图书馆副馆长，1942年升任馆长，兼任行政院北平文物整理委员会委员。1949年赴美，先后在美国国会图书馆和斯坦福大学研究所工作。袁同礼在北平图书馆任馆长时，聘请专家，为该馆藏书、编目、书目等项业务打下基础。著有《永乐大典考》、《宋

代私家藏书概略》、《明代私家藏书概略》、《清代私家藏书概略》、《中国音乐书举要》、《西文汉学书目》（英文本）等。

关颂声（1892～1960），广东番禺人，字校声。曾就读于上海圣约翰大学和清华学校，1913年清华毕业后，于1914年入美国麻省理工学院读建筑学专业，1917年获学士学位后又入美国哈佛大学攻读市政管理一年。1919年回国后，先后任天津警察厅工程顾问、津浦路考工科技正、内务部土木司技正、北宁路常年建筑工程师，曾协助监理北平协和医院建筑工程，1920年在天津创办基泰工程司，曾任南京首都建设委员会工程组委员等职。自1947年1月起，兼任行政院北平文物整理委员会委员。1949年赴台湾，曾任台湾建筑师公会理事长。

1949年之前，基泰工程司的设计作品遍及天津、沈阳、北平、南京、上海、重庆、广州等地，是当时中国最有影响的建筑事务所之一；台湾基泰工程司的建筑设计作品主要有：香港万宣大楼、邵氏大楼、台湾人造纤维公司、台北综合运动场、台中省立体育场等。

俞同奎（1876～1962），字星枢，浙江省德清县人，1876年11月10日出生于福建省闽侯。1904年至1910年赴英国利物浦大学化学系学习，获硕士学位。自1910年起任京师大学理科教授。1912年至1920年任北京大学教授、化学系主任、教务长。自1920年任北京工业专门学校（北京工业大学的前身）校长，并兼任北京大学教授；1937年任南京国民政府教育部大学生就业委员会主任。1937年抗日战争爆发后，历任国民政府教育部大学生就业委员会主任、任液体燃料管理委员会昆明办事处主任。1947年起任北平文物整理委员会秘书。1949年新中国成立后，曾任北京文物整理委员会秘书及文化部古代建筑修整所所长。1962年2月28日逝世于北京。

祁英涛（1923～1988），河北易县人。1947年毕业于北洋大学工学院建筑工程系，曾任北平文物整理委员会工程处技士、技佐、工程师等职。1956年后历任北京文物整理委员会、古代建筑修整所工程师，文化部文物保护科学技术研究所高级工程师，中国文物保护技术协会常务理事，长期从事中国古建筑的维修保护工作，成绩卓著。在山西永乐宫的搬迁中对其壁画的保护做出突出贡献，曾先后主持山西五台山南禅寺大殿的复原工作、河北隆兴寺摩尼殿的修缮设计等国家重要古建筑修缮保护工程。著有《中国古代建筑的保养与维修》、《中国古代壁画的揭取与修复》、《怎样鉴定古建筑》等。

于倬云（1918～2004），天津人，曾用名于文汉，1918年12月生。1941年6月毕业于北京大学工学院建筑系，曾供职于华北建设总署。1945年8月～1949年2月在北平文物整理委员会工作，主管材料兼工程设计。1949年2月～1954年5月在北京文物整理委员会，从事工程设计工作。1954年5月调至故宫博物院，从事古建筑保护维修设计工作。1979年任故宫博物院古建部副主任，1983年任高级工程师，1988年任教授级高级工程师，1992年被国务院授予政府特殊津贴。中国文物保护协会第一届副理事长。长期从事我国古建筑的维修和管理工作，主持并指

导了故宫、北海公园、南禅寺等古建筑的维修。合著有《紫禁城宫殿》、《中国古代建筑技术史》、《故宫三大殿》等学术专著。

尹达（1906～1983），原名刘耀，字照林，又名刘虚谷，河南滑县人。中国现代著名考古学家，1931年毕业于河南大学。曾在中央研究院历史语言研究所工作，参加殷墟、浚县辛村和日照两城镇的发掘。1938年赴延安参加革命。北平和平解放后，1948年12月任北平市军事管制委员会所属的文化接管委员会文物部部长，负责接管北平文物整理委员会及其文物整理工程处。1950年以后，任中国科学院历史研究所副所长、考古研究所所长，中国科学院哲学社会科学部学部委员会常务委员，中国考古学会副理事长等。在延安期间所著《中国原始社会》一书，尝试用马克思主义观点论述中国史前社会。后该书修订出版，改名为《新石器时代》。曾参与主持中国历史博物馆建馆，又具体主持《中国史稿》一书的编撰工作。

王冶秋（1909～1987），安徽省霍邱县人，是中国文物博物馆事业的主要开拓者和奠基人之一。"五四"运动后受到新文化新思潮影响，在北平读书时结识鲁迅先生，参加未名社的进步活动。1925年，参加中国共产党。大革命失败后返回家乡发动霍邱暴动。暴动失败，重回北平继续革命工作。曾两度被捕入狱。出狱后，辗转任教于十几所学校，坚持传播进步思想，鼓励青年学生投身革命，同时与鲁迅先生保持密切联系，是鲁迅晚年的青年挚友之一。1940～1946年，任冯玉祥将军的国文教员兼秘书，从事中国共产党的军政情报工作。1946年秋，受中国共产党派遣，到国民党第十一战区司令将官部任少将参议，继续从事军事情报工作，对淮海战役和华北战场的胜利做出了贡献。1948年，王冶秋受中国共产党委派，由军政情报工作转入文物工作，担任解放区北方大学和华北大学研究部研究员，在河北良乡筹备北平的文物接管工作。北平解放后，担任北平军事管制委员会的文物部副部长，完成了对北平文物、博物馆、各图书馆的接管工作。中华人民共和国建立后，王冶秋担任文化部文物局副局长，协助郑振铎局长主管全国的文物、博物馆事业。1954～1966年，担任文化部文物局局长，为创建和发展新中国文物博物馆事业，做出了卓越的贡献。"文化大革命"开始后，王冶秋受到迫害，1973年起，担任国家文物局局长，调集了一批正在遭受迫害的干部，来充实文物工作的队伍，为恢复和发展已受严重破坏的文物、博物馆事业进行了巨大的努力。王冶秋是第三届全国人民代表大会代表，第四、五届全国人民代表大会常务委员会委员，也是中国共产党第十、十一次代表大会代表。

郑振铎（1898～1958），原籍福建长乐，生于浙江永嘉。现代作家、文学评论家、文学史家、考古学家。笔名西谛、CT、郭源新等。1917年入北京铁路管理学校学习，"五四"运动爆发后，曾作为学生代表参加社会活动，并和瞿秋白等人创办《新社会》杂志。1920年11月，与沈雁冰、叶绍钧等人发起成立文学研究会，并主编文学研究会机关刊物《文学周刊》，编辑出版了《文学研究会丛书》。1923年1月，接替沈雁冰主编《小说月报》，倡导写实主义的"为人生"的文学，提出"血与泪"的文学主张。大革命失败后，旅居巴黎。1929年回国。曾在生活书店主编《世界文库》。抗战爆发后，参与发起了"上海文化界救亡协会"，创办《救亡日报》。和

许广平等人组织"复社"，出版了《鲁迅全集》、《联共党史》、《列宁文选》等。抗战胜利后，参与发起组织"中国民主促进会"，创办《民主周刊》，鼓动全国人民为争取民主、和平而斗争。1949年以后，历任文物局局长、考古研究所所长、文学研究所所长、文化部副部长、中国民间研究会副主席等职。1958年10月18日，在率中国文化代表团出国访问途中，因飞机失事殉难。主要著作有：短篇小说集《家庭的故事》、《桂公塘》，散文集《山中杂记》，专著《文学大纲》、《插图本中国文学史》、《中国通俗文学史》、《中国文学论集》、《俄国文学史略》等。辑有《郑振铎文集》。

赵正之（1906～1962），字正之，祖籍河北乐亭，出生于辽宁黎树。1926～1929年入东北大学化学系预备班，1929年转入建筑系本科。"九·一八"事变后逃亡北平。1931～1934年在北平坛庙管理所任办事员。1932～1934年参加反帝大同盟，加入中共地下党，被捕入狱，出狱后脱党。1934年至1937年到学社任绘图员，1935年升研究生。1938～1939年在大中工程公司工作。1939～1940年任伪工务总署技士。1940～1945年任北京大学工学院讲师，1945～1946年兼任北平文物整理委员会试用技正。1946～1947年任北洋大学北平部教授。1947～1952年任北京大学工学院教授。1952～1962年任清华大学建筑系教授。

汪申（1894～?），字申伯，安徽婺源人，1925年毕业于法国建筑高等专业学校，获得工学硕士学位。历任北平大学艺术学院建筑系主任，故宫博物院建筑技师，北平市政府工务局局长，中法大学工务主任兼文学院名誉教授。

秦德纯（1893～1963），字绍文，山东沂水人，1916年保定军官学校第二期步兵科毕业，曾在直系军队任豫东防卫参谋长。1924年12月改任国民军第二军第五师参谋长，1926年5月任直系第二十四师师长。1927年3月任第四军军长。后改任冯玉祥第二集团军第二方面军副总指挥兼第二十三军军长、十四军军长、山东省政府主席。次年参加中原大战，任冯玉祥第二方面军前敌总司令部参谋长。1932年起任察哈尔省政府委员兼民政厅厅长。1935年任察哈尔省政府主席、军事委员会北平分会委员。1935年，与日军代表土肥原贤二订立丧权辱国的《秦土协议》，根据这一协议，察哈尔省主权大部丧失。同年12月，任冀察政务委员会常务委员兼北平市市长，其时兼任旧都文物整理实施事务处处长，负责北平古代建筑修缮工程。抗日战争爆发后，任第一集团军总参议、军法执行总监部副总监、兵役部政务次长、军令部次长等职。1946年任国防部次长。1948年底任山东省政府主席兼青岛市市长。次年8月去台湾，任"总统府"战略顾问。

谭炳训（?）生卒年不详，1937年之前曾任职于旧都文物整理实施事务处，参与北平文物整理工程，抗战期间去职，在江西从事国防公路工程，抗战胜利后返京。任北京工务局局长，兼任行政院北平文物整理委员会工程处处长等职。

何思源（1896～1982）山东菏泽人。字仙槎（署见"五四"时期《北大学生周刊》、《政衡》，又见《新青年》），又署何先槎（见《新青年》），别号性海。北京大学毕业，留学美、德、法，先后入芝加哥大学、柏林大学、巴黎大学。1926年回国。历任中山大学教授兼图书馆馆长、法科主任等职。1928年后任山东省政府委员、教育厅厅长，前后在职十五年。抗战时期兼任山东省鲁北行署主任及游击指挥。1946年出任北平特别市长，兼任行政院北平文物整理委员会工程处处长。后为和平解放北平奔走呼号，任华北七省市参议会首度和平代表时，遭到军统特务暗算，寓所被炸，小女儿被当场炸死。新中国成立后，任民革中央委员、全国政协委员。病逝于京。著有《国际经济政策》、《社会政策大纲》、《欧美各国社会之发展》、《近代中国外交史》、《社会科学研究法》、《中国人口问题》等。

谷钟秀（1874～？）直隶（今河北）定县人。字九峰。早年留学日本。毕业回国后任直隶高等师范教员，直隶巡抚署秘书。辛亥革命时期，代表直隶参加筹建中华民国临时政府，任宪法起草委员，临时政府参议院议员。国会成立，为众议院议员。国会解散后，在上海创办《中华新报》，编辑《正谊杂志》。1916年任农商总长兼全国水利总裁。1922年国会二次召集，仍为议员，为政学会首领之一。次年任收回铁路筹备处总办。1936年任河北省政府委员，兼井陉矿务局长。1947年起兼任行政院北平文物整理委员会委员。著有《中华民国开国史》（1914年泰东图书局。又载《正谊杂志》，一名《中华民国临时政府实录》）。

裴文中（1904～1982）河北省滦县人，中国现代考古学家、古生物学家。北京人第一个完整头盖骨化石的发现者。1927年毕业于北京大学地质系。后留学法国，获巴黎大学博士学位。回国后任中国地质调查所新生代研究室研究员，兼该室周口店办事处主任，并在北京大学、燕京大学和中法大学讲授史前考古学。中华人民共和国成立初期，任中央文化部文物事业管理局博物馆处处长，曾主持第一至第四届考古工作人员训练班的工作。后历任中国科学院古脊椎动物与古人类研究所研究员、中国科学院生物学地学部学部委员、中国古生物学会名誉理事、中国考古学会副理事长等职。50余年来，裴文中曾在各地进行地质学、古生物学和考古学的调查。1929年12月2日他在周口店第一地点首次发现著名的北京人头盖骨化石，为人类发展史提供了重要的证据。从1931年起，他首次通过研究，确认石器、烧骨和用火灰烬的存在，从而明确了北京人的文化性质，将北京人的研究纳入考古学研究的范畴。1933～1934年他主持发掘山顶洞遗址，又获得旧石器时代晚期的山顶洞人化石及其文化遗物。50年代以来，在广西发掘巨猿下颌骨和牙齿化石，解决了它的地层年代问题，并探讨了巨猿在进化系统上的地位。他还发掘了旧石器时代中期的山西襄汾丁村遗址和旧石器时代晚期的四川资阳人化石地点，并对内蒙古萨拉乌苏遗址的地层堆积做了深入的分析。从40年代起，他在研究总结中国旧石器时代文化的基础上，又对中石器和新石器时代作了综合研究，对中国石器时代考古学的发展，做出了积极的贡献。裴文中著有大量考古专著和论文。裴文中曾先后被授予法国地质学会会员、英国皇家人类学会名誉会员、先史学与原史学国际会议名誉常务理事和国际第四纪联合会名誉会员等荣誉称号。

陈梦家（1911~1966）浙江上虞人，中国考古学家和古文字学家。早年是新月派后期颇有影响的诗人，后转治古文字和古史。历任西南联合大学、清华大学教授，曾去美国芝加哥大学讲学，并收集流散欧美的中国古代铜器。1952年后任中科院考古研究所研究员。著有《殷墟卜辞综述》、《西周铜器断代》、《汉简缀述》及《尚书通论》等，编有《新月诗选》。

傅振伦（1906~1999）河北新河人，字维本，中国现代档案学家。1929年毕业于北京大学史学系。曾执教北京大学、北平大学女子文理学院、文华图书馆专科及草堂国学专科等院校，并在故宫博物院、国民政府国史馆筹备委员会、编译馆等处任职。抗日战争胜利后，历任东北大学历史系及长白师范学院史地系主任，兼沈阳博物院筹备委员会专门委员，北京大学图书馆学专科教授。1949年后，曾任中国历史博物馆研究员，兼任中国人民大学历史档案系教授。

阎文儒（1912~1994），满族，出生于辽宁省义县。师从著名历史学家、考古学者向达。解放后，曾和其他考古专家一起对全国石窟寺艺术进行了全面的考察和整理，著有《西域文明史》、《西京胜迹考》、《中国雕塑艺术纲要》等十多部考古学术专著。

陈明达（1916~1998），湖南祁阳人，1932年进入中国营造学社，与陈仲篪、王璧文协助刘敦桢先生文献部的工作，负责整理田野考察工作的测绘资料，绘制图版。1935年提升为研究生。1940年抗战时期，他与刘敦桢、梁思成等对西南地区40余县进行了古建筑调查。1942年前后由学社派往中央博物馆，参加彭山崖墓的发掘工作。陈明达负责测绘墓葬的建筑结构，并绘制了全部墓葬的建筑结构图纸。1943~1947年离开学社到陪都建设委员会西南工程局任职。1953年调文化部文物处。1960年调文化部文物出版社。1971年调国家建委建筑科学研究院历史理论研究所任职。1987年离休，离休后仍不断著述。专著有《应县木塔》、《营造法式大木作制度研究》、《中国古代木结构建筑技术》，发表的学术论文28篇，均已收入《陈明达建筑与雕塑史论文集》。

莫宗江（1916~1999），广东新会人。1931年底，进入中国营造学社，成为梁思成先生的主要研究助手，并与邵力工绘制《清工部工程做法则例》的图释。1935年提升为研究生。抗战期间又与梁思成、刘敦桢、陈明达对西南地区40多个县进行了大量的古建筑考察。1942年参加中央研究院王建墓的考古发掘工作。1944年为梁思成先生的《中国建筑史》一书绘制精美插图，并提升为副研究员。抗日战争胜利后，随梁思成先生到清华大学创办建筑系，历任讲师、副教授、教授。1958年建工部建筑科学研究院建筑理论历史研究室编写"中国古代建筑史初稿"，负责撰写其中隋至元代部分的城市建筑，及"总结"一章中的"城市"一节，并于1959年完成。莫宗江对中国建筑史传统园林有深入的研究，对"颐和园"、"王建墓"、"中国城市史"曾做过专题研究，有十分精辟的见解。已发表的著作有《山西榆次永寿寺两华宫》、《来源阁寺文殊殿》等。

刘致平（1909~1995），字果道，辽宁铁岭人。1928年入东北大学建筑系，1932年毕业。1934年任浙江省风景整理建设委员会建筑师，后加入中国营造学社，系统地研究中国古代建筑，协助梁思成先生完成校正《清工部工程做法则例》及标注尺寸等工作，并协助梁思成编辑《中国建筑设计参考图集》。对中国各地的伊斯兰教建筑有深入研究，是最早研究我国伊斯兰教建筑的专家。他还对北海静心斋、恭王府作了测绘及研究，并在园林叠石研究方面颇有造诣。抗日战争爆发后，中国营造学社跟随中央研究院搬迁。在昆明时期，他开始注意到云南的"一颗印"民居。于是开拓了民间乡土建筑的研究。抗战胜利后，他随梁思成到清华大学创办建筑系，任教授。1958年调至建筑科学研究院建筑历史理论研究室。刘致平的研究工作往往是具有开创性的，如对四川广汉县志建筑部分的编修，从城市规划、布局、城垣到公共建筑、民居等均作了系统调查，绘制成套图卷。这是将现代建筑科学的研究方法，用于我国县志的创举。刘致平对中国建筑研究别有蹊径，是对中国建筑类型作系统研究的拓荒者。他的主要著作有：《中国建筑设计参考图集》、《云南一颗印》、《中国建筑类型及结构》、《中国居住建筑简史——城市、住宅、园林》《中国伊斯兰教建筑》等。

商承祚（1902~1991）广东番禺人（祖籍东北铁岭，隶正白旗）。字锡永，号契斋（有《契斋古印存》），亦写作契斋，又号驽刚，室名锲斋、决定不移轩（1923年自印《殷墟文字类编》署名）等。自幼随父衍鎏学习。1921年至天津拜罗振玉为师，从治甲骨、金文，并将罗师考释的甲骨文字按《说文》次序重加编排，成《殷墟文字类编》。后入北大研究所肄业研究生。1925年起，历任东南大学、中山大学、北京女子师大、清华大学、金陵大学讲师、教授和研究员等职。1945年后，任四川教育学院、重庆大学、女子师院、朝阳学院等校教授。1948年回广州，任中山大学教授至终。为广东省民盟副主席、五届全国政协委员。著有《殷契佚存》、《十二家吉金图录》、《浑源彝器图》、《长沙古物见闻记》、《长沙出土楚漆器图录》、《石刻篆文编》等。

唐兰（1901~1979）浙江秀水（今嘉兴）人（原籍江苏无锡）。字立厂，曾用名唐佩兰、唐景兰（早年曾学医，办景兰医院）、笔名曾鸣。古文字学专家、青铜器专家、先秦史学家。1923年毕业于无锡国学专修馆。得王国维指引，研治甲骨金文。曾在天津办《商报》副刊《文学周刊》。1931年在沈阳创始用自然分类法整理古文字。历任北京大学、燕京大学、清华大学、中国大学、辅仁大学、西南联大等校教授。抗日胜利后回北京大学。新中国成立后，先后任故宫博物院研究员、副院长，中国科学院历史研究所学术委员，全国政协委员等职务。曾参加文化部古文献研究室长沙马王堆汉墓出土文献整理工作。逝世后，被追认为中共正式党员。著有《殷墟文字记》、《古文字学导论》、《中国文字学》、《卜辞时代的文学和卜辞文学》等。

容庚（1894~1983）广东东莞人。又名容肇庚，字希白（署见1940《文学年报》），号颂斋（古代颂、容二字相通，故号。有《颂斋吉金图录》。又撰《颂斋读书笔记》），室名五千卷金石书室、宝蕴楼（或为别署。有《宝蕴楼彝器图录》）、善斋（同上。有《善斋彝器图录》）、伏庐（同上。有《伏庐书画像录》）。著名考古学家、古文字学家。早岁从舅氏邓尔雅习小学、篆刻。中学毕业后，成《金文编》初稿（系成名之作），经罗振玉推荐入北京大学研究所国学门深造。1926

年毕业后，历任燕京大学、北京大学、清华大学教授，以及故宫博物院专门委员等职，并与董作宾等人组织考古学社。"九·一八"事变后，在燕京大学组织广东同乡学生救国会，后又担任燕京大学教职员工抗日委员会主席。1946年任岭南大学教授，1952年院校调整后，任中山大学教授，以迄去世。生前为政协全国委员、广东政协常委、中国古文字学术研究会理事，曾参与文化部古文献研究室的创建与研究工作。著有《金文编》、《金文续编》、《商周彝器通考》、《海外吉金图录》等。

唐长孺（1911～1994）中国历史学家。江苏吴江人。1911年7月(宣统三年六月)生。1932年毕业于上海大同大学文科，1944年以后任武汉大学历史系副教授、教授。并在1949年后，历任中国古代史教研室主任、魏晋南北朝隋唐史研究室主任、历史系主任、中国三至九世纪研究所所长。兼任中国科学院历史研究所研究员、国家文物局古文献研究室主任。中国共产党党员。九三学社第六届中央委员、武汉分社副主任委员。唐长孺早年钻研辽金元史，以后长期从事魏晋南北朝、隋唐史的研究。1975年，经他倡议，在国家文物局领导下，组成吐鲁番出土文书整理组，由他任组长主持整理工作，并将整理后的文书主编出版了《吐鲁番出土文书》共十册。随后又主编《敦煌吐鲁番文书初探》一书。1978年2月文化部古文献研究室成立，唐长孺出任主任。唐长孺还参加了许多社会学术团体的工作，1978年以来被选为中国史学会理事，中国唐史学会会长，中国敦煌吐鲁番学会副会长，湖北省史学会副会长、会长，湖北省考古学会理事长，六朝史研究会名誉会长。并受聘为《中国大百科全书》总编辑委员会委员，《中国大百科全书·中国历史》编辑委员会副主任。

张政烺（1912～2005）著名历史学家、考古学家、文献学家、古文字学家、中国社会科学院历史研究所研究员。张政烺先生1912年4月15日生，山东荣成人。1936年毕业于北京大学历史学系。同年至中央研究院历史语言研究所工作。1946年至1960年任北京大学历史系教授，1954年兼任中国科学院历史研究所研究员。1960年任中华书局副总编辑。1966年调入中国科学院(今中国社会科学院)历史研究所任研究员。曾兼任历史研究所学术委员会委员、专业技术职务评审委员会委员、古文字与古文献研究室主任、中国社会科学院研究生院教授、博士生导师、考古研究所学术委员会委员，国务院古籍整理出版规划小组成员、顾问，文化部国家文物委员会委员，国家文物鉴定委员会委员，中国社会科学院郭沫若著作编辑出版委员会顾问，中国史学会理事，中国考古学会常务理事，中国古文字学会理事、顾问，中国先秦史学会顾问等职。张政烺先生是第六届北京市政协委员。自20世纪30年代起，张政烺先生在科研、教学、古籍整理等许多领域辛勤耕耘了60余年，在中国古代史、考古学、古文字学、古器物学、版本目录学、通俗小说等诸多学术领域都进行了具有开拓性的研究，解决了许多疑难问题，并承担过出土文献整理、二十四史点校等重大学术任务。张政烺先生的主要学术成就集中收集在《张政烺文史论集》一书中。

韩仲民（1930～1989），山东济南人，笔名晓菌，应人，1930年10月26日生于山东省济南市，1949年前就读于山东省济南师范学校、天津力行工专。1949年2月参加生活·读书·新知三联书店工作，自此一直从事图书宣传、期刊编辑和图书编辑工作达四十年。曾参与规划和组织《知识丛书》的编辑出版工作、主持编辑《鲁迅手稿全集》等大型图书，担任《敦煌古文献》编委、《文

物天地》主编；参加帛书简牍的整理、释文研究工作，并任文化部古文献研究室副主任、编审。曾是中国文物学会常务理事、中国周易研究学会发起人之一、山海关长城研究会理事等。主要著作有：《中国书籍编纂史稿》、《古代中国——五千年的历史与考古》、《帛易说略》等；编有《马克思恩格斯书评集》。

参考文献

1. 梁思成《梁思成全集》，中国建筑工业出版社，2001 年。

2. 梁思成《营造法式注释》（上卷），中国建筑工业出版社，1983 年。

3. 《文物》编辑委员会编《中国考古学三十年》(1949～1979)，文物出版社，1979 年。

4. 林洙《叩开鲁班的大门：中国营造学社史略》，中国建筑工业出版社，1995 年。

5. 刘敦桢主编《中国古代建筑史》，中国建筑工业出版社，1980 年。

6. 吴廷燮等编纂《北京市志稿》，北京燕山出版社，1998 年。

7. 阎文儒《中国考古学史》，广西师范大学出版社，2004 年。

8. 张复合《北京近代建筑史》，清华大学出版社，2004 年。

9. 北京档案馆《北京档案史料》2002 年第三辑，新华出版社，2002 年。

10. 汤用彬、陈声聪、彭一卣编著《旧都文物略》，华文出版社，2003 年。

11. 文物出版社编《文物出版社三十年》，文物出版社，1986 年。

12. 国家文物局编《中华人民共和国文物博物馆事业纪事》(1949～1999)，文物出版社，1999 年。

13. 陈玉堂编著《中国近现代人物名号大辞典》，浙江古籍出版社，1993 年。

14. 文物出版社编《文物》三百五十期总目索引 (1950.1～1985.7)，文物出版社，1985 年。

15. 北京市建筑设计研究院《建筑创作》杂志，机械工业出版社，2005 年。

16. 国家文物局编《国家文物局暨直属单位组织机构沿革及领导人名录》，文物出版社，2002 年。

与时俱进　继往开来

——热烈祝贺中国文物研究所成立七十周年

文＼罗哲文

匆匆七十年，弹指一挥间，与时同俱进，继往再开来。

我国第一个以保护研究，设计维修文物古迹为职责的国家专业机构中国文物研究所，已经走过了七十年光辉而又艰辛的历程。从1935年国民政府的北平旧都文物整理委员会工程实施处，经日本帝国主义的侵占时期到抗战胜利后的北平文物整理委员会，到新中国成立后的北京文物整理委员会、古代建筑修整所、文物博物馆研究所、文物保护科学技术研究所与古文献研究室，直到1990年中国文物研究所的成立。随着历史前进的步伐，名称不断更改，工作内容不断充实，机构不断扩大，人员不断增多，现代科学技术设备不断充实，在国家领导和主管部门的重视下，必将成为我国文物保护的理论研究、科学试验、工程技术、保养维修等文物工作的基础阵地。然而对我们这样一个历史悠久，文物遗存众多的文明古国来说，还是远远不够的，任重而道远。

匆匆七十年，在人类历史的长河中虽然十分短暂，但在研究所的发展史上却是非常的漫长，每岁每年，时时月月都有许许多多的峥嵘岁月可堪回首，许许多多的往事可堪记录，许许多多的劳动成果可堪慰藉，又有许许多多蹉跎岁月、辛酸往事难以忘怀。我作为一个自上个世纪50年代初期就与文整会、古建所……结下了深厚感情和不解之缘，又曾任过第一任所长的老卒，目睹了中国文物研究所成长发展的历程，当此庆祝它七十华诞之际，《中国文物研究所七十年》编纂组嘱我写一篇回忆文章，不禁心潮起伏，思绪万千。可写的事情太多了，从何谈起，只好选择其中与我关系密切，记忆较深，早期的事情重点回忆一下，后期的可能别的同志比我更清楚一些，就从略了。

一、和于倬云、曾权、袁钟山等调查北京寺庙

1950年我从清华大学调到中央文化部文物局任业务秘书，分配到文物处负责古建筑的工作。并担任和文整会的联系工作，文整会主要任务是古建筑的调查研究和维修，当时文整会的工作尚未向全国展开，主要是调查北京的古建筑和修缮城门楼子。修城门楼子会里有工程组赵小彭、祁英涛、李方岚等工程师负责设计施工，陈继宗、律鸿年等监工，我也插不上手，于倬云曾在工程师组，当时未做工程，于是我便和他并联合文献组的曾权、袁钟山调查北京的寺庙。因大的宫殿、坛庙、寺观都已有资料了。曾权、袁

钟山不骑车,我大多和于倬云同志一起骑车遍绕小胡同,特别是南城的小庙跑得最多。因当时北京市还未成立文物组,所以文整会虽属文化部,但主要是在做北京市的古建调查和维修工作。自1952年北京市成立文物组之后,北京的文物调查工作就由他们负责了,文整会随着文物事业的发展就面向了全国。

当时的文整会主要有四个组:工程组、文献组和人事组、总务组。工程组组长赵正之,副组长赵小彭,文献组组长俞同奎兼,俞同奎先生是文整会的秘书,是文整会的实际负责人,并无主任、副主任驻会。

调查北京的寺庙,是郑振铎局长布置的任务,他一贯主张要把文物的家底"彻查"清楚,以便安排工作。他特别强调彻查二字。我记得当时根据文献记载和调查,北京的大小寺庙和古建筑有800多处(只是当时北京城区、关厢、海淀),原想出一本册子的,由于工作量太大未出来。但是在郑振铎局长的指示安排下,出了一本很有价值的《北京文物建筑等级初评表》,按照1949年3月清华大学与中国营造学社合办的中国建筑研究所编发给解放军保护文物的《全国重要建筑文物简目》的形式,根据其价值大小分等分级排列,对后来的文物保护很起作用。特别在书后附了一篇"古建筑保养维修工作须知"的文章,强调日常保养维修工作的重要性和有关知识与方法,对今天来说还有重要的意义。

维修前的西直门城楼、箭楼和瓮城

1950年北京文物整理委员会修整后的西直门城楼、箭楼和瓮城

二、和于倬云等同志赴东北抢救维修山海关等重要古建筑

1952年土改、抗美援朝、三五反运动结束之后,国家开始了大规模的经济建设,文物古

有郑振铎签名的《北京文物建筑等级初评表》

《北京文物建筑等级初评表》所附古建筑保养须知

1953年修缮完工的山海关"天下第一关"城楼

沈阳故宫大清门

建筑的保护维修也向全国推开。各地要求抢救维修古建筑的提案、报告纷至沓来。文整会是当时全国惟一的有专业水平的机构，也就同样把工作推向了全国。当时东北地区还有相对的独特性，人民币还要换东券才能使用，在各方面都要加以关照。东北地区（当时九省），因战争频仍和自然与人为的破坏，许多古建筑都要抢救维修，加上沈阳故宫大清门失火，年初东北人民政府高崇民副主席专门来找了郑振铎局长，要求维修山海关（其时属辽西省）、沈阳故宫大清门、吉林农安塔。鉴于东北地区的特殊情况和古建筑的重要性以及高崇民副主席的面子，郑局长就慨然答应派古建专家并前往帮助，并拨款维修。他亲自布置派我并把这一勘察设计任务交给文整会。俞同奎秘书选派了设计施工的骨干于倬云工程师、陈继宗技师和李良姣、孔德埩两位年青技术人员共同前往，连我在一起组成了一支技术力量强大的队伍。这可能是解放初期文整会派出帮助地方维修古建筑，最早最大的技术力量。我们一行经过了一个多月的时间把这三个重要古建筑的测绘和修复设计工作完成了。使行将倒塌的我国最北的一座辽塔吉林农安塔得到抢救，被烧毁的沈阳故宫大清门得到重生，山海关东门"天下第一关"城楼则是万里长城的第一次维修。这是文整会早期对古建筑维修的重大贡献。

三、举办被称之为古建保护界的"黄埔"一、二、三期培训班

随着国家大规模基本建设的发展，文物保护中的考古发掘和地上文物古建筑的保护任务十分繁重。除了资金之外，更为重要的是专业人才的极端缺乏。因过去既无大专院校的科系，专业部门的人才又非常稀少，于是只能采取应急的措施，从现有在职人员中进行专业培训。首先是开办了考古工作人员训练班，人员较多，课程也正规，在北京大学正式上课。一共办了四期，直到北京大学历史系考古专业有毕业生才停止。这四期考古训练班在新中国的文物保护工作中起到了重大的作用。有的成了著名专家学者，有的成了业务部门负责人或领导。因而在文物界被称之为考古"黄埔"一、二、三、四期。

就在举办考古训练班的同时，郑振铎和王冶秋局长也考虑到古建人才的培训问题，要我来办理此事并将此任务交给了文整会。我和文整会马衡主任（故宫"三反"以后马衡院长调到了文整会当主任）、俞同奎秘书商量以后，都愿全力以赴，工程组、文献组、人事组、总务组都全力配合。大家共同商量了一下，古建培训班不能像考古训练那样，要进行古建实地测绘，才能掌握基本技术，三个月时间太短，要跟着工程实习才行。于是

修复后的吉林农安辽塔

时间定为一年并住在会里的宿舍，因而人数不能太多，班名叫实习班。我原在考古训练班现场辅导古建，在讲完课之后立即投入古建班。立即由文化部发函给几个大区，抽调少数人员来参加学习。我记得东北大区派了杨烈，华北山西最积极，派了周俊贤、酒冠五、李竹君，中南派了平原省的孔祥珍，在北京还选了杨玉柱、李全庆、王汝蕙，文化部推荐了梁超等。工程组的祁英涛、余鸣谦、于倬云、文献组的杜仙洲等都参加讲课，并特请了梁思成先生来作专题讲座。前些日子我还发现了一位学员送给我的当年我讲古建保护的笔记。使我回忆起五十多年前的往事。还有一张第一期古建培训班结业时的老照片，有马衡主任、俞同奎秘书和祁英涛、于倬云、余鸣谦、杜仙洲同志以及全会同仁，王冶秋局长（当时为副局长）也赶来参加了结业合影。还有文物处副处长张珩，以及刚从四川调来的陈明达同志。弹指一挥间五十多年过去了。不仅一些老领导老同志就连学员中已有不少谢世。但是他们为文物古建筑工作所做出的贡献将是永存的。

此后的第二期、第三期，还有第二期之后于1956年招选（未定期）培养的青年同志孟繁兴、贾瑞广、姜怀英等也都成了文物古建界的老专家。

北京文物整理委员会第一期古建训练班毕业典礼师生合影（1953年）
一排左起：杨玉柱、李全庆、何凤兰、李竹君、杨烈、梁超、周俊贤、酒冠伍
二排左起：孔祥祯、王汝蕙、罗哲文、于倬云、王真、余鸣谦、祁英涛、杜仙洲、李良姣

我这里还要重点提一下使我特别难忘第三期培训班，当时正值国务院公布了第一批全国重点文物保护单位之后，要求做"四有"工作，其中档案资料难度较大，主要的一项就是古建筑的测绘工作。因此把这一班的名称定为测绘训练班。这一班的学员较多，基础水平也较高，上课、实习等也较正规。学员之中有曾参加过考古一期培训班的杨宝顺，有从北大考古系毕业以后又做了一段文物工作的吴梦麟等。这期训练班在1964年结业之后的四十多年里，为文物保护单位的"四有"档案制作、古建筑的保护维修设计施工做出了很多的贡献，不少成了文博界的带头人和专家学者，杨焕成任河南省文物局长，张嘉泰任河南省古建研究所所长，吴梦麟创建了北京市古建所并任副所长，为北京的长城调查、文物古迹调查保护方面做出了很多的贡献。第三期古建班的学员们现在大多数已经退下来了，但还有不少的同志仍然在发挥着余热，为祖国的文物古建筑保护做贡献。文整会、古建所在培养文物古建人才方面是功不可没的。

四、和祁英涛同志考察河北古建筑

1952年，"三反五反"运动结束之后，为了掌握一些重点地区的重要古建筑情况，以便安排保护维修工作，郑振铎局长特别邀请大专院校和各方面专家做专项考察如麦积山、炳灵寺等，还特别布置所属单位派人员到重点地区做文物古建筑的考察。河北省是古建筑重要的地区之一，特派我和文整会商量请他们派人共同前往。俞同奎秘书特派了最得力的工程技术专家工程组组长祁英涛和我一同前往，我和祁工岁数相当，在"三反"中也比较融洽，他虽是被审的对象但也能交心。此次在业务上的合作，更是令人高兴。我们持文化部的介绍信，先到河北省政府，那时省政府在保定的直隶总督署衙门内，我们住的招待所条件虽不佳但比下乡好多了。祁工是保定易县人，对保定很熟，他非要请我在街上吃一次小馆饭，不到10000元（合现在1元），味道特好。我们在保定并未作多少停留，主要是去看一些列入《全国重要建筑文物简目》中的重要古建文物在日寇侵占时期和解放战争中保存的情况。河北省文化局特派了里正同志一同前往。经曲阳、赵县、正定、邯郸、定县等地，考察了曲阳北岳庙、赵县赵州桥、永通桥、济美桥、陀罗尼经幢、柏林寺，定县料敌塔、考棚、行宫，邯郸磁县南、北响堂山石窟等等。此次考察我们主要了解到，这些重要文物古建筑均多年失修、残破不堪、急待抢救的情况。如赵县赵州桥残坏倒塌十分严重，如不抢修将有全部塌毁的可能。赵县柏林寺大殿为明代木构建筑，当时被棉花打包厂占用，十分危险。曲阳北岳庙元代大殿内由水利社农场

1953年郑振铎局长邀请有关部门专家考察赵州桥时在赵县县政府前合影
一排左二林是镇、左四县长、左五张珩
二排左一罗哲文
三排左二何福照、左四余鸣谦

所占，把许多水车放在里面而且靠近壁画砌墙，把被称之为吴道子画的鬼的元代壁画毁去一段。全国最大的宋代陀罗尼经幢下面围绕着烧饼铺、花生店等，对经幢危害甚大。磁县南、北响堂山石窟内堆满杂物，无人管理。定县料敌塔光绪年间倒塌的一部分裂缝据群众反映逐年增大。……这些情况反映了这些重要的古建筑、石窟、石刻等文物急待抢救维修和加强管理。我们除了当面向当地政府主管部门提出口头建议之外，回京后立即向文物局领导写了情况和建议。并由祁英涛执笔写了文章在《文物参考资料》上公开发表。

由于赵州桥的特殊重大价值，郑振铎局长特别重视，立即在三个月后组织了清华大学、天津大学的刘致平、卢绳教授和文整会的倾会之力前往专门考察，提出抢救的办法，我和祁工又再次前往。

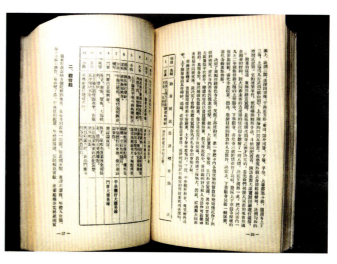

五、和杜仙洲同志考察山西古建筑

8月，我和祁工考察了河北古建筑，并向郑振铎局长报告之后，他立刻要抓古建筑面临的残破情况严重，失于管理的问题。要我和文整会进行实地考查提出对策。此时正好察哈尔省提出要求帮助他们维修大同和朔县的古建筑，我和杜仙洲就带着问题去了。我们对大同上、下华严寺，善化寺，九龙壁，府文庙等进行了普遍考察，先是考察这些建筑群和单体的历史、艺术价值，然后分别仔细考察了解它们残破和保存的情况。再

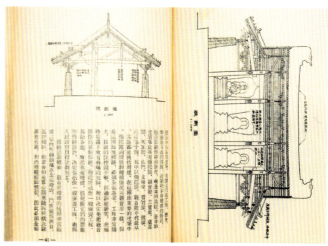

1952年朔县崇福寺观音殿维修方案

到朔县崇福寺，对该寺的建筑群对各门、楼、殿座进行全面的考察，鉴别其历史、艺术和科学价值以及它们现在残坏和保存的情况。根据具体情况，具体分析，然后根据当时的经费和技术力量，确定维修抢救的重点。比如大同的上、下华严寺，虽然价值重要但尚无大危险，善化寺的主要建筑大殿价值极大，也早已支顶，尚无危险，且工程量太大，非目前可能，于是选择了险情重大，工程量不大的金代建筑普贤阁作为修缮重点。对朔县崇福寺也是同样进行了各个建筑的价值大小、残损情况的程度的比较，并根据当时经济与技术能力的可能性，选择了观音殿作为修缮的重点。我和杜工及察哈尔省的张正模同志共同研究，提出了这两个重点修缮项目的初步方案。

此次考察还涉及到两个特大难题，一是应县木塔，二是大同九龙壁。应县木塔工程量太大，资金和人力物力都不是当时能解决的，九龙壁除残损外，还涉及到街道展宽，位置后移的问题，也难列入此次修缮的重点。但我们也提出了考察的情况和修缮的意见。

此次考察的主要收获是向文物局领导报告之后，不仅拨款维修，而且确定了古建筑保护维修所采取的根据其价值大小、残损程度和能力所及而进行的普通保养、重点修缮方针。郑振铎局长亲自抓了此事。决定拟制古建筑修缮的办法（已成初稿未公布），并决定在全国成立文物保管所。后来由我执笔写了一篇文章发表在1953年第3期《文物参考资料》上。

1953年从赵州桥底发掘出之隋代雕龙栏版（左）及雕龙栏干望柱（右）

普贤阁的工程即由杜仙洲同志负责设计并监督工程的实施，是新中国成立之后古建筑早期重点落架修复工程之一，体量虽小，意义重大。

六、和余鸣谦同志参加维修赵州桥

我和祁英涛同志考察了赵州桥的险情，回来向会里和局里汇报之后，引起了郑振铎局长的高度重视，他立即与马衡主任、俞同奎秘书商议，作为文物局的直营工程要文整会作为重点工程来办，由文整会负责到底，我记得最后全部报销单据装了一大箱送到文物局鲁秀芳同志那里。

根据郑振铎局长的指示，文整会派出了祁英涛、余鸣谦、李良姣、孔德埩还有古建一期培训的学员周俊贤、酒冠伍、孔祥珍等大队人马，还邀请了清华大学刘致平和天津大学卢绳等于1952年11月前往赵县勘察研究，并提出了修缮的初步方案。此一方案曾由刘致平执笔发表在1953年3期的《文物参考资料》上。

为了落实维修工程，郑振铎又作了进一步安排，向国务院申请了一笔文物直拨维修专款，此专款一直延续到今天。并于1953年邀请了古建、桥梁、工程方面著名专家梁思成、茅以升、王明之等先生前往审定实施方案。文物局也全力以赴，除了我之外，连当时书画专家文物处副处长张珩也都代表文物局去了（当时文物处无处长）。还特别邀请了刚从美国返回的公路总局桥梁专家何福照工程师一同考察。此次考察做了详细测绘，并发掘出河底隋代的雕龙栏板，并相继准备了施工工作。文整会明确了由余鸣谦同志代表文整会、文物局负责赵州桥的工程，还增加了李全庆来协助他。由于这是文物局的重点工程，我也必须经常去。1954年西南大区撤销，陈滋德调来任文物处处长，他也加入了这一工程。在6年的维修工程中，我和余工经常去赵州，可以说是亲密战友。我和余工、陈滋德处长三人还共同写了一篇关于赵州桥栏板几个维修方案的文章《赵州大石桥石栏的发现及修复的意见》，发表在《文物参考资料》上，广泛征求意见。此文是三人共同商议，余工提供资料、图纸，陈滋德出主意，我执笔写成并摄影，用了余哲德的笔名。

我和余工合作得很好，故事很多。谦让是余工的本色。他爱好二胡京戏，很稳重，少发言，但很中肯。记得有一次我们去赵州，约好在火车站会面，我去晚了，车快开了，我以为他已上车也就上车走了。我在车上却找不到他，殊不知他还在车站等我。后来坐了下一趟车才赶来，我感到十分抱歉，但他很理解，一点不生气，使我很感动。

以上只是我回忆中国文物研究所的前身文整会时对我国文物古建筑做出的贡献的

一小部分。以后的古建所、文博所、科技所、古文献到文研所，可以说的事就太多了，其他同志比我更清楚，不作多赘。但是由于我曾任过中国文物研究所的第一任所长，所以还想在此谈一点希望。

1990年为了加强、整合文物保护研究工作的需要，将国家文物局所属的文物保护科学技术研究所与古文献研究室合并成为中国文物研究所。其时我已年过66岁，按一般规定是不能任职的，张德勤局长找我谈话时说：我们考虑再三，你既是古建专家，你在文物局工作多年，在文物界有较高的声望，你是全国政协委员，可以不退（当时全国政协委员未有年龄、届数的规定）目前还找不到适合的人。我说我在全国政协提案委员会、科技委员会等事情较多，在局里还有许多具体的古建保护维修的事，可能忙不过来。张局长说：不要紧，还有黄景略同志、张羽新同志、黄克忠同志等，说实在的只是想让你过渡几年，将来由黄景略同志来顶替，所以把黄景略同志正式任命为常务副所长。你的编制也暂时不转到所里去。我于是便欣然接受了。

我当时真想要为新成立的中国文物研究所开创一番事业，想为实现郑振铎、王冶秋两位新中国文博事业的奠基开拓者建立文物三大中心——资料中心、科技中心、研究中心的愿望做一点事情。于是我便和黄景略、张羽新、黄克忠三位副所长商议了研究所的机构设置方案，我提出了一院八所一馆的方案：中国文物研究院、八个研究所和档案资料馆。八个所中还包括了一个博物馆的内容，因为历史上曾有过文物博物馆研究所，现在也还没有研究博物馆的国家机构。我当时的设想是300～500人。

可惜我和黄景略同志不久就退了下来，此一设想未能实现。

匆匆又是15年，文物事业又得到了空前的发展。对于我们这个历史悠久，文物众多的文明古国来说，我们应感到骄傲与自豪。中国文物研究所作为文物工作的基础阵地，我们要为之尽到我们的责任。不管是否建院、建所、建馆，希望能不辜负郑振铎、王冶秋等老一代文物工作者的希望，把文物工作的基础三大中心的内容建立起来，为祖国的文物事业做贡献。

我们的先辈为我们打下的基础，非常可贵，我们不但要继承，更重要的还是要发展，因而把拙文命题为：与时俱进，继往开来。

我还要引用二十多年前为中华诗词学会成立时的一首小诗中的两句：

江山代有才人出，继领风骚更向前！

寄希望于现在的领导和同志们。

文章中有错误和不当之处，敬请批评指正。

漫忆文整会

文＼佘鸣谦

文整会是简称，原名北平文物整理委员会。1949年春，北平和平解放，文整会被军管会文化接管委员会接管。中华人民共和国建国之后改名北京文物整理委员会，办公地点从北海团城迁到南河沿大街南口皇堂子。

从文整会到文博研究所到中国文物研究所，办公地点几次更易，不觉已是半个世纪！愿就记忆所及，将解放初期的文整会，做片断的介绍。

一、记会址皇堂子

皇堂子（一般就叫堂子），是一组皇家礼祀建筑，它和太庙不同，是一组带有满族文化特色的礼祀建筑。依资料记载，满清王朝入关以前，在盛京（今天的沈阳）等地早有堂子的设置。堂子的平面布局有其独特之处。

南河沿大街南口的堂子是清代光绪年间自东交民巷移建至此，正好在皇城东南角。堂子基地面积不大，估计有3000多平方米，主要门殿也只有三座：西大门、北大殿（祭神殿）和八角亭，殿亭之间有砖甬路相连。

《顺天府志》有这样的记载：每年年末"内务府官诣坤宁宫请神送往堂子，元旦皇帝亲诣行礼，""正月初二日请神回宫。"也许还有其他活动，但元旦祭神应是重要的一次。

文整会迁到堂子时，职工不多，使用它办公也还合适。分配房屋时，把北大殿分给了工程组。

北大殿（祭神殿）面阔三间周围有廊，黄琉璃瓦歇山式屋顶。梁架大木用材粗壮。工程组迁入时，神台尚存，安排办公桌就按东西各两三排相向排列，好在人数不多。这些人当中，一部分目前文研所同志还知道，如杜仙洲、祁英涛、于倬云（后调故宫博物院），也有些人如陈继宗、金豫震、赵小彭（后来离职，调建工总局）可能大家不认识。工程组长曾由赵正之先生担任了一段，他始终在北大工学院教书，在文整会算兼职。

利用古建筑，在采光、保暖等方面都赶不上现代房屋，绘图、办公必须依靠电灯照明，密棂搭交成的菱花槅扇是进不了多少光线的。每年冬季，要生炉火取暖，也只能用毡条糊上那宽达1~3厘米的窗缝，少进一些冷气而已。

八角亭比大殿小得多，形状特殊无法办公，只可做小组学习场所。解放初期，机关单位的学习，学习党的政策和时事，改造思想是很要紧的事。渐而，文整会成立了工会组织，工会的活动，如文化学习，文化娱乐等也常利用八角亭。

西大门，三开间，黄琉璃瓦悬山式屋顶，台基东西铺设石磲察坡道。头两年只做进出、交通用，大概1952年以后，文整会工作人员忽然增多，不得不将西大门两次间改造成办公室。

皇堂子大院之南另有小院，院内有小屋，主任委员办公室就安排在此处。主任委员马衡是故宫博物院院长，不常来，文整会日常事务均是秘书俞同奎代理。

堂子最南端是小松林，红墙之外便是东长安街。这片松林极为狭窄，想是祭礼习俗的需要。

小院两侧还有些殿屋，进深不大，总务组就在这里办公。

路鉴堂先生（1954年）

二、记老技师路鉴堂

工程组同仁中有两名老技师，一位是刘醒民，另一位是路鉴堂。他们是什么年月吸收到文整会来，我不了解。当时我不过二十多岁，路和刘已是须发半白的老人。

路鉴堂是河北省武强人氏，虽在北京工作多年，仍是一口浓厚的乡音。解放前，他一直在景山材料库管料，不常见面，只是因要制作西安门模型，我们才比较熟悉一些。

1950年冬，北京市西四牌楼丁字街东头的西安门因失火部分残毁，市府决定拆除它以利交通。文整会奉命把这处明、清两代皇城的西大门测绘记录留档，我也参加了这项工作。这一年，路老技师已不在景山管守材料，每天到南河沿堂子上班。我记得他有寒腿症，走路较缓慢。在一次偶然交谈中，大家议论能否依测绘材料把西安门做个模型？老技师主动承担起这项任务。

依惯例，清代北京城的宫殿、庙宇各项工程均由营造厂承揽，而营造厂在施工技

北京文物整理委员会女同事在北京文物整理委员会办公地点皇堂子合影（1954年）

左起：王真、王汝蕙、孔祥珍、何凤兰、李良姣、梁超

古代建筑修整所模型室

制作的古建筑模型

术方面则依靠木作、瓦作……各工种的头目人，路鉴堂正是清末民初成长起来的木工头。在师傅传授下，参加了多次工程实践，学成一套古代殿屋木结构制作安装的成熟方法。

在赵正之老师主持下，西安门局部模型工作开始进行。从备料、找工人（多为小器作工人）到安装都是路老匠师具体指导。他年老多病，不能操作，但指导细致，这座模型制作完成也是对工人徒弟的一次培训过程。

西安门拆除前的测记工作失之简略，测量尺寸不全，对此，老技师常依自己经验解决这些问题。他常说，老殿座各部件之间都有"奎称"。"奎称"可能是方言，是说建筑构件有一定的比例权衡，例如，知道了斗口尺寸，就会推算出瓜拱、万拱、厢拱的尺寸。

他曾对我说："图只是一张图"，至于施工则另有"一套脑筋"。事实确是如此，一座木构殿堂的构件制作、整体组装都有成法，有一套固有的工艺，历来都是师徒传承，不着笔墨。老匠师们都有"一套脑筋"牢记在心，时而用一些便于记忆的"简语"或"歌诀"表达出来。

例如，"大进小出"就是一种简语，路老技师向我解释说，它指的是一种榫卯联接方法，可以用在角檐柱上两个方向小额枋交会处，也可用在一般檐柱上与穿插枋交接处。正确地使用榫卯是保证大木工程质量的一个重要方面。

1952年以后，出差外地任务渐渐增多，我和路老匠师来往越来越少。在他指导下，继西安门之后，文整会、古建所又做了许多古建筑模型，这些模型对古建筑教学、对各类陈列、展览起了重要作用。1956年以后，这时，文整会改称古代建筑修整所，专门成立技术研究小组，把路老匠师口述内容整理成《大木操作程序和规格》文字材料，分期登在《古建筑通讯》上。

往事如云烟，模糊难分辨。

回忆几十年前的活动、谈话和情况往往是不全面、不准确，但也许对机构发展的历史进程有所补充。

解放后，首都城市发展迅速，随着商业性大楼的出现，部分城郊区已非当年风貌。由于东长安街北京饭店的扩建，堂子已被拆除。至于路鉴堂老人病故也近四十年。忆写至此，不免有"人生须臾"的感慨。想到他能在晚年，留下有关古代建筑修复研究的可贵资料，更令人增加了怀念和敬意。

乙酉年夏写于安贞里

一桩值得回忆的往事

文\杜仙洲

　　五台山是中国佛教"圣地"之一，碧山寺俗称"广济茅篷"，位于北台山麓，明清两代重建、重修，规模宏敞，殿宇壮丽，是五台山最大的十方丛林。雷音殿是该寺主要殿堂，因年久失修，屋顶漏雨，椽木朽烂，险象丛生，寺庙僧众屡有重修的呼吁，引起中央和山西省的关注。

　　时值新中国成立初期，毛主席基于团结广大佛教界人士和稳定社会局势的战略高度，做出了维修五台山碧山寺的指示。经会议协商，决定由山西省文教厅组织"五台山寺庙补修委员会"主办此事，修委会成员多为文化、宗教界有关人士。主任崔斗辰，副主任杜仙洲、崔子恒，秘书武荣和，工务股长隆煜和碧山寺住持净如，在修委会统一指挥下，大家分工负责。

　　瓦、木、油、石四作均聘请当地专业工匠来承做，施工程序有严格要求，均按传统规范进行操作，工人师傅质量意识强，劳动热情高，各项工程都保质保量地完成了任务，使我这技术监理人员深受教育，提高了质量意识，加强了责任感，思想上收获很大。全部修缮工程费时将近一年，于1952年胜利完工。最后，以优质工程通过质检，准予验收，受到修委会的称赞。为了纪念此事，52年6月，修委会特制记事牌一块，悬在大殿梁架上，以志盛举，至今仍保留完好，字迹清晰可读，备受游客赞许。

　　六十年前的往事，如在目前，使我深深感悟到，"建筑无言能感人，只有合格的工程，才有合格的工程师。"回忆往事就是一次自我教育，思想上受益颇深。

2005 年 8 月 20 日
述于北京

长匾局部

长匾

在永乐宫揭取壁画的日子里

文\贾瑞广

贾瑞广，1934年3月生，山东掖县人。1954年9月到北京文物整理委员会工程组学习古代建筑并参加古建筑的勘察测绘及维修工程。1959年转到古代建筑修整所石窟组。自1962年先后任研究实习员、助理工程师、工程师和高级工程师。曾任石窟保护研究室副主任、石窟保护设计部副主任等职。1978年获全国科技大会奖（团体）。1983年和1985年曾两次获文化部科技进步三等奖。《近景摄影测量技术在石窟测绘中的应用研究》获建设部科技进步二等奖，1989年获国家科技进步三等奖并列入国家科技成果。

贾瑞广先生近照

永乐宫原址在山西省永济县城西黄河北岸的永乐镇。这里是道教吕洞宾（吕纯阳）的故里。元中统三年（1262年）在原有建筑的基础上又重新建成了一处规模较大的道教寺观。宫内主体建筑有宫门、龙虎殿、三清殿、纯阳殿和重阳殿。除了宫门为清代建筑外，其余四座高大殿宇均为元代遗构。各殿四面墙壁上均绘满彩色壁画。这些保存完整、规模宏伟、气势恢弘、画艺高超、色彩富丽、线条流畅、内容丰富多样的壁画给人以浑厚朴素之感。画面既有可考的年代又留有画师的姓名，画面总面积达1005.68平方米。其中三清殿内画的是《朝元图》，其内容为诸天神朝拜道教始祖元始天尊图像。有290多个天神地祇人物大像。画面高4.26米，全长96.68米。面积达400多平方米，是永乐宫壁画中的精品之作。永乐宫壁画是我国元代寺观壁画中之冠。永乐宫的木构建筑是我国现存元代建筑中保存最完整的一组建筑。1961年国务院公布为全国重点文物保护单位。

20世纪50年代因为修建三门峡水库，永乐宫所在地为淹没区。国家为保护祖国文化遗产，决定将这座元代建筑群和壁画及其宫中的附属建筑全部易地搬迁重新按原样复建。

永乐宫古代建筑的搬迁复建和壁画揭取安装复位任务由我所（古代建筑修整所）负责技术指导。

早在1957年我所彩绘室金荣、陈长龄、王仲杰、吕俊岭、刘世厚、李惠岩等同志前往永乐宫开始临摹古建筑彩画。同时中央美术学院叶浅予、陆鸿年、潘洁滋、黄均先生也带领高年级学生在永乐宫临摹壁画，还有华东美术学院的师生也在临摹壁画。

1958年我所工程组组长祁英涛，带领陈继宗、赵仲华、王德庆、何云祥、王真、崔淑贞、秦秀云，对永乐宫的古建筑开始实测绘图。为争取早日完成迁建任务，同年10月又增加了刚刚由河北省丰润县参加农村劳动锻练归来的梁超、贾瑞广和张智及在校学习的姜怀英紧急支援。大家日夜奋战吃住在工地上。

　　1959年过完春节不久，我所办公室主任黎辉又带领我所大队人马来到永乐宫投入紧张的揭取壁画工作中。这一批人员中有的是初次来而有的则已经是"二进宫、三进宫"了。黎辉是一位延安培养出的领导干部，她身上的延安精神和优良作风时刻鼓舞着大家。她虽患有严重哮喘和心脏病，但第二天她即带领大家由黄河岸边往永乐宫工地运杉杆。年老体弱的女同胞两人一根，青年团员小伙子们每人扛起一根长达5~6米、直径在10~20厘米的大杉杆。运到工地后，还要我们自己亲手搭起脚手架。每个人都在积极投身到为揭取壁画的前期工作中。

　　如何把墙上的珍贵壁画完好的揭取下来？我们没有先例可学。文化部曾邀请捷克斯洛伐克的壁画专家到永乐宫看过，但因两国壁画质地、作法、国情不同，我们难以按照他们的办法实行揭取。因此这项任务就落在我所工程组组长祁英涛的身上。永乐宫当时有个"迁建委员会"，省里的常驻代表是山西省文化局文物处王福处长，芮城县是韩副县长，还有当地县政协委员傅子安先生，祁英涛也是"迁建委员会"的委员之一。整个技术工程由祁英涛负责，他也是壁画揭取的总指挥。早在揭取之前祁英涛带领赵仲华对揭取壁画采用何种材料、配方加固保护做了多次试验。最后取得成功，应用在揭取壁画中。

在永乐宫迁运工程中绘图（1958年12月）

　　祁英涛又带领陈继宗、赵仲华、贾瑞广、杨烈、张智、姜怀英、王仲杰等男同志在工地上亲自动手进行锯解大幅壁画的试验。在试验中，大家集思广益，每人都在实践中提出揭取的办法，并且还亲自设计出多种揭取的工具和改进木框架及如何包装运输等。经过多方努力实践，在工人同志的协同下终于试验成功，最后大家分成几个小组带领几个农民工一起展开揭取壁画工作。男女同志分工负责，根据每个人的身体和工作特长有的参加揭取壁画下墙，有的负责包装运输入库。经过大家的共同努力总结出一定的工作程序，形成一套完整的揭取壁画的技术方法，这是集体智慧的结晶，是在实践劳动中创造出的科学方法。以后逐步推向全国应用。为此，祁英涛还出席了文化部社会主义建设积极分子先进代表大会。

　　1958年正是"大跃进"的年代，在"鼓足干劲，力争上游，多快好省建设社会主义"口号下，提倡领导干部、技术人员和工人实行"三结合"的工作要求。因此所里有些领导干部像黎辉、张思信、赵杰诸同志，他们都亲自到工地和大家一起投入工作。他们有的下厨房，为大家做饭，到农村集市采购粮菜。甚至在我们尚未下班时，就把洗脸水（当时无自来水）给大家倒在洗脸盆里放在院子里，等待工地下班归来的同志洗去满身的泥土。同志间的关系十分密切。古老的永乐宫大院内除了白天繁忙外，夜间也灯火通明。大家都忙于加班完成各自的任务。有的绘图，有的在搞技术革新。有的女同志，怀有身孕已有数月，白天测量完草图晚上还要绘制成图。还有的女同志虽然北

在山西永乐宫我所部分工作同志合影（1959年元旦）
前排左起：贾瑞广、梁超、王真
后排左起：赵仲华、张智

山西芮城永乐宫三清殿元代壁画

京家中小孩还在幼儿园，但为了工作她们牺牲回北京全家团聚欢度春节的时机，而是在工地上度过元旦和春节。我们参加当地农村具有浓厚乡情习俗的春节也别有一番情趣。有时也还要和当地农民一起参加田间拾棉花的劳动，彼此间结下了深厚的情意和友谊。时间虽然已经过去四十多年，但今天老友相会，谈起当年在永乐宫一起工作和生活的日子，大家都记忆犹新，津津乐道，谈笑风生，难以忘怀。这就是文物保护工作的苦中有乐吧！

永乐宫新址选在距旧址20公里的芮城县西北方向的龙泉村附近。这里有山有水，树木苍翠。地形还拟旧址。壁画在揭取试验中，新址已在放线开挖殿座基槽砌筑基础。但遗憾的是我未能参加新址的建设和壁画的复原安装工程，就受命调回北京转入石窟寺的保护工作中。永乐宫全部迁建工程到1965年结束。

1976年9月我终于来到芮城县新迁建成的永乐宫，当我看到17年前被拆卸落架的元代古代建筑构件和被我们锯解下的元代壁画又重新在这里组装复原成功时，心中有一种难以言表之情，好像又回到旧宫。

宫墙内的中轴线上，自前至后依然是宫门、龙虎殿、三清殿、纯阳殿和重阳殿排列着。殿宇顶上的绿色琉璃瓦件在日照下拆射出耀眼的亮光。殿内壁画依然如故地立在墙壁上，静静地接受着观众们的欣赏。宫内前部绿树成荫，而宫内两侧依然是片片竹林，一些附属建筑和碑碣坐落其中。竹林中的修竹迎着秋风时而摇曳着它婀娜的身影似在迎送着前来参观的客人。

在参观交谈中，我问起17年前在迁建工程中的职工们的名字时，得知他们有的农民工已调到太原市在省里工作，他们已是山西省古建筑维修保护的主要力量，这也是王冶秋局长当年的设想。王局长曾要求通过永乐宫的迁建工程，我们要培养出一支技术队伍，局长的这一愿望已经得以实现。

2005年8月13日

保护革命文物建筑延安行

文\张　智

张智,1937年11月生,河北邢台人。中共党员。1956年至古建所参加工作,后调入新组建的石窟组。1973年调至中国盲文出版社,被评聘为高级工程师。参与或主持的科研项目,获国家科技进步奖二等奖,部级科技进步奖一等奖、三等奖。

1959年仲夏,京城郊区麦收时节,中央文化部文物局所属故宫博物院、中国革命博物馆、古代建筑修整所等单位支援夏收的职工,正在东郊某大片麦田里,热火朝天挥汗如雨地进行收割金灿灿的麦子的劳动竞赛。此时一辆吉普车突然停在路边,下来两个人通过负责人点名把我叫了出来,人们也都抬起头来惊异地向这边看。他们说有紧急任务,让我收拾一下行装,速回单位。回到住地农民家,我拿着简单的物品就上了车。以前出差偶然也坐过小轿车,为我派吉普车还真是头一次。一路风驰电掣,时而颠簸时而平缓,路面有时不像现在这样平整。40多分钟后,就回到了位于北京饭店西侧南河沿大街丙25号我的工作单位——古代建筑修整所,时间定格在11时许。我放下行装立即找到业务负责人报到,他严肃地让我准备一下,以最快的速度赶紧到革命圣地延安,支援我所正在那里工作的李竹君、李哲元二位同志,对有关革命建筑进行测绘、记录、拍照,要求回京后绘成正式图纸,交中国革命博物馆。在国庆节前,做出建筑模型在有关大型展览会上展出。接受这一工作任务,当时感到既神圣又光荣,我心中非常激动。是日下午我领了测绘用的仪器、三角架、胶卷和出差有关物品,立即打电话订购了火车票。次日我携带一个较大的箱子和一个三角架坐着三轮车到前门火车站登上了西下的火车。

张智先生近照

在陕西铜川下车后因没有交通工具只好肩扛三角架、手提箱子吃力地在上坡路上艰难地走着,幸好当时仅是20来岁的青年人,身强力壮,但中途还是歇了几次。经过很长时间的徒步行走,终于住进了一个招待所。房间有教室一般大,是一个大通铺上盖着草席,我领了被褥住了下来,夜里住宿的人很少,心中还真有点害怕。第二天一大早又登上开往延安的汽车。在陕北黄土高原低谷称川,高地称原,汽车一路在土路上缓慢地穿山越岭,有时巅得头都能碰车顶。我终于远远看到一座宝塔耸立在一座山顶上时,心情澎湃如潮,啊!我终于来到人们向往的革命圣地延安。想起抗日战争时期,无数爱国青年,怀着一颗追求光明和真理的决心,经过千险万难,冒着生命危险才能到达这座革命圣城,和他们比起来我的这点行程就顺畅多了。远处走来我所李竹君、李哲元二位同志前来接站,地方同志将我们从北京来的中央单位工作人员安排在当地最好的招待所里住。据说以前是招待国际友人和中央重要客人用的。那是一座小楼房,木地板,布局十分讲究。当地配合我们工作的两个同志一位叫田宝英,因我听不太懂他们的陕西话,加上名字谐音特殊,因此这姓名我当时还挺纳闷的，这青年人怎么叫"天保佑"呢？另一位叫苟德林。

张智（左）、李哲元（中）、李竹君（右）在延安考察

我们的住地距县城东门不远，在十多天里曾先后到过中央领导住地枣园、凤凰岭毛主席旧居、中央大礼堂、王家坪八路军总部等地。进城门沿延河左岸小路及不宽的山路行走，约十多里便来到党中央领导人居住和办公的地方枣园，映入眼帘的拱形大门，中间镶着一块上刻"延园"二字的石碑。入内顺小道靠右侧有一个很洁净的院子，一排建于山坡前向阳的白脸窑洞坐落于此，毛主席等领导人的房间依次紧挨着，彼此来往极为方便。洞内宽敞明亮，洞壁上均留有放置照明煤油灯小方洞，就在这简朴的窑洞中毛主席写出了著名的三篇哲学著作《矛盾论》、《实践论》、《改造我们的学习》等。我们精心地勾画出拟测绘的草图后开始进行了手工测绘，对窑洞作了较精细的测量、记录和拍照，很有幸今天我还保存了一张当年现场工作时在毛主席办公室前的照片。沿延河右岸前行，可见到中央大礼堂，它是我党举行有重大历史意义第七次代表大会的殿堂，我们因苦于没有条件搭脚手架，有时在测量高处时，只能借助竹竿挑着皮尺头小心翼翼地操作，我们还是怀着崇敬的心情，想方设法完成了测绘任务。现在我手里还存有一张三个人在大礼堂外的纪念照。据此不远的王家坪是八路军总部，在众多窑洞和排房之外，有一座极具独特风格的砖木混合建筑，其瓦顶四角高高翘起，据说这是总参谋长叶剑英同志自己设计的，其南方民居风格明显。这也难怪，叶帅是广东客家人，对家乡建筑情有独钟。凤凰岭距我们住处较近，在山脚下一个小院，是毛主席初到延安的住处。向阳处有几间窑洞形制相同，前脸为石砌，发券门洞，木门窗用料较好，冬暖夏凉很是宜人。我们还几次特意登上宝塔山，利用清晨或傍晚工作之余，仰望红色革命根据地的象征——延安宝塔。延河右岸有一组古代石刻群，被称为延安万佛洞，石窟内的中心、四壁、顶部均有众多大小不一的佛像。这里曾是延安时代的印刷厂，党的报纸、重要文件和各种书刊就是在如此旷达的石室中印刷成的，之后送发到各个根据地。

紧张的测量工作完成后，回京路上我们沿路踏勘了耀县药王山石窟寺，一天步行90余里，还测绘了黄陵石窟寺，又到轿山参观了华夏始祖黄帝陵，那里古木参天，肃穆凛然。

6月下旬我们回到北京，因时间紧迫，大家日夜加班，将延安主要革命建筑绘制成正式图纸。我记得毛主席住过的窑洞，门上部的窗户是两层，里外图案不一样，我们还特别绘出大样图，另有大批照片，可供制作模型的人员参考。在国庆十周年大庆前夕，在中国革命博物馆举办的大型展览会上，我们见到延安革命建筑模型陈放在显眼的展位上，感到既亲切又自豪。这里面曾有自己辛勤劳动的汗水，也是我们古代建筑修整所完成保护革命文物建筑的一份责任。这件模型至今仍时有展出，每逢看到它，总引起我对40年前那段不平凡经历的回忆。

2005年8月

古代建筑修整所开展应用现代科学技术保护文物的研究

文\纪 思

纪思，1925年3月生，辽宁省海城市人。1948年东北中正大学工学院电机系毕业。历任华北大学工连班队长；中央军委第四届编校员；文化部北京文物整理委员会、古代建筑修整所、文物博物馆研究所人事组长、资料室主任、勘查研究组与化学组组长、所业务秘书；国家出版局印刷研究所情报资料室与标准研究室主任；中国科学技术协会科学普及出版社与中国科学技术出版社主编室、基础学科编辑室主任，编审。

古代建筑修整所下放北京市期间，文化部文物局局长王冶秋同志仍很关心古建所的工作，经多年经历与思考，决意开展应用现代科学技术更为妥善、有效地保护馆藏与出土的各种器物，古建筑与石窟寺等珍稀历史文物与革命文物的科学研究工作。1959年末在一次听取我汇报工作中，谈及此意，并拟由古建所承担这项新任务。我汇报给调来古建所不久的副所长姜佩文，即将这项艰巨、重大的文物工作新任务列入首要日程。文物局副局长王书庄、文物处处长陈滋德经常亲临古建所检查指导工作，率领古建所有关人员寻求、商洽协作进行文物保护技术科学研究。

纪思先生近照

1960年初，王书庄、姜佩文和我拜访中国科学院化学研究所所长柳大纲教授，详细地介绍了文物保存现状及其存在的问题，诚恳地征求协助、协作进行保护文物的化学材料和应用技术研究。洽谈取得了承诺，指定并介绍高分子化学专家林一研究员指导；中国科学院中南化学研究所（所址在武汉，后迁至广州，更名为广州化学研究所）担负这项科学研究。

随后，古建所派我赴武汉中南化学研究所商谈科研协作的项目、项目负责人与研究人员，以及具体工作事宜等。科研项目为甲基丙烯酸甲酯用做石窟裂隙灌浆黏结、表面封护材料；中南化学研究所决定高分子化学专家叶作舟（后任副所长）担任项目负责人，古建所由我负责，两所各指定若干人员担负这一项目的研究助手；实验研究地址分为中南化学研究所、古建所两处，古建所建立化学实验室；科研经费，两所负担。事后立即开展研究工作，叶作舟研究员经常往返于京汉（京广）两地安排、检查研究工作；中南化学研究所还专门派出两名中级研究人员长驻北京培训古建所人员，协助开展研究工作。叶作舟和我出差到大同与洛阳勘查石窟现状及其裂隙分布的具体情况等，赴宁夏青铜峡水坝参观考察裂隙灌浆加固研究工作。1964年这项科研项目取得初步成果，上报文化部与国家科学技术委员会。

1961年初我和姜佩文拜访北京地质学院党委书记周守成同志，详细地介绍了文化遗产石窟寺的历史、艺术价值，现存情况与存在的问题，诚恳地征求协作进行科学研

纪思先生（前排左二）在孔庙大成殿和工作人员合影

河北赵县安济桥保管所视察大石桥修整施工情况（1960年秋）

右一：纪思　　右二：李全庆（工程组）

究解决办法。北京地质学院指定岩石矿物专家苏良赫教授、工程地质水文地质专家王大纯教授、青年教师王玉茹与许以和协作进行科学研究。嗣后，1962年春至1964年夏，我陪同苏良赫、王大纯二教授等人先后勘查研究了大同云冈石窟、敦煌莫高窟、天水麦积山石窟、洛阳龙门石窟与巩县净土寺石窟等，提出了地质勘查报告与防止渗水、风化的初步措施设想。1964年文博所派出科研人员协助、指导龙门石窟保管所对奉先寺卢舍那大佛头部进行高分子化学材料粘接修补与表面封护加固。

1962年春文博所在沙滩所址构建化学实验室多间，购置仪器设备，包括进口耐气候试验机等。实验室分有基础试验、高分子材料与灌浆、金属文物除锈复原、纸张与出土纺织品的提取和保存、竹木漆器脱水保护等试验室。

1962年文化部、文物局与文博所决定将文物保护科学技术研究争取列入国家科学技术委员会主持的十年科学研究规划，我受命起草《文物保护技术十年科学研究规划》，王书庄副局长主持讨论，修改定稿后，1962年秋上报国家科委列入全国十年科学研究规划。文物保护技术科研规划中的项目有：甲基丙烯酸甲酯用于石窟寺裂隙灌浆黏结；岩石与木构建筑文物的封护加固；壁画颜料成分分析；壁画龟裂、起甲的黏结加固；壁画变色的防止；出土竹木漆器的脱水保护；纸张文物与出土纺织品酥碎的防止和加固；出土与馆藏金属文物（铜、铁、金、银等）的防锈和除锈；石窟寺工程地质水文地质勘测研究，渗水、风化与风沙侵蚀的防治；出土文物年代的测定；古遗址、墓葬的探测。

1962年秋，文物局陈滋德处长、文博所姜佩文副所长与我（时任业务秘书）拜访北京师范大学化学系主任胡志彬教授，寻求协作进行有关壁画和出土金属文物保护的各项研究，达成共识与协作。胡志彬主任亲自担负出土金属文物保护研究；另一副教授先从壁画颜料成分分析入手，进行壁画保护研究。两教授各自选定一名高年级学生协助进行科学研究，该二人大学毕业后分配到文博所工作。

1962年秋至1965年秋，教育部分配化学、地质学科大学毕业生徐毓明、黄克忠等九人到文博所工作；文化部调入文物学科波兰毕业留学生王丹华、胡继高二人。在文物局、文博所党政领导下，这些生力军与文博所原有技术人员共同协力，与所外协作科研机构、高等院校、文物单位密切合作开展了创业性的文物保护技术科学研究工作。甲基丙烯酸甲酯用于石窟寺裂隙灌浆黏固项目取得初步成果上报文化部、国家科委之外，先后开展壁画保护、出土金属文物除锈复原、出土竹木漆器脱水加固、纸张文物与出土纺织品的加固提取等项目的研究，以及石窟寺工程地质水文地质的勘查等，写有开展阶段报告、勘查报告十多件。

2005年8月

在国务院图博口工作的回忆

文 \ 姜怀英

姜怀英，生于1936年10月，河北省交河县人。1960年毕业于北京建筑工程学院工业与民用建筑专业。历任中国文物研究所石窟部主任、中国文物研究所副总工程师。

1971年4月，在王冶秋同志的关怀下，国务院图博口紧急把我和陆寿麟、蔡润、胡继高等同志，从湖北咸宁文化部"五七"干校调回北京。回到北京后，王冶秋同志立即接见，安排了我们的工作。记得王冶秋同志在他的办公室里跟我们说：国务院最近接到河南省洛阳市革委会的报告，称当地群众在龙门石窟保护区内开山炸石，严重威胁龙门石窟的安全，必须采取妥善措施，确保龙门石窟的安全。另一件事是1969年在山西侯马晋国遗址发掘清理出15座战国中晚期奴隶殉葬墓出土文物的保护问题，把你们几个人紧急从干校调回北京就是要派你们去处理这两件事，事情急迫，希望你们抓紧时间做好准备，尽快赶赴现场。冶秋同志为了让我们更详细地了解侯马晋国遗址出土文物的情况，当即给夏鼐先生打电话，请他给我们几个人介绍侯马战国墓出土文物的重要意义和面临的保护问题。

1971年"四人帮"肆虐，中国政局混乱，龙门石窟保管所的同志怀着强烈的责任心，对龙门石窟的损坏情况进行了认真调查，将处于危险情况下的雕刻品拍照，报告中央，引起中央领导同志的重视。1971年7月国务院图博口派我和陆寿麟、蔡润三人赶赴河南，参与龙门石窟的抢险加固工作。

1971～1974年是龙门石窟抢险加固的第一期工程阶段，主要任务是对奉先寺9尊露天大佛进行抢险加固，采用化学灌浆和锚杆加固方法排除了石窟围岩崩塌的病害，该项目1978年获全国科学大会成果奖。

为迎接法国蓬皮杜总统到大同云冈石窟参观，1972～1973年国务院图博口又把我和陆寿麟、蔡润调到大同，参与大同云冈石窟的抢险加固工作，该项工作一直延续到1976年。

姜怀英（中）、贾瑞广（右）、吕俊岭在南河沿文整会门前合影（20世纪50年代初）

文物博物馆研究所佟泽泉（前排右一）、李淑其（前排右二）、施子龙（二排左一）、姜怀英（三排右二）参加陕西长安县社会主义教育活动合影（1965年5月1日）

回忆古文献研究室初立的那段日子

文 \ 韩仲民

韩仲民先生在红楼古文献研究室审阅《文物天地》稿件（1988 年 11 月）

我觉得，人生有时就像一只鸟儿，当它在天空遨游了一个圈子，落下来的时候会突然发现，原来这里曾经是它栖息过的枝头。两年以前，1984 年 4 月，我调到古文献研究室工作的时候，就有过这样一种感觉：离开了文物出版社，却又回到竹简帛书整理工作上来了。

……

大批竹简帛书的出土，从历史上来说，也是非常罕见的。……1972 年山东临沂银雀山汉墓出土的竹简，经过两年多时间的清理、保护、编号、照相，并作了初步释文，发现其中有失传近两千年的《孙膑兵法》等古佚书，于是引起了国内外学术界的广泛注意。1974 年 6 月，银雀山汉墓竹简整理小组正式成立。同年 8 月，马王堆三号汉墓出土了大批帛书的消息发表以后，又成立了马王堆汉墓帛书整理小组。在国家文物局王冶秋局长亲自主持下，整理工作就蓬蓬勃勃地开展起来了。整理小组设在文物出版社，具体组织工作由总编办公室承担，先后借调了一大批熟悉古代文字和文献资料的专家和研究人员参加整理工作，借调人员都是由国家文物局出函与有关单位商洽的。对内，笼统地说只有一个整理小组；对外，则因工作的内容陆续增加，有所分工，而有若干不同的名义，如银雀山竹简整理小组、马王堆帛书整理小组等等。具体来说，先是湖北云梦睡虎地秦墓竹简，后来加上甘肃额济纳旗汉代居延遗址破城子和第四隧的木简，新疆吐鲁番阿斯塔那、哈拉和卓出土的十六国到唐代的文书，以及河北定县八角廊汉墓出土的见炭化了的竹简，安徽阜阳双古堆汉墓竹简等等。以后的事就像滚雪球一样，越来越大，一发而不可收拾。到 1978 年 2 月经国务院批准，以整理小组为基础正式成立了古文献研究室。

……

我忘记不了唐兰先生的音容笑貌，特别是他在拼接帛书照片时的情景。不用年轻人帮助，把照片放在靠近膝盖的地方，身子稍向后倾，聚精会神地使用着剪刀。那神情，使我想起了一位年迈的慈祥的老祖母，戴着花镜一针一线地为儿孙缝补衣服。

我同样地忘记不了罗福颐先生那佝偻的身影。当他把厚厚的几大册《临沂汉简注释汇编》手写稿递到我手里的时候，我确实想过，莫不是繁重的工作把他的腰都压弯了。

年轻的马雍先生，在讨论帛书《战国纵横家书》注释稿的会上，和唐兰先生争执得面红耳赤，在学术问题上，他真是初生牛犊不怕虎，敢于和著名的专家抗衡，一点也不畏缩退让。

于豪亮先生是自己写信给王冶秋局长要求参加整理小组的，他那埋头苦干、锲而不舍的精神，给人印象很深。

还有遇事容易激动的孙贯文先生，他离开整理小组以后还给我写过信，说是西山附近有关于孙膑的碑刻，要去亲自查访。后来参加他的追悼会时，我还以没有使他完成这一宿愿而感到遗憾。

最令人难以忘怀的是作为图书编辑部主任的朱天同志，在整理小组成立初期，筚路蓝缕，开辟草莱，付出艰苦的劳动。他心里总是关怀着别人，我手里留存着他的一封信，那是为了中山大学曾宪通要回广州的事写给我的。他因为第二天要去劳动，自称"言不尽意"，说曾宪通借调来京已经一年，不能这样"悄然而去"，他作了一些安排，最后又讲到："请由我们（即出版社）给他买一张去上海的火车票，免得他自己去排队。"在朱天同志逝世以后，一个偶然机会我捡出了这封信，读的时候，以及现在写到这里，我都无法控制自己的感情。

回忆竹简帛书整理小组的工作，这些已经故去的人们，是最值得我们纪念的。

韩仲民先生在"五七"干校留影

参加过整理小组的其他同志，来自五湖四海，现在也不容易再聚集在一起了。随着整理工作项目的开展，人员的情况也有很大变化。有的人时间长，有的人就短些；有的人只从事某一专项，有的人则兼做几个项目。要开列一个完整的组员名单，几乎是不可能的。仅从银雀山竹简和马王堆帛书的整理工作看，除了前面已经提到的几位先生以外，还有著名的古文字学家和古文献方面的专家，如张政烺、商承祚、顾铁符、朱德熙、裘锡圭、李学勤、史树青、杨伯峻等先生，复旦大学的谭其骧先生和张修桂等参加了帛书地图的整理工作，尽管他们没有来红楼办公。各地博物馆都有同志参加，如山东省博物馆的吴九龙，湖南省博物馆的周世荣和傅举有，湖北省博物馆的舒之梅和沙市文化馆的李家浩等，有关单位如军事科学院的田地、李硕之，中医研究院的马继兴、赵璞珊，自然科学史研究室席泽宗，测绘研究所金应春，地图出版社邱富科。此外，还有临摹竹简的傅熹年、缮写录文的周祖谟等先生，以及北京大学的实习学生李均明、骈宇骞等。1975年底，吐鲁番文书整理工作开始了，由武汉大学和新疆博物馆等单位的同志参加，唐长孺先生指导。在这以后不久，胡绳武同志主持整理小组的工作，我转到革命文物编辑部编《鲁迅手稿全集》去了。这是后话不提。

……

在当时，编辑也参加整理小组的工作，最初一共五位：赵希敏、黄逖、靳静、钱碧湘、吴铁梅，朱天同志戏称之为"跟班编辑"，暂时归我领导。我认为这个班跟得好，也很有必要，可以和专家学者打成一片，参与讨论定稿，又能够随时掌握工作要求和进度，再加上出版和印刷的配合，出书自然会快一些，更不必说这对编辑也是个很好的学习和锻炼的机会。可惜的是，整理工作旷日持久，编辑还得兼理其他书稿，不得不逐渐撤离阵地，慢慢地都脱了钩。最后只剩下吴铁梅一个人，作为第一图书编辑部负责联系这方面工作的责任编辑。……

在整理小组中，学术讨论的空气当时也是很浓的。例如帛书《老子》乙本卷前几篇佚书，唐兰先生认为是《汉书·艺文志》中著录的《黄帝四

韩仲民（前排左六）、唐长孺
等学者在北京大学红楼门前与日
本友人池田温（前排左五）合影

经），罗福颐则认为其中一篇是《力牧》。《战国纵横家书》原来没有题名，有人主张定为《苏秦书》，有人提出叫《别本战国策》，还有《战国策书》、《战国事语》等许多名称，争论不休，谁也不能说服谁，最后才定下来用现在的名字。许多问题只能各抒己见，求同存异；不能存异的，则按出版要求办。参加整理工作的同志，释文都要自己做一遍，很少有人利用人家现成的释文。注释，特别是普及本，只用必要的训诂，避免烦琐，这也是为了不至于影响工作进度，具体到每个做注释的人却又不加限制，体例也不强求一致。如《老子》、《周易》有传世的本子，可以作校注；某些佚书无从查对，需要多引证一些其他古书中类似的句子，以便对照参考，探讨其相互之间的关系；再如《战国纵横家书》提供了一些新的史料，注释中有必要简单介绍一下有关的历史背景。这样做可以使得大家能够充分发挥才智。整理工作只就事论事的抛材料，没有一点研究成果是不行的，如果一定要把所有问题都搞清楚再发表，漫无边际，那就会无限期的拖延下去，不能及时出版了。

整理小组的工作还有这样一个特点，即成果是集体的，整个工作中有自己的一份，但又不全是自己的。如果说分工，落实到某一位先生名下，他也不能独树一帜，而拒绝吸收众人的成果。当然，在整理工作之外，个人撰写的学术论文则是另一回事了，但这必须在集体成果发表之后再写。在整理工作中没有人想也不可能垄断出土文献资料，没有人用来图谋私利，当时甚至写了文章也没有稿费。这种学术风气应该说还是值得发扬的。

摘自韩仲民《竹简帛书整理工作散记》
1986 年 5 月

忆初创时期的古文献研究室资料室

文＼王去非

王去非，1931年12月生。1951年9月参加工作，长期从事魏晋南北朝隋唐文物的整理与研究，1984年任文化部古文献研究室副主任，著名古文献专家。

记得王世襄先生很早以前就曾呼吁，应把单位的藏书尽快利用起来，他有一句名言：没有书，怎么研究！

古文献研究室成立较晚，属"文革"以后的新建机构，图书资料方面纯粹是白手起家，没有任何根底。所幸的是当时资料室的同志工作积极主动，博采众议，跑遍全城去搜书，而且持之以恒，至1990年累计藏书约4万余册，居然建成一个小有规模的书库。有些学术书刊还是千方百计从港台或国外购进的。这间资料室有两个特点：一是完全开架，同事们可以随时钻入"书阵"中去浏览，常会有意外发现；二是以古文献、古文字方面的图书居多，很好地配合了科研工作。为了方便大家使用，有些需经常翻检的书，如标点本二十四史、《全上古三代秦汉三国六朝文》、《全唐文》等则备有多部，分给各组长期保存，查找起来十分省时省事。古文献研究室人员虽不多，涉及的研究范围却比较广，几乎每个人都有自己特殊需要的参考书。针对这一状况，资料室拨出部分经费每年分几次鼓励大家自行购书，每逢这时就如同节日一样，职工纷纷奔入中国书店库房，或独自精挑细选，或三五成群相互推荐，各取所需，满载而归。记得有一次我想买一部《册府元龟》，但价格太高，便和世襄先生商量，请把该他买书的经费先一并让给我，下次我再全部让给他，承蒙先生同意，我如愿以偿。现在一些大部头的类书、丛书，几乎都是那时置备的，资料室这一举措无异于雪中送炭，对整个研究室学术研究的开展起了助推的作用。

资料室还是个聚拢"人气"的地方，每天中午，大家利用吃午饭的时间凑在一起，边看报刊边发议论，交流心得，各述见同，既增进了学识，又增进了感情。八十年代前后的古文献资料室的确有它值得怀念的地方。如果说古文献研究室在学术研究上取得一定成果，应该有资料室的一份功劳，资料室同志悉心搜罗整理图书和相关资料，倾力为科研服务的精神，是不该被忘记的。

王去非先生近照

古文献研究室资料室初创时期的工作人员理炎（右）、步晓红（左）（1986年）

回忆中国文物研究所的组建

文\黄景略

黄景略，1930年生，福建惠安人。1956年北京大学历史系考古专业毕业。曾任晋国遗址、齐故城、纪南城发掘队副队长，国家文物局文物处处长、副局长、中国文物研究所常务副所长。

黄景略先生（左二）在发掘现场指导工作

中国文物研究所走过艰辛又辉煌的70年。它从一个地区的工作，发展到全国性的工作；从一个单一的工作发展到多方面综合的工作；从一个技术性的工作发展到技术科研相结合的工作。

工作发展大体经历三个阶段：

第一阶段是从1935年北平旧都文物整理委员会成立开始至1961年。主要是负责实施古建筑保护与修缮工程的设计和施工事宜。1949年以前工作基本上是在北平，1949年以后，除了北京地区以外，工作范围逐渐扩大到山西、河北、甘肃、四川等地。工作内容有古建筑的修缮，石窟寺的支护加固以及勘查、测绘、制定保护整修方案等。

第二阶段是从1962年文化部文物博物馆研究所组建开始至1990年。成立时，王冶秋同志提出要把研究所建设成为国家的文物保护中心、文物研究中心和文物资料中心。保护工作不仅是古建筑的修缮，还增加化学加固，以及馆藏文物的化学保护；研究工作除了对保护本身的研究外，还要扩大研究范围，包括文物本体以及有关保护的基础理论等；资料工作除了原有图书资料外，还要继续收藏文物本身的资料。这里所说的文物资料，原有古建修整所收藏的1949年前的古建筑、石窟寺大量的调查和整修的照片、图书文字记录，还有郑振铎、王冶秋等收购的图书以及全国第一批重点文物单位的资料，这在其他单位是没有的，非常珍贵。应该说王冶秋同志既提出了研究所的方向、方针，还提出了具体的工作内容，在组织机构上成立了相应的研究组。这些设想后因种种原因，未能实现。保存的那些珍贵资料既未整理，也未充实。文物研究更是被人淡漠了。研究所实际上只是一个文物保护中心。

第三阶段是1990年中国文物研究所的成立。中国文物研究所是由文物保护科学技术研究所和古文献研究室合并组建的。在组建之前，有不少同志曾对我们提出批评和建议，我们在实际工作中也有很多体会和教训，概括有以下几点：

1. 文物包括的范围很广，有不可移动文物和可移动文物。不可移动文物有地下的遗址和墓葬，也有地上的古代建筑、石窟寺；可移动文物有历史流传下来的，也有从地下发掘出来的。这些文物有保护问题，还有研究和如何发挥它的作用问题，涉及的问题很多，情况也很复杂。

黄景略先生（中）出席会议

2．1982年《中华人民共和国文物保护法》公布以后，文化部文物局先后制定了一些管理办法和工作规程，扭转了考古发掘工作不报批、不重视质量的局面，培训了一批考古领队人员。古建筑和石窟寺的保护工程，在具体工程中有了要求和质量监管。化学保护加固面加大，技术也有新的创新。这些方面都取得一些成果，在管理工作上也取得一些经验。

3．1978年以后，我国经济建设开始迅速发展，文物保护与经济建设的矛盾日趋尖锐。虽经几次的文物普查工作，但数量、分布还不清楚，经济建设中常常碰到一些我们不知道的或对其价值不甚了解的文物点。考古发掘质量不高的现象仍然存在。在如何贯彻"两重两利"方针上，认识上不清，工作上把握不准。

4．大量的古建筑和石窟寺需要维修加固任务很大，维修的原则和规范大家认识还不一致。文物化学加固人才少，工作面还不够广。

5．缺乏基础理论的支撑。对于遗址和墓葬，在配合经济建设进行考古发掘时，怎样才算是贯彻"两重两利"，保护什么？什么是重点？如何才能发挥它的作用？夏鼐、苏秉琦先生提出的中国文明的起源和考古学的区系类型、考古学理论以及对外开放合作等，在管理工作中如何把握这些问题，目标和要求还不是很明确，甚至有不同的看法。如古建筑的维修，梁思成先生提出的"修旧如旧"、"建筑是文化的记录"，还说历代重修古建，均以本时代手法，擅长其形式内容不为古文物原来面貌着想。寺观均在名义上保留其创始时代，其中殿宇实物，则多任意改观，原因是这些无名匠师，对前人建筑的工程艺术的价值、作用、手法的演变等缺乏敏锐的区别是不自觉的师承的结果。"修旧如旧"方针的理论支撑以及如何在实践中贯彻，理解上也有分歧。又如化学保护，情况非常复杂，对于已有的成果，对不同地区、不同时代、不同质地的文物，如何应用的问题；还有不少文物的保护尚未开展，应该怎么进行？新材料、新技术我们如何应用？怎么创新？又如文物资料，过去已收藏的如何整理？如何发挥它的作用？还有哪些资料需要继续收集？

上述这些问题，既是科学研究的需要，也是管理工作的需要。重要的是对文物本身的价值和保护的意义要有深刻的认识。当时大家深感，要做好文物工作，既要有一定的实际工作经验，更重要的是决策要科学化，要有理论的依据。不能简单地就事论事，仅仅止于技术止于事务，要做研究。只有文物部门有自己的机构，与人才配备，同时与有关部门相互协作，工作才能做好。

因此当中国文物研究所组建时，提及王冶秋同志提出的三个中心，多数同志认为这个提法实属卓见，应作为中国文物研究所工作的基础和指导方向，从而确定了它是国家文物局直属的科学研究的事业单位，不仅在学术上要有成就，还要能为文物管理工作提供依据。

当时的情况，两个单位的合并组成，确有中国文物报社迁京的需要，也有文、理、工混合在一起，似乎有点不伦不类的现象。但当时合并成所的意见和认识虽显粗浅，但随着事业的发展，文、理、工多科合作的中国文物研究所越来越显示出其旺盛的生命力。

中国文物研究所的历史及馆藏图书资料

杜仙洲、佟泽泉讲述

侯石柱、杨琳采访记录

中国文物研究所有近70年的历史，藏有各种图书古籍近35万册；还藏有各种金石拓片、历史照片、古建筑图纸、古建筑模型等约20余万张（份、座），内涵极其丰富，素有"立体图书馆"之称。为了搞清这些珍贵资料的流传经过，文物资料信息中心侯石柱、杨琳走访了中国文物研究所老一辈专家杜仙洲（以下简称：杜）、佟泽泉（以下简称：佟）先生。

一、中国文物研究所的前身

天坛成贞门维修工程（1936年）

五塔寺维修工程（1936年）

问：您二位要算是文研所目前最老的同志了，对文研所的历史，特别是原北平市文物整理委员会（以下简称"文整会"）以及馆藏图书资料情况都比较了解，我们想请您谈一谈这方面的情况。

杜：文整会的任务是修庙。1933年，北平市政府工务局成立了文物整理实施事务处。1934年南京政府在北平市工务局文物整理实施事务处的基础上成立了文物整理委员会，经费由南京政府给拨。第一项任务是十三陵长陵的修缮工程。该工程于民国二十四年即1935年完工。不久文整会在北平又开始了"九大"维修工程：内城东南角楼、玉泉山玉峰塔、香山罗汉堂、西直门外五塔寺、中南海紫光阁、天坛皇穹宇、天坛祈年殿、国子监辟雍和白塔寺。这"九大"工程一直干到1937年"七·七"事变。抗战爆发后，工程没干完就结束了。

1931年"九·一八"事变后，东北沦陷。华北局势也紧张起来。日本人要求国民党政府撤出北平的军队，国民党政府不同意。因此华北开始实行"特别化"，北平被称为"特别市"，市长袁良。另外，蒋介石搞"新生活运动"，也是在那几年。"新生活运动"内容之一是选择一个文物多的城市修文物。于是选择了北平，派黄郛到北平，与北平市政府共同修缮文物。黄当时的职务是中华民国国民政府行政院驻北平政务整理委员会委员长，兼内政部部长。所以文整会当时是南京政府和北平市双重领导。至于文整会的成立年代应该从1933年北平市政府成立文物整理实施事务处时算起。

问：佟先生，您是原北平市文整会的老人，负责文书档案工作，对解放前文整会的历史一定比较清楚。我们想请您谈谈这方面的情况。

佟：1937年"七·七"事变以前，文整会叫"旧都文物整理实施事务处"，这是从案卷里查出来的。处长由当时的北平市市长袁良兼任，实际负责人是谭炳训。谭还是北平工务局局长。"七·七"事变后，谭炳训走了。到了1940年，日伪时期，成立了建设总署，下设几个局，其中一个局是都市局，局长是林是镇。都市局下设两个科：城市规划科和营造科。1940年成立都市局时我在都市局工作。都市局营造科的基础是旧都文物整理实施事务处。

当时营造科负责设计、预算和投标。施工范围主要是古建，重点是故宫、天坛、景山、颐和园等重要建筑。因为维修这些建筑的工程都太大，又没有足够的钱，所以只能小修。经费是由华北行政委员会拨给。

抗战胜利后，谭炳训回来了，接管了建设总署

马衡先生（20世纪20年代）

胡适先生

都市局。都市局下设两个工程处：西郊工程处和文物整理工程处。当时我在文物整理工程处。文物整理工程处处长是裘香华；实际负责人则是卢实。卢实在都市局时是一个工程师。

杜：1945年抗战胜利。1946年，南京政府恢复了北平市文整会，全称：行政院北平文物整理委员会。办公地点在北海团城。当时主任是朱启钤。后来朱说他老了，于是推荐故宫博物院院长马衡当主任。委员有梁思成、胡适、马衡、朱启钤、张继（国民党元老）、熊斌（北平市市长）、杭列武（教育部副部长）、袁同礼（北平图书馆馆长）和李书华（北平研究院院长）等。

佟：文整会下设工程处，由委员兼秘书负责。文物修缮工程计划、审查由委员会负责，设计施工由工程处负责。这个格局一直延续到1949年新中国成立。

二、关于营造学社

问：过去常听老同志讲到营造学社，我们整理图书资料时，也发现许多与营造学社有关的藏书和古建设计等，还发现一幅朱启钤先生在20年代末营造学社成立时写的对联。营造学社和文整会是否有密切关系？

杜：营造学社于1929年筹建，1931年正式成立。为什么成立营造学社？这里还有一个故事：1929年，朱启钤（后来营造学社社长）代表北洋总统徐世昌到法国接受一个什么奖。回国后在南京待了几天，偶然在一个图书馆里看到一部珍贵书稿——《营造法式》。书的作者是宋朝人李诫。这是一部专门介绍中国古代建筑的书。书中许多名词出自工匠之口。读书人不懂工匠的术语，所以读不懂。为了读懂这部书，朱启钤请来工匠师傅一起读，发现这是一门专门的学问。于是促使朱启钤创建了营造学社。

营造学社是私人学术团体。最初的工资都是朱启钤本人发给。朱启钤在袁世凯时期做过大官，钱很多，据说有14万块大洋。袁世凯倒台后，朱启钤躲到天津

梁思成、刘敦桢丈量正觉寺五塔（1936 年）

梁思成先生

还蔫了几年。徐世昌当政时又把他拉上台，让他做内务总长、交通总长等。后来，朱启钤又利用自己的影响推举胡适做"庚子赔款委员会"主任。营造学社许多经费受到该委员会的资助。

1931 年梁思成到营造学社。梁思成原来是东北大学建筑系主任，"九·一八"事变后，日本人占领了东北，他便来到北平。1932年，刘敦桢也到营造学社。（据说：梁思成任法式部主任，刘敦桢任文献部主任）

1937 年，"七·七"事变后，北平被日本人占领，营造学社内迁西南。1946 年营造学社经费紧张，无力支撑下去，只好解散。于是梁思成带着一些营造学社的人到清华大学，创建了营建系，刘敦桢则到了南京。

三、北京内外城寺庙调查资料

问：前不久北京市西城区利用媒体向社会广泛征集有关历代帝王庙的历史资料，收效甚微。我们知道以后，从所里找出历代帝王庙二三十年代的一批照片、图纸和拓片，救了西城区的急。除了历代帝王庙，所里还保存了一批那个时代的北京寺庙调查资料，大约300处。这些资料包括照片、拓片、平面图等，十分完整，十分珍贵。现在，这些寺庙很多已经不复存在了，有些寺庙也不是原来的样子了，就更显得珍贵了。

杜：是的。关于这批资料的来源还得从50年前说起。那是1950年的事，有一天，文整会秘书俞同奎找我说："老北平研究院有一批北平城内的寺庙调查资料，共503处，你去看看。"于是，我就去了，和我一起去整理资料的还有当时北京市建委主任赵迅以及北平研究院的巴德夫、许道令等人。大家连看带整一干就是半年。这些资料后来都放在牛皮纸袋里，每个寺庙一个袋子，有照片、拓片、文字说明。这些资料都是老北平研究院在20年代至30年代调查后留下的，很重要。记得当年做这项工作的有常惠，还有一个人姓刘，照相的姓侯。常惠和鲁迅很熟，是一位老先生。在交接这些资料时北平研究院的老同志说："这些资料放在我们这里没用，你们是搞古建的，放在你们那里兴许还有用。"我说："可以，我们先代你们保管。"当时是打了收条的，有手续。1960年前后，原北平研究院的许道令拿着当年的收条来找了，说要这批资料。我说："我批资料是北平研究院的，我们是替你们保管的。"于是，他把那批资料的一部分，也就是主要寺庙的资料都拿走了。我记得雍和宫等资料都拿走了。"文革"期间，许道令拿走的那部分寺庙资料连同他的藏书被红卫兵抄家，送到废品公司做纸浆了。这件事情经过我是1980年才知道的。

四、"三家分晋"——营造学社图书资料的来历

问：在整理图书时，发现一本《北京市文物整理委员会代管北京营造学社图书登记簿》的小册子，油印本，共登记了590种书籍杂志，估计1万册以上，大都是古建筑方面的图书资料。关于营造学社的这部分图书资料的情况，想请您

谈一谈。

杜：解放后，开始讨论营造学社财产如何分配。当时参加讨论的有三家共3人：清华大学罗哲文；北京市都市规划委员会一人，名字忘了；文整会是我本人。讨论结果，照相仪器、绘图仪器、照片等归清华，家具归北京市都市规划委员会，图书资料归文整会。当时大家戏称"三家分晋"。

五、橡皮纸图纸——精美的艺术品

问：所里保存一批橡皮纸图纸，开本很大，155×110（厘米）规格，画的主要是北京中轴线上的古建筑。平、立、剖面图都有，有的重要建筑还配有彩图。大家说，这哪是工程图呀！简直是艺术品！奇怪的是，这些图均没有制图单位和绘图人姓名，只有绘图年月，时间是民国三十年至三十三年之间。

中国文物研究所所藏北京内城寺庙档案

杜：所里那批橡皮图纸是当时北京市基泰公司张镈等人画的。基泰公司是一家著名的建筑设计公司，许多重要的建筑都是他们设计的。张镈是有名的建筑专家。

佟：画那些图的是基泰公司的张镈，也叫张叔农，带着一批北大、清华的学生画的。基泰公司的地址是王府井北头的一幢旧楼。当时建设总署都市局下设的营造科，主要任务是负责古建设计、预算、招投标等。基泰公司中标后画了这些图。因为所有权是都市局营建科，所以基泰公司没有署名。

杜：画这批图还有一个故事：营造学社朱启钤精通中国历史。他认为，每60年即一个甲子，都市遭一次大劫。如果北平城遭大劫后怎么办？北平具有代表性的建筑在中轴线上最好能有一套北平中轴线上的古建图。万一遭大劫还能复原。

杜：还有一件事得说一说。1996年，我去台湾访问，当时还有罗哲文、余鸣谦等人。我们住在一家酒店里。一天，台北大学美术馆馆长陈同宁来我们住处，一定要我们去他们的美术馆看一批彩画。我们去了一看：这不是我们文整会的那批东西吗？除彩画外还有图纸等。

后来据余鸣谦回忆，解放前（大概是1948年"淮海战役"前）的一次"双十节"，文整会的一批彩画、图纸等东西拿到外面去展览。后来淮海战役打起来了，这批彩画、图纸等就再没拿回来。我们估计这批东西可能就是当年展览后留在台湾的。

后来美术馆张馆长认真地说："我们会很好地保管这批东西，一张也不能损坏，有朝一日，会还给你们的。"

佟：拿出去展览，是有这回事。那是1948年的事，展览到过台北，是余鸣谦、单少康带着文整会的一批东西去的。后来打起仗来，东西就留在台湾了。

六、建研院的一批图书资料

问：听说"文革"前建研院有一批图书资料也在所里。

杜：1965年，"文革"还没开始。实际"文革"风已经刮起来了。建设部下属建设研究院挨批了，批的内容大概是："建研院尽搞些小桥流水，亭台楼阁，为少数才子佳人服务，不为广大工农兵服务。"因为来头大，批得狠，所以建设部把建研院解散了。建研院有一批图书资料，没地方处理，最后给了我们所。此

俄国画家毕古列维赤描绘北京古建筑的油画

事是王冶秋局长同意的，还给了建研院一些钱，实际是买下了这批图书资料。

七、全国独一无二的古建筑模型及模型图纸

问：所里现存一批古建模型，约30多件，有河北独乐寺、北京西安门、山西南禅寺、佛光寺和应县木塔等。做工十分讲究，包括斗栱等所有构件都是按照10∶1的比例做成后拼对起来的，全部为楠木材料。据说，这模型无论从质量上，还是从数量上，在全国都是独一无二的。因为有了这批模型，中国文物研究所图书资料中心，才有"立体图书馆"之称。

佟：我知道这批模型的情况。新中国成立后，文化部文物局成立，办公地点设在北海团城。原来我所的办公地点也在团城。于是我们所就从团城搬出来，到南河沿办公。当时所里有五六个小器作师傅，其中一个叫井庆升。那批模型就是在南河沿做的，做了好几年。

杜：小器作师傅有：井庆升、刘敏、白明仁、李春长、朱鸣泉、路鉴堂。

问：最近，我们整理图纸时发现一大批古建筑模型蓝图。其中有山西五台山南禅寺、佛光寺和应县木塔的图，还有四川、云南的一些古建筑模型图，但未发现北京西安门、河北独乐寺的图。这些图都是晒蓝图纸，绘制年代大约是20世纪40年代初，署名是国立中央博物馆古建模型图，建筑史料编纂委员会，其中个别图纸的制图人署名是陈明达。陈明达是老营造学社的人，师从刘敦桢、梁思成，20世纪30年代在山西搞过古建筑调查。1937年"七·七"事变后，他随营造学社内迁云南、四川，这些古建筑模型图纸可能是他在云南、四川时绘的。

杜：那批图纸是顶尖图纸。当时正值抗战时期，中央博物院南迁。中央博物院即现在的南京博物院。是国家拨款，让营造学社画了一批图，全部交中央博物院。解放后，我们做模型，到南京博物院要底图，人家不给，只好晒蓝图。北京西安门等模型是照我们所自己的图做的，而不是以这批蓝图为依据。

现在翻看这批图纸，足以体会到陈先生当年的心血。仅应县木塔就有数张之多，20∶1的比例，塔的每层都有图，十分精确、精细。

八、郑振铎、王冶秋等老一辈领导与地方志

我所存有一大批线装古籍，约20万册。其中约5万册为各省地方志，尤为珍贵。据老同志讲，解放初期，文物局郑振铎、王冶秋等老领导，每逢节假日，都上旧书市收购地方志。有时书市小贩把一车车旧书推到文物局，让郑振铎、王冶秋一一过目，有用的留下，没用的推走。前几年，国家文物局编了一本《郑振铎文集》，收录一份文化部档案室藏的郑振铎文稿，题目是"为收购北京旧书肆所有各省地方志致文化部的报告"。此报告开头写道："我国各省方志，有关国家国防及资源，万不能任其流通市上，致为各帝国主义者们所购得，必须一面禁止出口，一面收尽流通市上的方志，以防各国外交使节的收购。"

敦煌第 431 窟木窟模型

郑振铎收购地方志书的报告

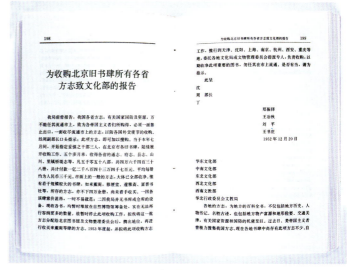

报告中还写道："当于本年七月间，开始指定妥慎之干部三人，在北京市各旧书肆，陆续展开收购工作。五个多月来，收得各省的通志、府志、县志、山川、里镇桥堤志等，凡五千零五十八部，共四万六千四百三十八册，共计付款一亿二千八百四十三万四千七百元。平均每册约为人民币三千元。市面上的一般的方志，大体已全部收净。惟有若干规模较大的书肆，如来薰阁、修绠堂、邃雅斋、富晋书社等，所存的方志，亦不下四万余册，尚未着手收购。一因各书肆索价甚昂，一时不易就范；二因我局并无书库或仓库的设备，现收各书，均暂时堆放在自然博物馆筹备处，实在无法再行容纳更多的数量。故暂时停止此项收购工作，拟俟将这一批方志分配给北京图书馆及文物整理委员会后，腾出位置，再进行收购来薰阁等肆的方志。"报告签名是：郑振铎、王冶秋、刘平、王书庄。时间是1952年12月20日。

九、王冶秋施巧计保住了文研所的全部图书资料

杜：王冶秋是个好领导。60年代，他年富力强，经常骑个自行车，很容易接近。他有政治头脑，也能办事。"文革"一开始，红卫兵造反，我们所的很多书被扔到了红楼地下室。有时，外地人来红楼，也随便翻看这些书，致使一些书受到破坏。真让人痛心，可就是没办法。

王冶秋脑子灵，他说："这批书哪些是鲜花，哪些是毒草，我们分不清楚，还是先把它封存起来等以后请人看了再说吧。现在谁也别看，免得中毒。"就这样，把所有的书库都封存了，保住了这批图书资料。

还有一件事，也该感谢王冶秋同志。"文革"开始，承德外八庙受到冲击，当时承德市文物局彭局长打长途电话请示国家文物局。接电话的是局办公室的人，说："这件事太大了，还是直接请示王冶秋局长。于是彭局长直接打电话给王冶秋局长。王在电话里给出了个点子：请承德军分区盖上大印把外八庙全封了，因为当时只有解放军的印才顶用。彭局长立即照办。这一招真灵，再没有人冲进外八庙了，使这里的文物得到保护。事隔多时，"文革"结束后的一年，我见到当年承德文物局彭局长说："你在文革中保住了这么多文物，真是有功之臣。"彭说："这不是我的功劳，是王冶秋老局长施的巧计。应该感谢我们的老局长。"

我们之所以作这篇谈话记录，是想让七十年来老一辈文物专家费尽心血收集来的，并且历经风雨保存到现在的这些珍贵图书资料，能够广泛地被社会所认识，充分发挥其在文物工作中的作用。

中国文物研究所七十年
大 事 记

1928 年

3 月　中央古物保管委员会在南京成立。

1930 年

3 月　朱启钤创办中国营造学社。

1933 年

6 月　袁良出任北平市政府市长，锐意革新，力图整顿，积极建设，首倡《北平游览区建设计划》、《北平市沟渠建设计划》、《北平河道整理计划》诸计划。

1934 年

11 月　北平市政府开始着手制定北平市文物整理计划，并呈请国民政府行政院驻平政务整理委员会核示批准。

12 月　《旧都文物整理委员会组织规程》颁布。

一、初立：旧都文物整理委员会与
北平文物整理委员会时期
（1935～1948）

1935 年

1 月 11 日　旧都文物整理委员会在北平正式成立，隶属于国民政府行政院驻平政务整理委员会。

1 月 15 日　旧都文物整理委员会通知北平市政府，决议将整理修缮北平文物古迹事宜委托北平市政府负责具体实施。

1 月 16 日　北平市政府为全面执行旧都文物整理委员会委托的北平文物整理事宜，设置成立北平市文物整理实施事务处。

2 月　修缮北平城内各牌楼（正阳门五牌楼、东西长安牌楼、金鳌玉蝀牌楼、东四牌楼、西四牌楼、东西交民巷牌楼）、西安门、地安门工程。

4 月　修缮古物陈列所协和门、朝房工程。

5 月　修缮明长陵工程。

9 月　修缮天宁寺。

12 月　旧都文物整理委员会及其北平市文物整理实施事务处改隶国民政府行政院直属。

1936 年

3 月　"北平市文物整理实施事务处"更名为"旧都文物整理实施事务处"。

4 月　修缮五塔寺、中南海紫光阁和钟楼。

5 月　旧都文物整理实施事务处正式成立。

12 月　修缮碧云寺罗汉堂。

注：1935 年 5 月至 1936 年 10 月，旧都文物整理委员会实施第一期文物整理工程，此间共修缮整理北平重要古建筑计有明长陵、内外城垣、城内各牌楼（正阳门五牌楼、东西长安牌楼、金鳌玉蝀牌楼、东四牌楼、西四牌楼、东西交民巷牌楼等）、东南角楼、西安门、地安门、钟楼、天宁寺、天坛（圜丘、皇穹宇、祈年殿及殿基台面、祈年门、祈年殿配殿及围墙、祈年殿南砖门及成贞门、皇乾殿、北坛门及西天门、外坛西墙）、国子监辟雍、玉泉山玉峰塔、西直门外五塔寺、妙应寺白塔、中南海紫光阁等。

1937 年

5 月　修缮古物陈列所南薰殿等处。

修缮碧云寺孙中山衣冠冢。

修缮碧云寺罗汉堂、孔庙大成殿。

7 月　修缮碧云寺中路佛殿。

1938 年

4 月　旧都文物整理实施事务处的工作基本宣告结束，工程移交伪临时政府行政委员会及其后的伪华北政务委员会属下的建设总署(嗣改称工务总署)。

7 月　修建府前街 1 号大楼工程。

1939 年

5 月　故宫雨花阁内外保护工程。

6 月　大高殿南牌楼油饰彩画工程。

1940 年

6 月　修缮庆王府工程。

7 月　修缮故宫庆寿堂工程。

8月　紫禁城城面填坑、城墙拔树及修补午门城墙工程。

11月　修缮故宫庆寿堂西南院黄琉璃瓦房三间及海墁工程。

1941年

1月　修缮故宫隆宗门及景运门工程。

1942年

8月　修缮陟山门牌楼工程。

9月　修缮故宫博物院瓦顶工程。

12月　修缮大高殿习礼亭北面木栅栏工程。

1943年

9月　修缮大高殿前东西牌楼油饰彩画工程。

1944年

4月　修缮古物陈列所赃罚库工程。

5月　修缮雍和宫、西三座门及围墙工程。

6月　修缮嵩祝寺后围墙工程。

修缮北海阅古楼工程。

改筑中南海蜈蚣桥桥墩工程。

7月　修缮雍和宫绥城楼围墙工程。

8月　修缮雍和宫西下穿堂库房工程。

装修北海阅古楼工程。

修缮天坛外坛墙工程。

9月　修缮妙应寺山门工程。

修缮北京国父衣冠冢工程。

10月　重建极乐寺雨花轩工程。

12月　修缮玉泉山裂帛湖木桥工程。

1941年6月至1944年末，伪建设总署北平都市计划局曾委托基泰工程司，由张镈主持对北平中轴线及其外围古建筑进行系统测绘。

1945年

5月　修复景山料库北面围墙工程。

6月　修缮中南海东大墙及房屋工程。

修缮故宫午门前左右阙门内地面工程。

修缮天坛祈年殿西庑及祭器库工程。

7月　修缮中南海居仁堂工程。

9月　抗日战争胜利，北平光复。

10月10日　国民党北平市政府接收日伪工务局及工务总署，重新组建北平市工务局，北平文物整理工程移交北平市工务局属下设立文物整理工程处。

12月　修缮园艺试验场工程。

1946年

1月1日　行政院北平文物整理委员会正式恢复成立。

1月28日　北平文物整理委员会正式接管北平市政府工务局"文物整理工程处"，原机构人事照旧，办公地址移至北海团城。

3月　修缮碧云寺钟鼓楼工程。

保养静宜园宫门瓦顶工程。

5月　修缮颐和园围墙工程。

修缮天安门工程。

修缮玉泉山围墙工程。

改修颐和园寄澜堂码头及石丈亭工程。

修缮智化寺天王殿工程。

6月　修缮北海古柯庭和五龙亭工程。

修缮天安门前石桥工程。

修缮永定门城楼及箭楼工程。

7月　修缮中南海万善殿东围墙工程。

修缮颐和园围墙工程。

重建颐和园云辉玉宇牌楼工程。

修缮景山后围墙工程。

补砌东筒子河石泊岸工程。

8月　修缮北海大西天四角亭工程。

修缮东西长安街牌楼工程。

保养天坛瓦顶工程。

天安门内部分拔除草树工程。

改修颐和园知春亭木桥工程。

修缮中南海紫光阁工程。

修缮中国工程师学会北平分会工程。

9月　保养孔庙、国子监和北海小西天工程。

修缮中南海怀仁堂工程。

保养太庙瓦顶工程。

修缮正阳门箭楼城墙工程。

修缮午门墩台排水及堞墙工程。

故宫中路瓦顶拔草勾抹工程。

10月　修缮永定门墩台工程。

修缮北海万佛楼工程。

修缮保养故宫东路北五所工程。

修缮天安门值房及皇城工程。

修缮智化寺钟鼓楼工程。

端门墩台排水工程工程。

修缮天坛外坛围墙工程。

11月　修缮颐和园排云殿及长廊工程。

修缮古物陈列所三大殿及武英殿工程。

修缮碧云寺山门、弥勒殿、释迦牟尼殿、八角亭工程。

修缮五大士殿、中山纪念堂工程。

修缮故宫穹宝殿工程。

修缮北海静心斋工程。

保养各城楼工程。

修缮古物陈列所东西朝房工程。

12月　北海静心斋卫生工程。

修缮东西三座门工程。

修缮永定门瓮城及东部城垣工程。

1947年

1月　粉刷中南海勤政殿大厅工程。

修缮历史博物馆东阙门工程。

2月 修缮正阳门箭楼工程。

3月 修缮天坛围墙工程。

修缮保养古物陈列所三大殿及武英殿工程。

剪修天安门内外树木工程。

故宫外西路慈宁宫配接角梁工程。

4月 修缮北海万佛楼工程。

5月 保养故宫乐寿堂工程。

保养北海团城工程。

修缮碧云寺工程。

6月 保养北海前三座门工程。

7月 保养粉饰北海团城对面南大墙工程。

8月 修缮静宜园见心斋工程。

11月 修缮颐和园悦春园工程。

修缮朝阳门箭楼工程。

油饰彩画颐和园云辉玉宇牌楼及荇桥工程。

修缮故宫午门钟楼工程。

修缮故宫太和殿东朝房工程。

修缮北海宝积楼工程。

修缮智化寺山门及钟鼓楼工程。

修缮故宫颐和轩工程。

保养故宫中路配殿工程。

保养北海快雪堂工程。

12月 保养孔庙、雍和宫工程。

搬移兰亭八柱工程。

保养帝王庙、妙应寺工程。

修缮天安门中洞左扇大门工程。

修缮故宫东路颐和轩等瓦顶天沟工程。

修缮中南海勤政殿大厅铅铁顶工程。

1948 年

3月 保养中山公园屋顶工程。

玉泉山疗养院在庭院南角开一便门工程。

修缮故宫慈宁宫工程。

铁影壁移建工程。

修补天安门内西华表石栏工程。

4月 修缮朝阳门箭楼工程。

保养故宫中路配殿工程。

5月 保养北海蚕坛工程。

修缮北海阐福寺天王殿工程。

修缮故宫寿安宫西南转角楼工程。

保养颐和园北宫门工程。

修缮故宫太和殿西转角房工程。

保养雍和宫法轮殿工程。

保养故宫午门东雁翅楼工程。

修缮颐和园北宫门外影壁工程。

保养故宫东路乐寿堂北坡瓦顶工程。

玉泉山疗养院添建疗养室12间工程。

6月 修缮智化寺西配殿工程。

修缮安定门箭楼瓦顶南坡和西坡工程。

修缮颐和园香海真源工程。

抹饰故宫午门正面墙皮工程。

修缮智化寺西配殿工程。

东西三座门一带墙垣污迹整饰工程。

平津防痨协会在北池子36号拆建房屋工程。

12月 保养颐和园须弥境工程。

二、新生：北京文物整理委员会时期 (1949～1955)

1949 年

2月 北平解放后，北平军事管制委员会所属文化接管委员会文教部正式接管行政院北平文物整理委员会。

4月 修缮五塔寺工程。

6月 归华北高教委员会领导。10月归中央文化部文物局领导，改名为"北京文物整理委员会"。主任委员为马衡、秘书俞同奎，办公地点在东城区南河沿皇堂子。

祁英涛主持设计北京孔庙、五塔寺修缮工程。

12月 修缮天坛坛墙工程。

9月～11月 于倬云、李方岚主持设计北京故宫畅音阁及乾隆花园南、北部修缮工程。

11月 赵小彭主持西郊大慧寺大悲阁修缮工程。

1950 年

4月 同意华北水利工程局永定河官厅水库工程处在都城隍庙内建仓库等。

5月 鼓楼修缮零星工程。

1951 年

2月 北京文物整理委员会首次派出赵正之、杜仙洲、余鸣谦、赵小彭、祁英涛赴山东兖州、曲阜、泰安、邹县、济南等地勘察古建筑40处。

5月 杜仙洲、祁英涛赴山西五台山勘察并拟出古建寺庙维修工程计划。

赵正之、余鸣谦会同宿白、莫宗江赴甘肃敦煌勘察莫高窟并抢修部分危险洞窟。

6月 修缮北京城各城楼。

9月～12月 于倬云主持设计北京阜城门城楼修缮工程。祁英涛主持设计安定门城楼、德胜门箭楼修缮工程，赵小彭主持设计东便门箭楼修缮工程。

10月 祁英涛主持设计山西五台山佛光寺修缮工程。

1952 年

1月 修缮西四广济寺。

5月 祁英涛、陈继宗主持设计天安门修缮工程。

8月 于倬云主持吉林省农安塔修缮工程。

律鸿年主持设计北京端门、午门修缮工程。

9月 余鸣谦主持设计北京护国寺金刚殿修缮工程。

祁英涛、陈继宗主持设计北京北海天王殿修缮工程。

10月 举办第一期古建人员培训班，学员共11人，文物局副局长王冶秋出席了结业式。

于倬云、李良姣等赴东北地区对沈阳故宫、吉林农安塔等古建筑进行勘察。

余鸣谦主持设计北京雍和宫油饰工程。

11月 祁英涛、余鸣谦等陪同刘致平、卢绳、罗哲文勘察河北省赵县安济桥。

12月 于倬云主持设计北京故宫皇极殿修缮工程。

1953年

1月 祁英涛、于倬云分别主持设计北京故宫养心殿及体仁阁修缮工程。

祁英涛、陈继宗、李良姣、律鸿年、李竹君会同文化部社会文化管理局及山西省文管会等单位勘察山西五台山南禅寺。

2月~3月 于倬云、李良姣分别主持设计故宫实录库城隍庙修缮工程。李全庆主持施工。

4月 迁建中南海流水音云绘楼和清音阁至陶然亭公园。

6月 补修端门、午门。

8月 八达岭补砌整理工程。

10月~11月 余鸣谦、梁超、杨玉柱赴河北正定兴隆寺勘测转轮藏殿，并拆除慈氏阁。

12月 北京雍和宫油饰工程完工。

1954年

2月 第二期古建人员训练班开始，学员共15人，文物局局长郑振铎出席开学典礼并致词。

3月 余鸣谦主持，由梁超、李全庆参加的河北正定隆兴寺轮藏殿重修工程。

5月~6月 祁英涛、律鸿年、李竹君等勘测设计山西太原晋祠等。

5月30日 河北正定隆兴寺修缮委员会成立，余鸣谦任副主任委员兼工程组组长。

7月 杜仙洲主持设计北京故宫武英殿修缮工程。

12月 党支部建立，纪思任书记。

1955年

3月 《中国建筑彩画图案·清式彩画》一书由人民美术出版社出版。

陈继宗主持设计北京端门门楼修缮工程。

4月 余鸣谦参加主持河北赵县安济桥修缮工程。

6月 河北正定隆兴寺转轮藏殿重修工程完工。

9月 杜仙洲主持长城八达岭修缮工程。

三、发展：古代建筑修整所与文物博物馆研究所时期（1956～1965）

1956年

1月6日 文化部决定北京文物整理委员会改名为古代建筑修整所，俞同奎任所长。下设工程组勘察研究组、资料室、办公室等部门。

2月 律鸿年主持设计北京午门东雁翅楼修缮工程。

4月 杜仙洲、李竹君、朱希元、崔淑贞等参加由文化部和山西省文化厅联合组织的山西文物普查试验工作队。对晋东南地区文物进行勘察，发现木构建筑73座、砖石塔20座、桥梁、经幢、石窟等20余处，其中重要的有平顺天台庵（晚唐）、大云院（五代）、晋城青莲寺（宋）、高平开化寺（宋）及宋金其他木构古建20余座。

4月~6月 余鸣谦、杨烈、姜怀英赴甘肃永靖县勘察炳灵寺石窟，提出"在兴修刘家峡水库工程中保护炳灵寺石窟"的方案意见。

陈继宗、律鸿年、单少康、王汝蕙、汪德庆勘测河北正定县兴隆寺等。

6月 吉林农安县农安塔修缮完工。

7月~9月 余鸣谦、杨烈、律鸿年等协助敦煌文物研究所测量设计莫高窟249~259区殿的支顶加固工程。

夏 杨烈主持设计北京皇堂子戟门修缮工程。

9月 古代建筑修整所主办《古建筑通讯》（内部刊物）创刊。

1957年

4月~6月 余鸣谦、陈继宗主持河北正定隆兴寺慈氏阁重建工程。

杨烈、贾瑞广、张智、赵仲华赴山西晋东南长子县、潞城县等地，重点勘测"大云院"、"天台庵"、"法兴寺"等唐宋古建筑。

6月 杜仙洲、李方岚勘查河北承德普宁寺。

6月~9月 余鸣谦、李竹君赴蒙古人民共和国乌兰巴托协助拟定兴仁寺及夏宫两处修缮设计方案。

夏 祁英涛、纪思等赴云南勘察昆明及建水、姚安、大理、剑川等县的古建多处。

9月~10月 杨烈主持踏勘山西大同云冈石窟，提出《云冈石窟综合保护规划》，并由文物局领导推荐发表于《文物》月刊上。

11月 杨烈率孟繁兴赴河南龙门石窟勘察保护情况。

12月 杜仙洲、祁英涛指导北京灵光寺佛牙塔重建方案。

1958 年

6 月　古代建筑修整所主编的《中国建筑彩画图案·明式彩画》一书出版（中国古典艺术出版社出版）。

8 月　由祁英涛、陈继宗等组成永乐宫勘察小组至永乐宫进行测绘、试验揭取壁画，及迁建、拆除等工程设计。

原《古建筑通讯》刊物改名为《历史建筑》（内部）。

组织华中、华东两勘察小组分赴河南、湖北、江西、湖南、广西三江侗族自治县及桂林、山东、江苏、浙江、安徽、上海等地对 262 处重要革命建筑、古建筑、石窟寺等进行了勘察，历时 5 个月左右。

9 月～11 月　余鸣谦和文物局陈滋德应邀赴越南民主共和国参加其文物保存保藏干部训练班的讲学工作。

11 月　祁英涛、陈继宗主持山西永乐县永乐宫迁建工程的迁建、拆除、壁画揭取设计，参加该项勘测设计的本所人员有梁超、王真、贾瑞广、张智、赵仲华等。

本年内河北赵县安济桥修缮工程暂停。

1959 年

3 月 24 日　山西永乐宫迁建委员会成立，祁英涛任委员，负责施工技术指导。

8 月　蒙古人民共和国乌兰巴托的兴仁寺、夏宫两处维修工程开工，余鸣谦、李竹君赴该国进行技术指导。

夏　杨烈主持设计山西大同南城门楼重修工程。参加人员：孔祥珍、贾瑞广、王汝蕙。

冬　梁超主持，孔祥珍协同进行湖北五当山静乐宫、儒学宫、石碑坊、大石碑等迁建工程设计。

由贾瑞广、李哲元负责筹建的化学试验室成立，任务是研究用化学方法保护石窟寺。

本年内纪思、李竹君勘测陕西省革命纪念建筑物。《历史建筑》停刊。

1960 年

5 月　杜仙洲、李全庆、李方岚、孔祥珍主持河北承德普宁寺修缮工程。

梁超主持设计河北清东陵裕陵大碑楼修缮工程。

6 月～7 月　组成大同云冈石窟勘测队共 13 人，由杨烈主持。

夏　杜仙洲普查陕、甘、青等地古建筑，发现青海乐都瞿昙寺。

冬　李芳岚、梁超、孔祥珍等七人，联合勘察测绘河北蓟县独乐寺古建筑群。

年内　于倬云主持吉林农安塔续建工程。

1961 年

6 月　纪思陪同北京地质学院苏良赫、王大纯教授及中南化学研究所叶作舟研究员等一行七人勘察甘肃天水、麦积山、敦煌莫高窟。

9 月　河北承德普宁寺大乘阁修缮工程完工。

10 月　山西云冈石窟保护委员会成立，副所长姜佩文任副主任委员。

1962 年

3 月～9 月　余鸣谦、姜怀英等两次赴四川大足县调查宝顶山摩崖造像破残情况并勘察了广元、乐山、绵阳、夹江等地摩崖造像情况。

6 月　杨烈主持山西大同云冈石窟第一、二窟实验工程。

7 月　王丹华、胡继高在波兰哥白尼大学学习文物保护专业获硕士学位回国，来所工作。

12 月　胡继高与敦煌文物研究所李云鹤合作参加抢修甘肃敦煌莫高窟龟裂起甲及酸碱壁画的研究工作。

年内　经上级领导部门批准成立文物博物馆研究所，文物局副局长王书庄兼所长，姜佩文、王振铎任副所长。古代建筑修整所名称仍保留，本所地址迁到沙滩汉花园 12 号（今五四大街 29 号）

1963 年

春　余鸣谦等参加敦煌莫高窟第一期崖体加固工程的技术指导工作。

7 月～9 月　王丹华赴上海、苏州、南京、安徽等地对馆藏文物及环境进行调查。

年内　化学组成立，开始对馆藏文物保护进行研究。

本年　王辉任副所长。

1964 年

4 月～7 月　杨烈主持甘肃麦积山石窟保护工程勘测研究，提出《麦积山石窟保护设计方案》，其中重点阐述应用喷锚吊挂技术加固崖体。

4 月～8 月　第三期古建人员训练班结束，学员共 37 人，本期以测绘训练为主。

5 月　杨烈主持勘察甘肃麦积山石窟并拟定保护方案。

姜怀英等主持山西云冈石窟西部窟群抢修工程。

6 月～8 月　陈继宗主持，梁超、孔祥珍、王汝蕙参加勘测山东广饶五龙庙宋代建筑。

年内　南峰任副所长。

1965 年

4 月　余鸣谦等主持云冈石窟西部窟群后期抢修工程。

11 月　由王辉、杨烈等组成专业组，对河南洛阳龙门石窟进行调查。

四、停滞：集体"下放"湖北咸宁
文化部五七干校时期
(1966～1973)

1966 年

春　山西永乐宫迁建工程完工。

6 月　"文化大革命"开始，业务工作停止，至1969年9月全体工作人员下放湖北咸宁文化部"五七"干校劳动。

1971 年

6 月　国务院图博口由干校调姜怀英等人参加洛阳龙门石窟奉先寺维修工程。

1972 年

4 月　胡继高对湖南长沙马王堆西汉墓出土大件漆器进行脱水修复。

年内　陆续从咸宁"五七"干校调回工作人员多名。

五、复兴：文物保护科学技术研究所与古文献研究室时期
（1974～1990）

1973 年

6 月　经国务院批准，"文物保护科学技术研究所"成立，蔡学昌任副所长，设古建组、石窟组、化学组、资料室、办公室等机构。

7 月～11 月　王丹华、胡继高等参加湖南长沙马王堆一、二、三号区汉墓的发掘保护工作。并首次将环氧乙烷用于丝织品的保护。

9 月　为接待周恩来总理及法国总统参观山西大同云冈石窟，国家文物局派蔡学昌、祁英涛、陆寿麟处理云冈石窟第五窟口顶岩脱落险情。

11 月　根据周总理关于要三年修好云冈石窟的指示。山西省委决定成立云冈石窟维修工程领导小组，由卢梦、和愚、蔡学昌任正副组长。

下半年　在北京科学教育电影制片厂的协助下，徐毓明研究用吸热玻璃和防紫外线玻璃防止红外线和紫外线对文物的影响，该研究成果应用于马王堆文物的安全摄影。

年内　资料室何国基等对图书资料进行系统整理，完成了经、史、子、集部的图书编目工作。

河南洛阳龙门石窟奉先寺维修加固工程完工。

1974 年

4 月　余鸣谦（工程组长）等参加了山西大同云冈石窟崖体加固工程的指导，重点是中央区 9～20 窟。

6 月　徐毓明、陆寿麟对辽宁县库兴叶茂台辽墓壁画进行揭取保护工作。

成立"银雀山汉墓竹简整理小组"。

年初　为整理研究全国出土的大批简牍帛书，国家文物局召集全国专家学者进行此项工作，陆续成立了若干整理小组。

8 月　成立"马王堆汉墓帛书整理小组"。

9 月　《马王堆汉墓帛书》（壹）发表（文物出版社出版）。

10 月　祁英涛主持山西五台山南禅寺大殿维修工程。蔡润研究用高分子材料对南禅寺大殿进行加固保护。

秋　王丹华等参加北京大堡台汉墓车马坑的发掘保护工作。

年内　李竹君主持山西洪洞县广胜寺上寺毗卢殿维修工程开工。

陆寿麟指导福建泉州海外交通史博物馆对后渚港出土的宋代海船等进行保护处理。

1975 年

1 月　《银雀山汉墓竹简》（壹）由文物出版社出版。

2 月　《孙膑兵法》由文物出版社出版。

5 月　李竹君主持浙江宁波保国寺大殿维修工程开工。蔡润研究用高分子材料和玻璃钢箍对大殿进行加固保护。

7 月　线装大字本《银雀山汉墓汉简》（壹）由文物出版社出版。

8 月　王丹华、陆寿麟应瑞典国家文物总监邀请赴该国考察文物保护情况。

年内　成立"睡虎地秦墓竹简整理小组"和"吐鲁番文书整理小组。"

1976 年

《孙子兵法》一书由文物出版社出版。

3 月　马王堆汉墓帛书《老子》由文物出版社出版。

4 月　马王堆汉墓帛书《导引图》由文物出版社出版。

5 月　马王堆汉墓帛书《经法》由文物出版社出版。

6 月　王丹华、赵桂芳等参加睡虎地秦墓出土的竹简保护处理工作。

夏　李竹君、梁超、孔祥珍进行云南大理三塔维修工程前期勘测工作。

9 月　大同云冈石窟崖体加固工程完工。

宁波保国寺大殿修缮完工。

11 月　崔晓麟、张贻义负责筹建的碳十四实验室建成。

12 月　马王堆汉墓帛书《战国纵横家书》由文物出版社出版。

本年　因地震房屋维修，迁至故宫东华门内办公。

1977 年

5 月　徐毓明、施子龙、陆寿麟对江苏宜兴太平天国壁画进行加固保护。

祁英涛、梁超、孔祥珍、李竹君勘测浙江金华天宁寺及武义延福寺。

8 月～10 月　余鸣谦、孔祥珍、姜怀英赴新疆昭苏县勘测圣佑庙，制定修缮方案。

夏　王丹华、郭竹云、杨朝权、冯耀川对内蒙古集宁出土的元代丝织品进行保护处理。

冬　五四大街29号北大红楼抗震抢险加固工程开工，由文物局罗哲文主持，崔兆忠负责设计。

年内　冯耀川、杨朝权、郭竹云对北京大堡台汉墓车马坑出土文物进行保护处理。

1978 年

年初　成立"居延汉简整理小组"

春　李竹君主持，梁超协同勘测设计金华天宁寺大殿。

3月　余鸣谦、高念祖、宋森才赴甘肃天水县调查麦积山石窟加固情况并进行指导。

4月　云南大理崇圣寺三塔维修工程开工，由姜怀英等负责。

以整理小组为基础，经中央批准成立国家文物局古文献研究室，后立名为"文化部古文献研究室"（司局级单位）。

夏　施子龙、徐涓涓、田楠与北京化工学院合作研制出 UV-有机玻璃，可滤掉 300nm-400nm 紫外线。

11月　《睡虎地秦墓竹简》由文物出版社出版。

年内　河北正定隆兴寺摩尼殿修缮工程开工，祁英涛负责，参加人员梁超、孔祥珍。

王丹华、郭竹云对云南大理崇圣寺经卷进行揭取保护处理。

文物保护科学技术研究所获得全国科学大会奖四项：①用化学材料加固古建筑朽木构件；②龙门石窟奉先寺工程中应用高分子材料的研究；③碳十四实验室的三项改革；④脱水修复漆器。

1979 年

4月　王丹华、杨朝权、冯耀川、郭竹云研究用环氧乙烷气体保护处理毛主席纪念堂中一批毛主席藏书。

9月~11月　蔡学昌及文物局朱长翎等赴新疆库车县调查库木吐喇千佛洞进水问题，沿途并了解了森木塞姆、克孜尔等千佛洞及莫高窟、炳灵寺、麦积山等石窟和拉卜楞寺等处的保护情况。

秋　李竹君、梁超勘测湖北当阳玉泉寺大殿，并参加湖北省主办古建训练班教学工作。

11月　马王堆汉墓帛书《五十二病方》由文物出版社出版。

胡继高赴日本东京参加第三届国际文物保护专题讨论会。

经文化部、国家文物局批准姜锡爵任副所长。

年内　受敦煌文物研究所委托高念祖、贾瑞广研究在砖坯表面涂刷聚氨基甲酸效果明显。

胡继高与大庆展览馆合作对山东临沂金雀山西汉墓帛画进行粘揭托裱保护处理。

1980 年

3月　《马王堆汉墓帛书》（壹）由文物出版社出版。

4月　王世襄《竹刻艺术》由人民美术出版社出版。

王世襄随国家文物局"伟大的青铜时代"展览赴美国访问。

5月　徐毓明研制 AC-1 型防紫外线胶片，其透过率接近零。

崔兆忠主持河北蓟县白塔维修工程开工。

7月　李化元指导北京大钟寺做防腐保护处理。

10月~12月　国家文物局委托文物保护科学技术研究所及湖北省文化厅举办全国第四期古建训练班，学员60人，涉及全国所有省市，祁英涛、余鸣谦、李竹君、梁超、杨玉柱参加了教学工作，杜仙洲任教务长。

本年内　云南大理崇圣寺维修工程完工。

1981 年

1月　《吐鲁番出土文书》（释文本）第一册由文物出版社出版（王去非参加）。

4月　梁超、孔祥珍、杨新参加王书庄主持的"文保协会"全国古塔调研。

6月　祁英涛著《怎样鉴定古建筑》由文物出版社出版。

梁超主持设计河南登封少林寺初祖庵修缮工程。

孔祥珍主持设计河南登封少林寺天王殿重建工作。

7月　李竹君主持湖北当阳玉泉寺大殿维修工程开工。

8月　施子龙赴意大利参加国际岩石艺术研讨会。

10月　日本东京大学池田温教授来访古文献研究室。

《吐鲁番出土文书》（释文本）第二册出版。

王丹华等参加内蒙"契丹女尸"的出土发掘工作。

12月　《吐鲁番出土文书》（释文本）第三册由文物出版社出版（王去非参加）。

年内　张阿祥主持河北遵化东陵孝陵大碑楼修缮工程开工。

1982 年

1月　湖北江陵发现战国楚墓由王丹华等参加保护工作。

5月　胡继高与山东博物馆合作修复山东长清灵岩寺宋代彩绘泥塑罗汉像四十尊。

杨玉柱、姜怀英主持内蒙大明塔维修工程开工。

6月　杨烈主持设计河北正定灵霄塔（木塔）修缮工程，并参加施工技术指导。1984年完工。

9月　贾瑞广、黄克忠负责四川大足北山、宝顶山两处摩崖石刻维修工程开工。

年内　李竹君主持湖南岳阳楼维修工程开工。

1983 年

3月　王世襄著《髹饰录解说》由文物出版社出版。

林梅村、李均明《疏勒河流域出土汉简》由文物出版社出版。

文化部文物局批准文保所建筑一万平方米科研办公楼。

梁超主持河南登封少林寺初祖庵维修工程开工。

4月　《吐鲁番出土文书》（释文本）第四、五册由文物出版社出版（王素参加）。

5月　杨烈参加"中国黄河文明展"代表团访日。

8月　杜仙洲主编的《中国古建筑修缮技术》由中国建筑工业出版社出版。

9月　王世襄应伦敦维多利亚史尔伯物美术馆之邀，赴英作有关古代家具的系列报告。

10月　王世襄应香港中文大学邀请，赴港作关于家具漆器的报告。

《马王堆汉墓帛书》（叁）由文物出版社出版。

祁英涛赴日本东京参加第七届国际文物保护专题讨论会。

陆寿麟、李化元、蔡学昌参加广州南越王墓发掘工作，并对出土的青铜器进行保护处理。

11月　徐毓明对宁夏固原北周李贤墓壁画进行揭取保护。

于北京西山召开敦煌文书整理规划会，邓文宽、刘燕文、刘军等参加。

本年秋　日本关西大学大庭修教授来访古文献研究室。

冬　郭竹云与天津博物馆合作对河北蓟县白塔中的明万历年华严经卷进行揭取保护处理。

年内　祁英涛指导河北曲阳北岳庙修缮工程开工。

1983年文物保护科学技术研究所在全国文化科技成果评奖会获两项成果奖：①聚乙稀醇水泥压力灌浆加固砖塔（三等奖）；②全国重点文物保护单位"原北大红楼抢险抗震加固工程"（三等奖）。

本年　居延汉简、吐鲁番文书。敦煌遗书整理项目被列为全国史学重点研究项目，获国家社科基金资助。

1984年

3月～9月　美国加州大学韩得勒博士来华翻译王世襄《中国古代漆器》一书，王世襄任导师，刘军负责日常协理。

4月　文化部任命韩仲民、王去非为文化部古文献研究室副主任（副司局级）。

祁英涛、李竹君、杨烈会勘辽宁义县奉国寺保护问题。

5月　湖南岳阳楼维修工程完工。

徐涓涓主持北京大葆台汉墓进行加固工程。

杨烈主持设计河北正定华塔修复工程。其间，核实该塔确为唐代遗构，纠正了"金代建筑"之说。

6月　施子龙、徐涓涓参加河南东汉墓壁画揭取保护工作。

胡平生《中国古代佚名哲学名著评述——孝经评述》由齐鲁书社出版社出版。

8月　武汉大学唐长孺教授（古文献研究室主任）

等来古文献主持专业著述工作。

秋　美国密歇根大学张树椿教授访问古文献研究室。

内蒙中京大明塔保护工程完工。

11月　赵桂芳等对湖北江陵张家山汉墓出土的竹简进行脱水加固保护。

徐毓明赴日本东京参加第八次国际文物保护专题研究会。

冬　杨烈主持设计辽宁义县奉国寺重修工程。1990年竣工。

梁超主持设计河北易县清西陵昌陵大碑楼维修工程。

本年内　蔡润对河北赵县陀罗尼经幢进行保护工程。

姜怀英、杨玉柱主持湖北荆州古城修缮工程。

1985年

1月　杨占廷调任副所长兼党支部书记，王丹华任副所长，职工人数为67人，1986年经文化部批准文物保护科学技术研究所为司局级单位。1986年底杨占廷调出，局党委指定王丹华为支部书记。

2月　林梅村《楼兰尼亚出土文书》由文物出版社出版。

3月　《马王堆汉墓帛书》（肆）由文物出版社出版。

文物局（文保所）和建设部综合勘察院共同签订"关于合作进行文物保护技术应用开发研究"意向书。

4月　赵桂芳完成湖北江陵张家山汉墓出土竹简的保护研究及脱水处理。

5月　王中年、苗清林负责征办公用地14亩（代征6亩）为建新所动工选址。

6月　《出土文献研究》由文物出版社出版（王素、林小安组织）。

根据中职办《关于专业技术职务聘任试点工作的通知》精神，古文献研究室、文物保护科学技术研究所等单位开始专业职务评聘工作，到1986年底共评聘高级职称职务20名中级职称职务25名。

7月　文化部科技办批复同意《近景摄影测量技术在石窟中的应用研究》课题报告。1988年8月经专家鉴定会通过该研究成果，1989年12月获建设部科技进步二等奖，1990年获国家科技进步三等奖。

河北定州市料敌塔维修工程开工，1992年底基本完工。

8月　古建室承担十三陵昭陵维修工程。1992年祾恩门西院配殿、宰牲亭、神厨库工程全部完成。

9月　姜怀英、杨玉柱主持设计的须弥山石窟和康济寺塔、永寿塔维修工程完工并验收。

王世襄《明式家具珍赏》由香港三联书店出版，当月王世襄赴港参加首发式并做讲演。

《银雀山汉墓竹简》（壹）由文物出版社出版（吴九龙、李均明参加编辑）。

11月 湖北黄梅高塔寺维修工程设计完成，1990年竣工。

12月 王素负责的《吐鲁番出土文书》图文对照本编辑工作展开，1986年12月《吐鲁番出土文书》释文本定稿工作全部完成。

吴九龙《银雀山汉简释》由文物出版社出版。年内古文献研究室正式成立党支部，由韩仲民任支部书记。

冬 杨烈指导北京市政设计所主持设计的河北赵县永通桥完工。

本年内 李化元完成广州南越王墓出土金属文物保护任务。

本年内至1990年 蔡润、王志良完成云冈石窟风化石雕刻的测定工作。

本年内 杨烈指导辽宁朝阳北塔工程设计，纠正了原设计工作的偏差。

本年内 国家文物局以北京鼓楼中学及202中学为基地，举办"文博职业高中"，有关技术人员祁英涛、杜仙洲、梁超、张政平、孔祥珍、杨烈、李竹君等参加讲课。

1986年

2月 《吐鲁番出土文书》（释文本）第七册由文物出版社出版（王素参加）。

3月 日本政府向文保所提供5000万日元的仪器设备合同书正式签署。

3月～12月 宁夏拜寺口双塔、李俊塔维修工程竣工。

4月～10月 古建室完成西藏布达拉宫残坏现状调查，并上报国务院。

4月30日～5月5日 受国家文物局委托，文保所在四川成都召开"国家文物局、文物保护科技发展'七五'规划会议"。

5月 王素著《三省制略论》由齐鲁书社出版社出版。

杨烈参加国家文物局"访英考察团"访英。

7月～10月 新疆克孜尔石窟维修工程立项，开始调查测试工作，1987年11月召开论证会，1992年4月第3、4段工程施工，10月完工，柏孜克里克石窟立项。

夏 本所古建室承北京明十三陵昭陵重建工程，梁超主持设计昭陵方城明楼修缮工程。杨新参加，1987年竣工。

国家文物局在清华大学建筑学举办"古建专业班"，本所许多技术人员参加讲课，梁超、杨烈分别讲授"中国建筑结构与构造"及"石窟保护"为内容的专业课程。

9月 日本东京大学池田温教授访问古文献研究室。

10月 王世襄《明式家具珍赏》英、法文版由香港三联书店出版。

王世襄应香港中文大学邀请，赴港参加有关"文人趣味学术讨论会"。

秋 梁超主持设计辽宁兴城明代城墙维修加固工程，杨新、莫涛参加。1992年竣工。

梁超主持设计辽宁兴城明代城墙修缮工程，杨新、莫涛参加。1994年完工。

12月 姜怀英参加"中国石窟艺术代表团"赴印度访问。

年内 胡继高获1985～1986年度文化部科技成果一等奖，山东临沂金雀山帛画揭裱技术三等奖。

徐毓明获1985～1986年度文化部科技成果三等奖，出土彩陶保护法四等奖，宁夏固原北国墓壁画四等奖。

《敦煌莫高窟供养题记》由文物出版社出版（王去非参加）。

古文献研究室从文物出版社接办《文物天地》刊物，韩仲民主持工作。

文物保护科学技术研究所办公室组织全所人员将图书资料、古建模型从故宫运往丰台区书库。

开始大同辽墓测绘及辽宁兴城维修工程。

完成河南登封初祖庵维修工程。

完成福州华林寺、大同下华严寺正殿及沧州铁狮子防腐等工程。

1987年

1月 李均明等《居延汉简释文合校》（上、下）由文物出版社出版。

2月 《吐鲁番出土文书》（释文本）第8册，由文物出版社出版（王素参加）。

4月 胡继高完成山东灵岩寺宋代彩塑修复任务。

4月～5月 徐毓明、曹勇保护处理徐州北洞山汉墓彩陶200余件。

6月 日本关西大学大成修教授访问古文献研究室。

成都王建墓防水加固工程设计开工。杨烈负责技术指导，解决了长期未解决的防渗排水问题，工程质量受到好评，被推荐为省优质工程。

梁超主持设计河北易县清西陵永福寺重修工程。1995年竣工、验收，工程质量受到中央及省、市专家好评，一致推荐为优质工程。

7月～8月 徐毓明完成西藏大昭寺壁画修复任务。

8月 日本东京实践女子大学田中有教授访古文献研究室。

9月 日本学者白须净访问古文献研究室。

高念祖、贾瑞广赴山东陵兴颜真卿大碑防风化保护处理。

10月 高念祖、贾瑞广赴青岛完成市博物馆石佛造像（北魏埋藏）保护处理。

12月 王世襄《中国古代漆器》（中、英文版）《中国美术全集·竹木牙角》由文物出版社出版。

国家文物局决定由文物保护科学技术研究所姜怀英任西藏布达拉宫维修工程技术总负责人。1988年5月姜怀英参加国家赴藏考察组工作。1989年开始维修工程

1993年陆续完成1~4期工程，通过验收，受到国家通报表彰。

年内　河北易县清西陵大碑楼工程竣工。

《书法丛刊》第11辑由文物出版社出版（王家琦、李均明参加）。

"居延汉简"、"吐鲁番出土文书"、"敦煌文书"国家史学研究重点项目继续进行。

1988 年

2月　美国盖蒂基金会拟援助中国文物保护事宜。

5月13日　美国盖蒂基金会到中国商谈，文物保护科学技术研究所、故宫、敦煌等单位负责准备材料。

3月　广州西汉南越王墓加固工程立项，蔡润、姜怀英、黄克忠参加维修设计，1990完成。1991年获国家科技进步三等奖。

胡继高承担朱然墓出土漆器保护修复技术工作。

4月26日　古建专家祁英涛因公在西安心脏病突发逝世。

4月　西南四省古建维修和壁画揭取培训班在云南建水开学，姜怀英参加教学工作。

5月　韩仲民《中国书籍编纂史稿》由中国书籍出版社出版。

胡平生等《阜阳汉简诗经研究》由上海古籍出版社出版。

8月　宁夏须弥山石窟维修工程峻工，国家投资179万元，历时四年。

8月~1990年6月　文物局主办第4、5期田野考古领队培训班，叶学明任考核委员，乔梁任班务管理及教学辅导。

夏　杨烈指导卢沟桥修缮工程中，纠正了施工部门的错误做法，以维护文物保护原则。

10月　林梅村《沙海古卷》由文物出版社出版。

11月　杨烈、梁超应邀为浙江省古建训练班讲课。

12月　崔晓麟、嵇益民开始研制文物局下达的"文物出口标识"任务。

1988年~1990年　叶学明参加北京房山镇江营州塔遗址发掘和资料整理并辅导北京大学、吉林大学学员实习。

1988年~1991年　叶学明参加山西侯马东周城址勘探试掘及北坞城址资料整理工作。

本年内　郭竹云完成黑龙江省博物馆阿城出土全部纺织品的消毒清洗工作。

1989 年

1月　张羽新同志被任命为文化部古文献研究室副主任（副局级）。

4月　吴九龙参加的"银雀山汉简清理保护技术"获"山东1988年度文化科技进步一等奖"。12月，"银雀山汉简清理保护技术"获"山东省科技进步三等奖"。张羽新著《清代四大活佛》由中国人民大学出版社出版。

6月　王世襄《明式家具研究》由香港三联出版社出版。同年德文版出版。

7月　王世襄《中国美术全集·漆器卷》由文物出版社出版。

8月　王素《高昌史稿》科研项目、林梅村"中亚民族古文献"项目获国家青年社科基金资助。

冯耀川承接河北清西陵彩绘保护任务。12月承担山东淄博车马坑加固保护工程。

9月　王世襄《北京鸽哨》由北京三联出版社出版。

12月　《出土文献研究续集》由文物出版社出版（王素、林小安组编）。

石窟室与建设部综合勘察设计院共同完成河北南响堂山石窟外业测量工作。

李化元处理保护江西新干出土青铜器。

1989年11月~1990年1月　李均明应聘为日本关西大学东亚学术研究所客座研究员，赴日本进行学术交流。

本年内　古建室与四川建科院等单位合作完成《古建筑木结构加固技术规范》。

六、创新：中国文物研究所时期（1990~　）

1990 年

1月　胡继高完成宁夏绢画修复任务。

3月　国家文物局（90）文字第134号通知各单位关于文物保护科技工作由局直接管理。

3月~4月　曹勇完成南京竺桥壁画揭取修复工作。

4月　《吐鲁番出土文书》（释文本）第九册由文物出版社出版（王素参加）。

7月　吴九龙等《孙子校释》由中国军事科学出版社出版。

《居延新简》（释文本）由文物出版社出版（李均明参加）。

天津蓟县独乐寺维修工程开始测绘勘查。

8月　日本关西大学大庭修教授来访古文献研究室。

日本东京实践女子大学田中有教授来访古文献研究室。

8月30日　国家文物局宣布文物保护科学技术研究所、古文献研究室合并为中国文物研究所。罗哲文任所长、黄景略、张羽新、黄克忠任副所长。

9月　《睡虎地秦墓竹简》由文物出版社出版（李均明参加）。

王世襄《明式家具研究》由香港三联出版社出版（英文版），当月赴美参加《明式家具研究》英文版首发式，并在美国西、中、南部各博物馆作报告。

日本爱媛大学藤久付教授来访。

9月11日　应日本国邀请,贾瑞广参加在东京召开的"亚洲地区石质文物保护研讨会"。

11月　张羽新校注《平定两金川军需例案》由全国图书馆文献缩微中心出版。

罗哲文主持召开专家会,讨论云冈、龙门等处石窟窟檐问题。于倬云、金维诺等参加。

12月　姜怀英赴意大利考察。

本年内　蔡润、王志良开展对宁夏须弥山窟风化砂岩化学加固试验工作。

本年内　对新疆喀什阿巴和扎墓进行勘测研究设计维修方案。

景爱《辽碑志的整理研究》获全国社科基金资助。沙漠考古项目获美国索罗斯基金和中国泰山基金会两项资助。

林梅村《沙海古卷》获国际中印友谊奖。

张羽新任《文物天地》主编,吴铁梅为协行主编及编辑部负责人。

完成大同善化寺大殿维修工程设计。

完成新疆喀什阿巴和扎墓维修加固设计工作。

1991年

1月　张羽新著《清代四大活佛》由台湾云龙出版社出版。

张羽新著《避暑山庄的造园艺术》由文物出版社出版。

3月~6月　乔梁主持山东泗水兴文斋遗址第三次发掘。

4月~7月　胡平生应聘为日本关西大学东亚学术研究所客座研究员赴日进行学术交流。

4月~7月　吴九龙应美国科学院邀请,赴美交流讲学,先后访问加州伯克莱等十余所大学并应邀出席全美亚洲学会年会。

5月　国家文物局召集全所职工大会宣布中国文物研究所新领导班子:免去罗哲文所长职务和黄景略常务副所长职务。张羽新、黄克忠、胡骏任副所长,由张羽新主持工作。

6月　瑞典文物保护专家科维奇与我所专家座谈。

6月6日　国家文物局下达《关于成立中国文物研究所的通知》成立中国文物研究所(司局级)。撤销原文化部古文献研究室和原文化部文物保护科学技术研究所。通知还规定,我所的方针、性质及任务,明确中国文物研究所是国家文物局直接领导的国家一级科研事业单位。

6月　与江苏沭阳县水泥厂签约,合作开发文物保护材料。

7月　高念祖指导完成天安门广场国旗汉白玉护栏的表面风化加固和防风化保护工作。

大同云冈石窟风化治理规划会在云冈召开,黄克忠、王丹华、姜怀英、杨烈等参加。

8月　成立党总支,书记为张羽新、副书记胡骏,委员为黄克忠、刘军、李化元。

我所与中国社会科学院历史研究所、甘肃博物馆、甘肃省考古所联合召开"'91汉简国际学术讨论会"。

景爱《金代官印集》由文物出版社出版。

10月　《吐鲁番出土文书》(释文本)第10册由文物出版社出版(王素参加)。

11月　张羽新、刘军、贾瑞广被选为党员代表,出席国家文物局第二届党员代表大会。

李均明等《兵家宝鉴》由河北人民出版社出版。

王素《唐写本论语郑氏注及其研究》由文物出版社出版。

秋　李均明、刘军《简牍文书学》项目获中华社科基金资助。

12月　景爱《金上京》由三联书店出版。

年内　胡平生等《中国古代礼仪制度的沿革》由北京大学出版社出版。

刘绍刚《中国古代文房四宝》由山东人民教育出版社出版。

刘兰华参加北京门头沟辽金瓷窑的发掘。

资料室开始对日本、美国、香港、瑞士等十几个国家和地区进行资料交换。

完成新疆阜康土墩子清真寺大殿维修方案设计。

完成陕西户县公输堂明代小木作测绘工作。

年内　陆续完成居延新简(破城子·第四隧)、吐鲁番出土文书释文本全部工作,并出版发行。

1992年

年初　参加国家语言文字委员会组织的全国重点项目325工程。

1月　成立三个党支部,第一支部书记刘军,第二支部书记李化元,第三支部(离退休老干部)书记王中年。

2月　完成中级及其以下专业职称评聘工作并向上推荐高级职称人员。

3月　选举出孔祥珍、嵇益民、顾军为优秀党员。

4月　出版十余稿专著,其中《睡虎地秦墓竹简》、《吐鲁番出土文书》获首届全国古籍图书一等奖。《银雀山汉墓竹简》(壹)获二等奖,以上图书,吴铁梅为责任编辑。

5月　罗哲文、杜仙洲、于倬云、姜怀英、杨玉柱等参加泉州洛阳桥设计方案研讨会。

6月　《文物天地》双月刊与文物档案情报资料中心合并。

我所在中联厂建立副食基地。

我所承担的香港志莲净苑仿唐复建工程设计立项。

王世襄《竹刻》一书由人民美术出版社出版。

李均明《孙膑兵法释注》由河北省人民出版社出版。

7月　任命谢方开为中国文物研究所副所长,免去原国家文物局人事处处长职务。

"文物出境鉴定标识"课题研究已取得阶段性成果。

夏　日本关西大学大庭修教授、香港中文大学饶宗颐教授、台北中央研究院邢义田研究员来访。

8月9日～23日　日本奈良国立文化财研究所长铃木嘉吉一行4人来访。考察华北地区古建筑并就应县木塔、蓟县独乐寺维修保护问题进行了学术交流。

9月　王世襄著《鼻烟壶》由香港三联书店出版。

王素、任昉等赴河南三门峡，为编纂《新中国出土墓志·河南卷》（贰），协助河南工作。

日本学者荒川正晴来访。

对山东临清塔进行测绘。

完成邮电博物馆纸张、书籍的防虫、防霉加固任务。

完成南京舍利塔和南朝石刻的加固任务。

10月4日～30日　本所协助文物局主办了"美国盖蒂研究所"与国家文物局合办的"中国石窟管理培训班"。外籍教员5人，中方教员4人、学员22人。

10月　王素《大河滚滚·隋代卷》由香港中华书局出版。

韩仲民《帛易说略》由北京师范大学出版社出版。

《吐鲁番出土文书》（图文本）（壹）由文物出版社出版。（王素负责编辑）。

乔梁参加《三峡水利工程科学论证·文物保护与旅游资源开发》子课题，赴三峡考察。

完成湖南岳阳楼岸基台滑坡加固设计。

完成新疆吐鲁番交河故城测绘工作。

南京堂子街壁画修复任务完成。

增补谢方开副所长为总支委员。

完成了在丰台书库30万线装书籍整理、打捆任务。

秋　李均明、王素、胡平生组编的《文史》第36辑（出土文献专集）由中华书局出版。

11月　《唐代墓志汇编》由上海古籍出版社出版（李方、刘绍刚参加）。

参加联合国教科文组织援助的新疆交河故城修复工程前期调查。

12月　吴九龙等《孙子校释》获第六届全国图书金钥匙奖三等奖。

李均明应邀赴日本大阪参加"92简牍学国际学术研讨会"。

1992年11月～1993年　林梅村应美国科学院邀请，赴美合作研究。

本年内　《中国大百科全书·文物博物馆卷》由中国大百科全书出版社出版。叶学明任全国重点文物保护单位分支副主编。

黄景略、叶学明编《中国历代帝王陵墓》由中共中央高级党校出版社出版。

1993年

10月　与敦煌研究院、美国盖蒂保护所在敦煌莫高窟召开丝绸之路古遗址保护国际学术会议。

本年　继续开展山西省应县木塔现状勘测工程。

继续进行黑龙江阿城金代齐国王墓出土丝织品金饰花纹的加固保护研究。

继续进行《吐鲁番出土文书》图文对照本全4卷的编纂工作。

完成辽宁省万佛堂石窟维修工程。

完成青海省塔尔寺建筑群一期维修工程。

完成山西省大同善化寺大殿、山门大修工程。

完成怀柔慕田峪长城修缮工程。

完成江苏省龟山汉墓防渗保护工程设计。

完成江苏省连云港将军崖石刻保护工程设计。

完成山东省岱庙坊维修保护工程设计。

完成山东省蓬莱市丹崖山加固工程设计。

完成江苏省南京栖霞寺舍利塔保护工程。

完成宁夏固原须弥山石窟化学保护工程。

开展福建泉州洛阳桥维修工程。

古建部承接香港志莲净苑复建工程，外聘张生同任总工程师。

1994年

本年　开始天津市蓟县独乐寺修缮工程。

与河南省文物研究所合作完成《新中国出土墓志·河南》[壹]上、下2册的编纂工作。

完成江苏省徐州北洞山汉墓加固工程设计。

完成湖北省钟祥显陵防风化加固工程。

完成河北易县清西陵永福寺抢修、维修工程勘测与设计。

完成西藏自治区布达拉宫维修壁画保护工程（第一期）。

开展香港志莲净苑仿唐木构寺院工程设计。

开展安徽省天长出土饱水漆器的脱水保护。

开展北京居庸关城内古建筑修建工程设计。

开展山东省临清舍利塔维修工程设计。

开展河北省易县紫荆关长城保护维修工程勘测、设计与施工指导。

中国文物研究所新办公楼落成。

中国文物研究所从原北京大学红楼旧址，搬迁至新办公地点。

1995年

本年　完成湖南省祁阳县浯溪摩崖石刻保护工程。

完成河南省密县打虎亭汉墓维修加固工程。

完成河南省龙门石窟洞窟漏水病害的治理研究。

完成山西大同北魏墓出土漆棺画的揭取和漆耳杯的修复。

开展江西省赣州通天岩防风化加固、石窟保护工程。

开展影响文物保护的环境因素及文物保护环境质量标准的研究。

1996 年

本年　开始全国重点文物保护单位、历史文化名城、馆藏一级文物档案资料的搜集、整理。

完成湖北省玉泉铁塔修缮与防腐蚀技术。

开展山东省长清县灵岩寺宋代彩塑二期保护工程。

开展江苏省甪直保圣寺彩塑的维修保护。

开展中国文物研究所善本古籍抢救整理项目。

开展考古发掘急求包研究。

1997 年

5 月　完成"金代齐国王墓出土丝织品金饰花纹的保护研究"课题。

本年　经局党组研究决定，胡骏不再担任中国文物研究所副所长、党总支副书记职务，并办理退休手续。

经局党组研究决定，重新任命中国文物研究所领导：吴加安为副所长；盛永华为副所长；谢方开为副所长；黄克忠为副所长；刘维平为所长助理。

协助国家文物局进行长沙走马楼简牍保护方案的制订、方案的论证、材料的检测以及当地人员的业务培训等。

完成西藏阿里古格都城遗址坛城殿壁画的揭取，制订了阿里地区壁画保护的整体方案。

完成山东泰安岱庙坊石刻断裂额坊与栏额的粘接和灌浆加固。

进行杭州白塔洁除黑斑的试验工作。

实施赣州通天岩石窟第二期保护工程，对风化石刻进行有机硅渗透加固。

完成山东长清灵岩寺宋代彩塑罗汉像的去尘、加固、修补工程。

解决了西安秦兵马俑坑霉菌滋生的难题。

完成贵州榕江县革命文物壁画的揭取工程。

对广西博物馆藏腐蚀十分严重的青铜器 6 种 17 件进行抢救保护。

制定北京五塔寺保护方案。

指导、参加湖北荆门楚墓竹简的脱水保护工作。

为湖北钟祥市博物馆筹建文物保护实验室。

为内蒙五当召等地制定壁画保护技术方案。

《影响文物保护的环境因素及文物保护的环境质量标准》课题继续进行。

《中国古代壁画和彩塑的研究与保护》课题继续进行。

《馆藏文物保护的环境标准》课题继续进行。

文物标识课题获得科技研究新进展：超能防伪标识，解决标识的惟一性；特种防伪印油，保证标识的真实性；防揭取的一次碎纸，避免标识被重复使用。

与美国盖蒂保护所和澳大利亚遗产委员会合作编写《中国文物保护纲要》。

与敦煌研究院和美国盖蒂保护所合作调查敦煌莫高窟壁画的病害并寻求治理方案。

完成碳十四实验室、热释光实验室搬迁后的重建、改建、设备维修、调试等工作。

完成冷冻干燥大型设备机房的改建，配置了冷却循环水设备（包括实验室、会议室的制冷系统），完成日本赠送的冷冻干燥设备的安装与调试。

完成环氧乙烷熏蒸、微波消毒设备的订购、安装、调试及房间的改造和配套工作。

开展定州料敌塔维修工程。

完成 30 万册古籍的除尘工作；为古籍的消毒工作做准备；拓片、字画的整理工作；善本库的古籍整理基本结束；

全面开展文物档案整理工作：国家馆藏一级文物档案整理接收工作；全国重点文物保护单位和全国历史文化名城档案搜集工作。

国家文物局党组审定批复，中国文物研究所设置 8 个处级机构：古代建筑与古迹保护中心、文物修复科技中心、古文献与文物考古研究中心、文物资料信息中心、办公室（科研处）、人事处（党委办公室）和行政处、编辑部；设置 23 个处级领导（含助理）职数。

1998 年

6 月　承办召开的 ICOMOS 木质委员会年会；组织中国 ICOMOS《中国文物古迹保护纲要》座谈会及顾问组会议；筹备 1999 年《中国考古学跨世纪之回顾与前瞻》国际学术研讨会。

11 月　经局党组研究决定，任命付清远为中国文物研究所所长助理、工程师。

本年　首次以聘任制进行中层干部调整。

出土文献研究丛书第一部《高昌史稿》正式出版。

完成 1998 年预定长沙走马楼简牍的整理研究和清理保护工作。第一部研究著作进入后期编辑。

图书资料整理进展顺利，古籍除尘灭菌近八万册，完成了 8 间库房古籍的分库清理工作，发现《武当纪胜集》、《大金集礼》、《图绘宝鉴》多部有价值的明清稿本、抄本及近代名人批校题跋本。

"国家文物档案数据库"项目正式启动，完成了文物档案数据库子系统的四个标准的制定，组织编写出数万字的"中国文物信息（网络）中心——国家文物档案数据库"报告书；组织开发了馆藏文物档案演示系统软件。

《中国文物保护技术》编辑完成。

开展《影响文物保护的环境因素及其文物保护的环境标准的研究》工作。该项目为国家重点课题，年内已经进入第二阶段，从收集资料转入建立实验基地和数据测试阶段。

开展《中国古代壁画和彩塑及其保护的研究》。

培训参与吴哥窟维修项目的柬方技术人员，历时一个月。

编辑《中国文物古迹保护准则》。

参与中美合作 "敦煌莫高窟"项目，主要进行解决壁画起甲酥碱及对烟熏壁画的清洗方法的研究。

在国家文物局和外经贸部的领导下，与意大利使馆、意大利非洲与东方研究所进行了实质性接触，合作培训文物保护科技人员项目列入意大利政府对外捐赠的候选对象。

办公室组织"前进中的中国文物研究所"展览。

国家文物局下达编辑《新中国出土墓志》的任务，第一部出版。

所藏善本《清代工匠则例》的整理编辑，完成拍摄还原工作。

进行了学科和机构的调整，原古文献文物部改为出土文献与文物考古研究中心，下设简帛、文书碑志、考古三个研究室。

线装古籍除尘灭菌工作完成5间库房。环氧乙烷消毒25000册，微波炉消毒50000册。古籍分库工作全面开展，完成库房量8间。古籍善本的发现、整理、上架、建卡工作基本结束。

"国家文物档案数据库"工作取得阶段性成果。下半年，完成制定馆藏文物档案数据库等四个子系统有关标准工作，完成"中国文物信息（网络）中心——国家文物档案数据库"立项报告书的编写和馆藏文物档案演示系统软件的制作工作。

独乐寺维修工程全面竣工，完成了现场初步验收，获得好评。

完成西藏布达拉宫现状勘测与评估。

完成柬埔寨吴哥古迹召萨神庙保护工程现状勘测及施工前的设备、化学药品、机械的购置。

完成天安门城楼、城台和保护范围内石质文物的勘测及评估、维修工程设计。

完成内蒙五当召维修工程设计。

完成贵州镇远青龙洞祝圣桥维修工程设计。

完成贵州遵义杨粲墓维修工程设计。

完成山东省临清塔维修工程竣工验收。

完成居庸关仿古旅游配套建筑的方案设计。

完成三峡文物保护规划的论证，已提交三建委审批。

完成湖南浯溪碑林石刻加固工程设计。

完成重庆市大足石转山摩崖造像保护区地形测绘。

完成重庆市大足宝顶山圆觉洞危岩加固工程设计。

完成重庆市大足宝顶山圣迹池排污工程设计。

完成四川巴中南龛摩崖造像工程勘测。

完成四川广元黄泽寺排水工程设计。

完成重庆市大足宝顶山广大寺维修工程设计。

完成重庆市大足宝顶山转法轮塔维修工程设计。

完成重庆丰都龙床石枯水题刻保护工程设计。

完成重庆飞凤山摩崖题刻保护工程设计。

完成重庆巴南迎春石枯水题刻保护工程设计。

完成山西大同善化寺大殿维修工程。

举办"西藏阿里壁画保护工程情况汇报会"。

开展西藏阿里地区壁画保护工程。

进行长沙走马楼简牍的保护，完成木简脱水2000多

枚，竹简剥离1万多根，竹简清洗5万多根。

完成内蒙包头五当召壁画保护工程。

完成日本伦殿的壁画揭取和修复工作。

古建筑长寿油漆的研制与应用效果良好，并应用于宁波保国寺大殿的维修工程上。

完成碳十四新设备液闪仪装置的调研、定购及申报等，进行碳十四实验室设备的安装和测试；进行热释光实验室仪器的改装、调整和样品测定；

文物标识的课题研究，在原先不干胶型研究的基础上，又研制了色温变化、荧光变化等多种防伪性能火漆印。

参加中美合作保护敦煌莫高窟（第85窟）的工作，为福建漳州古建培训班学员讲授"壁画和彩画保护"。

承担柬埔寨吴哥窟周萨神殿保护工程的化学保护工作。

培训中心参加国家文物局调查宁夏馆藏文物受损、被盗情况的调查组工作。

1999 年

本年　学习中共中央十三号文件和江泽民同志重要讲话，揭批"法轮功"的实质。

向国家文物局和科技部递交了《我国文物保护科学的第十个五年计划及未来十五年规划简要报告》，对我国文物保护科学现状进行分析，提出了亟待解决的问题。

完成居庸关二期工程古街和贵宾接待院的方案与施工图阶段的设计。

完成天安门城楼维修工程第一方案补充设计和施工指导。

完成独乐寺维修工程总结，竣工图纸和竣工报告。

完成三峡库区27处地面石质文物的资料留取。

完成《高速铁路运营对苏州虎丘塔振动影响测试报告》，已通过鉴定。

完成《柬埔寨吴哥石窟周萨神庙建筑材料工程性能的研究报告》。

完成《广西柳州城墙倒塌事故调查报告》；《西藏阿里地区古格王国遗址，东嘎和皮央洞窟，托林寺等抢险加固工程验收技术报告》。

继续进行长沙走马楼竹简的保护指导工作，指导走马楼三国简的清洗、揭取、杀菌等。

继续进行中国古代壁画和彩塑及其保护研究课题工作。

继续影响文物保护的环境因素及环境质量标准课题。

中美合作保护敦煌莫高窟壁画项目继续。

完成火漆印改制项目立项及科研工作。

长春一汽集团江泽民题字碑保护施工完成。

圆满完成天安门广场人民英雄纪念碑清洗工作的技术设计和现场技术指导工作。

《博物馆内金属、陶瓷等无机材料类文物的环境质量评价及博物馆内无机类文物的环境质量标准课题报

告》完成。

展开中国珍贵文物数据库项目立项及方案调研和实施。

天安门城楼大字匾保护方案咨询和审定。

用派拉纶加固糟朽纸张和纺织品的测试做前期准备。

碳十四液闪仪设备引进、安装、测试工作及实验室建设。

郑军参加ICCROM壁画保护图象记录系统研讨会。

召开中山舰保护方案论证会、印山大墓木棺保护方案论证会、敦煌古建筑土遗址保护研究鉴定会。

完成10间库房14万册古籍消毒，开辟善本接待室。完成2417种，27735册志书整理。

合作整理出版《清代工匠则例》项目启动。

完成国家文物档案数据库系统软件调试工作。

录入馆藏一级文物档案资料12000份，其中包括照片图像扫描4000张。

整理馆藏一级文物档案20000份，并初步立卷归档；整理全国历史文化名城档案、全国重点文物保护单位档案，计909个单位，1800份档案。并初步归档立卷323卷。

整理各种照片资料约20000张。

整理编目新购图书800余册。

成立所学术委员会并制定其职责和评奖条例。

组织举办"敦煌石窟文物保护"、"柬埔寨吴哥古迹保护与前景"、"日本文物保护展望"等六次学术报告活动。

组织举办"中国考古学跨世纪回顾与前瞻"国际学术研讨会。

2000 年

4月 柬埔寨吴哥窟周萨神庙维修工程正式开工。

10月 局党组研究决定，任命吴加安为中国文物研究所所长，任命盛永华同志为中国文物研究所党委书记。

本年 成立由党委和所领导组成的改革领导小组和办公室，形成了文研所的改革方案和相关配套措施。

完成《中国文物研究所发展与"十五"规划》。

完成《中国特有珍贵文物保护技术研究》的课题规划和实施计划。

承担黑龙江渤海国龙泉府上京遗址、宁夏西夏陵、江西瑞昌古铜矿遗址、四川三星堆遗址、吐鲁番地区古遗址的保护规划项目。

承担了三峡文物考古项目巫山和奉节两遗址3千平方米的发掘和五万平方米的钻探任务，以及三峡地面文物的保护项目（含38处零散石刻和白鹤梁枯水题刻的水下保护）。

长沙走马楼简牍的清洗和整理工作继续，第二部书稿基本完成。

完成"中国博物馆馆藏品基本信息指标体系"、"中国重点文物保护单位基本信息指标体系"课题。

所藏志书共整理了4219种45965册，编辑完成《中国文物研究所藏地方志目录》（内部出版）。

进行中国少数民族文物保存现况调查及保护方法研究课题，开展朝鲜族民俗文物保护状况的调研工作。

青铜器文物清洗机理课题机理研究完成初稿。

中国古代壁画和彩塑及其保护的研究、影响文物保存的环境因素和文物保护的环境质量标准的研究、考古发掘急救包、文物标识（火漆印防伪技术）技术研究、有机质地文物常见菌种对文物的危害、博物馆内金属陶瓷等无机类文物环境质量标准的研究、中国古代壁画材质的研究等课题继续。

开展冷冻干燥法处理漆木器试验研究基础实验工作。

中美合作保护敦煌莫高窟壁画项目继续。

完成天安门金水桥的修复设计和工程指导。

完成天安门城台维修工程方案设计。

完成居庸关二期工程基础设计和施工指导。

完成三峡大昌镇古民居建筑群的测绘。

完成河北易县紫荆关长城测绘及维修保护方案设计。

完成西藏布达拉宫、萨迦寺、罗布林卡、扎什伦布寺的考察报告。

完成内蒙辽中京半截塔和小塔的维修方案设计。

完成三峡库区27处地面石质文物的留取资料。

完成白鹤梁枯水题刻的留取资料、表面封护工程设计及论证会。

完成瞿塘峡壁摩崖题刻施工设计。

完成天安门金水桥的修复工程、居庸关二期工程的施工指导。

跨年度项目：福建二夷楼的测绘及维修方案、山西大同善化寺大殿维修施工指导、河北定州料敌塔维修施工指导、《新中国出土墓志》的编辑整理工作。

被中央国家机关精神文明建设委员会评为2000年度中央国家机关精神文明单位。

2001 年

2月16日 经局党组研究决定，免去黄克忠中国文物研究所副所长职务，并按规定办理退休手续。

5月 根据李岚清、孙家正和张文彬的批示，组织在西藏工作的科技人员进行了现场考察，并提交详细的考察报告。

10月30日 经局党组研究决定，任命荣大为中国文物研究所副所长，付清远为中国文物研究所总工程师。

12月 所长办公会决定补充荣大为为改革领导小组成员，并成立由刘维平、杨朝权、王丛干、罗来营、荣大为组成的改革办公室，办公室由荣大为负责。

本年 成立由党委和所领导组成的改革领导小组和办公室。

组织召开《银雀山汉简》第二辑出版工作会议。

承办中国ICOMOS《中国文物保护准则》会议。

组织实施中国石质文物保护培训班,招收全国29个省市50名学员,培训期为1个月。

启动中国珍贵文物数据库课题项目前期工作。

被中央国家机关精神文明建设委员会评为2001年度中央国家机关精神文明单位。

完成西藏布达拉宫二期维修工程方案设计。

完成北京市天安门城台维修工程。

完成河北紫荆关维修工程设计。

完成香港志莲寺院园林建筑单体设计。

开展环洪泽湖的文物古迹保护规划和文物古迹与旅游开发的研究。开展广西河池南丹里湖百裤瑶的民族文物与旅游的开发规划研究。

中美合作保护敦煌莫高窟壁画的项目继续进行。

配合东京文化财研究所的研究人员完成对智化寺的实地研究工作。

与日本奈良文化财研究所合作完成地层揭取后期制作与培训工作。

与韦驮外文物保护公司合作,对天安门地区石质文物进行全面勘测,确定其损坏的现状及原因,作出全面的保护工程方案,获国家文物局批准。

继续指导国家重点项目湖南长沙走马楼三国竹简的脱水保护工作。

开展宁夏固原博物馆即将赴美文物展文物(青铜器、鎏金器、银器、石碑等)的保护处理。

《新中国出土墓志》课题组完成了《重庆卷》校样审看工作,完成《陕西卷[二]》上、下两册;《河南卷[二]》上下两册发稿工作。

完成了中国古代外销陶瓷研究课题中的元代资料的收集整理与翻译工作。

承担并组织三峡库区奉节县毛狗堆遗址2000平方米的考古发掘保护工作,并提交报告。

组织领导我所与宜昌博物馆共同承担的三峡库区巫山县江东嘴墓群7500平方米的勘探与2000平方米的发掘任务,并提交报告。

完成所藏古籍除尘、还氧乙烷微波灭菌、分类配套、插签上架、登记造册建卡。整理后的古籍占书库9间,书架471架,共计23,377部,172,741册。

资料中心为西城区政府全面修复历代帝王庙工程进行了资料咨询工作,同时为我所争取到了历代帝王庙景德崇圣殿及东、西配殿内部陈设复原等工程项目。

2002年

2月　由中意两国政府(外经贸部龙永图副部长和意大利驻华大使)在北京签署了《支持和加强中国文物研究所修复培训中心》的项目谅解备忘议定书。文物保护修复培训中心作为项目的具体执行部门,完成了1000平方米的场地改造与装修、工作人员配备、办公硬件配置、培训中心及项目管理规章制度汇编、学员报名选拔、教师选聘沟通等项工作。

4月　发布《中国文物研究所关于对外提供古建图纸、历史照片、拓片有偿服务的暂行办法》。

经局党组研究决定,免去谢方开中国文物研究所副所长职务。

发布《中国文物研究所固定资产管理办法》。

5月　参与完成了牛河梁红山文化遗址(2号地点)保护试验,编写了《牛河梁红山文化遗址(2号地点)保护试验报告》,6月底在现场通过了专家评审。

7月　发布《中国文物研究所创收定额目标责任制管理办法》。

8月　发布《中国文物研究所单身职工集体宿舍管理暂行办法》。

10月　发布《中国文物研究所政府采购管理实施暂行办法》。

11月　发布《中国文物研究所安全、防火管理规定》。

本年　被中央国家机关精神文明建设委员会评为2002年度中央国家机关精神文明单位。

邀请国家图书馆党委副书记、纪委书记张雅芳同志来所作关于改革的经验报告。

开展出土竹木器脱水规模化保护研究课题研究,进行了关于PEG的使用与研究、蔗糖水溶液脱水饱水木器实验、真空冷冻干燥等实验研究。

开展柬埔寨周萨神庙遗址化学保护。先后完成了周萨神庙风化破坏现状调查、石构件粘接工艺的改进和砂岩加固试验等多项工作,编写完成了《中央圣殿岩石风化破坏状况及保护方案》。

完成碳十四实验室、纺织品修复实验室、木材分析实验室、前处理实验室和文物库房的改造。

引进了表面张力测定仪、真空干燥箱、紫外及可见光分光光度计、红外光谱仪;研制PEG水槽;改进冷冻干燥机真空测量仪表。

出土文献与文物研究中心简牍室与中国社会科学院历史所、中国政法大学学者举办了《张家山汉墓竹简》研读班,总共12期。

完成出版了书稿《新中国出土墓志·重庆卷》一册(近30万字,236幅图版)、《新中国出土墓志·河南卷》[贰]上下两册(约70万字,577幅图版);并完成交出了《新中国出土墓志·陕西卷》[贰](约80万字,700幅图版)和《新中国出土墓志·北京卷》(约70万字,700幅图版)。

完成与北京大学合作编辑的《长沙走马楼三国吴简·竹简》(壹)的图版稿和文字稿,全书50万字,900面图版。

参加河北曲阳定窑窑址、安徽繁昌定窑窑址、浙江慈溪上林湖越窑窑址、长江三峡大宁河古栈道保护项目、吉林集安高句丽遗迹保护规划以及本内蒙古额济纳旗居延遗址保护规划实地考察。

开展历史照片抢救保护项目工作,整理照片800册,约80000张,其中100册录入数据库。

编辑《中国文物研究所藏古籍善本目录》，其中善本目录已编纂完成，计2849部。

编写国家文物局《文物图书资料抢救保护与利用立项书》。

编写《全国重点文物保护单位记录档案备案项目书》。

编辑印制《全国重点文物保护单位简介汇编》，全书约90万字，包括国务院公布的第一至五批计1268处全国重点文物保护单位简介资料，以及全国重点文物保护单位名单、分省名单检索及笔画索引。

2003年

1月15日　根据国家文物局《关于开展全国重点文物保护单位记录档案备案及相关工作的通知》（文物保发[2003]4号）要求，中国文物研究所"全国重点文物保护单位记录档案备案工作"启动，并编制《全国重点文物保护单位记录档案备案工作实施方案》。

1月　所党委组织全体党员、入党积极分子和部分党外人士，在河北省廊坊举办"十六大"文件和新党章学习班。

付清远赴尼泊尔检查验收中国援助项目中华寺工程。

《新中国出土墓志·河北》[壹]编审工作启动。

胡平生、李均明完成审校敦煌悬泉汉简释文工作。

2月　国家财政部教科文司来所听取2002年专项情况，并参观了文物资料信息中心。

国家文物局派考核组来所，考核所领导班子。

接待意大利文化遗产部、外交部访华代表团。双方就中意合作文物保护修复培训项目的前期进展情况和具体实施计划进行了商讨。

举办"法国3D技术在文物保护中的应用"学术演讲会。

吴加安、付清远等同志赴意大利驻华大使馆参加中意双方文物保护专家文物保护工作圆桌会议。

我所赴河北省贫困山区兴隆县第一小学教育扶贫。全体职工共捐献图书近两千册，计算机六台和购买图书款一万元人民币。

完成北京历代帝王庙第三期工程中牌楼及燎炉部分的施工图设计，并对已开始施工项目祭器库、关帝庙及西院诸建筑的现场施工进行技术指导。

3月27日　中国文物研究所成立侯石柱任组长，稽沪民任副组长的"全国重点文物保护单位记录档案备案工作项目实施小组"。

3月28日～4月8日　全国重点文物保护单位记录档案备案工作项目实施小组成员赴云南、湖南等八省（区）调研，并组建《全国重点文物保护单位记录档案相关标准》课题组，开展研究编制工作。

3月　召开2003年我所计划财务工作会议，研究制定各部门2003年财务预算和创收目标。

国家文物局重点工程办公室组织召开西藏三大工程

设计评审会。我所承担的布达拉宫2003年度计划实施维修项目的8项设计顺利通过专家评审。

国家文物局财务检查小组来我所进行2002年度财务工作检查。财务检查工作顺利完成，并对我所2002年的财务工作给予肯定。

接待俄罗斯文化部非移动文物保护司司长拉巴特科维奇来我所访问。

参加国家文物局培训方案招标会，我所编制的《全国省级文物局（处）长专业管理培训工作实施方案》、《全国省级文物局局（处）长专业管理培训工作实施方案》、《全国省级博物馆馆长专业管理培训工作实施方案》、《全国省级文物古建研究所（保护中心）所长（主任）专业管理培训工作实施方案》全部中标。

召开了"中国文物研究所藏部分历史照片抢救与保护利用项目"座谈会。国家文物局领导和有关专家参加了会议。

吴加安、付清远参加国家文物局局长办公会议。国家文物局单霁翔局长在会上通报了赴柬考察的情况，提出了对我所援柬项目的工作要求。张柏副局长强调了四点意见。

乔梁作为国务院三建委组织的三峡工程验收专家组成员，赴三峡考古工地巡察。

完成北京东城区法兴寺大殿搬迁维修工程的现场实测和设计图纸，经专家论证后，开始实施。

完成湖南长沙铜官窑熔炉、采泥洞的保护工程设计任务。

3月30日至4月　中国文物保护代表团一行4人，就中意合作项目赴意进行访问和考察。与意方外交部发展合作司及意方项目执行机构（意大利非洲和东方研究院）围绕合作培训内容进行了商谈，双方通报了各自的准备工作，并就财力、设备、场地和人员保证措施作了详细说明，双方就学员选拔标准、授课大纲、质量保证、器材提供等事项达成一致意见。

3月至6月初　刘兰华到河南省巩义市参加对该市站街镇黄冶村唐三彩窑址进行考古发掘。

3～4月　乔梁作为专家组成员先后两次参加重庆张飞庙基础工程验收和三峡工程二期水位移民工程验收。

4月13日　国家文物局颁发《关于印发〈全国重点文物保护单位记录档案备案工作实施方案〉的通知》（文物保发[2003]34号）。成立了以国家文物局副局长张柏为组长，有关单位负责人参加的备案工作领导小组，主抓备案工作。

4月　局党组研究决定免去盛永华同志的中国文物研究所党委书记、副所长职务，并按规定办理退休手续。

经局党组研究决定，任命葛承雍同志为中国文物研究所党委书记。

工会组织乒乓球队参加国家文物局系统的乒乓球比

赛,取得男子团体冠军、女子团体亚军和男子个人单打亚军。

完成天安门城台翻修工程的现场施工指导任务。

开展故宫中和殿区古建筑群现状勘测及维修设计。

完成《文物修复师执业资格制度暂行规定》、《文物保护修复方案编制单位资质管理规定》等有关规程的初稿。

落实国家文物局防"非典"工作会议要求,成立由吴加安同志任组长、荣大为同志任副组长的中国文物研究所"非典"预防领导小组,明确了分工和责任,并就"非典"预防工作做了全面部署。

单霁翔局长来我所检查抗"非典"工作。

5月 与文物出版社合作出版《壬寅消夏录》、《装余偶记》、《启功手书未刊诗稿》。

中国文物研究所的基建领导小组、基建工作小组成立,并组建基建办公室。荣大为任基建工作小组组长,刘维平任副组长,组织开展档案库装修改造、科研楼加固、科研楼装修改造工程。

中国文物研究所成为全国文化系统7个改革试点单位之一。

常飞参加北京红十字会义务献血活动。

被中央国家机关精神文明建设委员会评为中央国家机关精神文明单位。

6月13日 国家文物局副局长张柏、文保司司长杨志军等领导小组成员听取项目实施小组工作汇报,支持解决备案工作的有关问题。

6月 邀请国家博物馆、故宫、北京大学、北京科技大学、国家文物局等单位的9名专家,就《文物修复师执业资格制度暂行规定》等进行研讨。

培训中心主任詹长法作为国家文物局专家组组长,前往内蒙古考古研究所,指导吐尔基山辽墓出土木棺的开棺及棺内文物的提取工作。

7月 全所同志在所领导的统一指挥下,团结一致抗击"非典",较好地完成了抗击"非典"的各项工作,全所职工无一感染病例。

8月 国家文物局副局长张柏及有关局里领导听取中国文物研究所《改革方案》的汇报并做指示。

10月16日 张柏副局长主持召开全国重点文物保护单位记录档案备案工作第二次领导小组会议,听取项目实施小组工作汇报,并审议通过了举办"全国重点文物保护单位记录档案备案工作培训班"工作实施方案。

10月 经文化部批复,原则同意《中国文物研究所文化体制改革试点工作方案》。

举办了全国省级古建所(文物保护中心)所长(主任)专业管理干部培训班。

11月4日~12月7日 全国重点文物保护单位记录档案备案工作项目实施小组在文博大厦先后举办两期"全国重点文物保护单位记录档案备案工作培训班",全国31省(自治区、直辖市)文物主管部门的62名学

员参加培训,并结业。单霁翔局长、张柏副局长出席结业式并发表重要讲话。

12月3日 荷兰王子约翰佛利苏专程来北京,为89岁高龄的王世襄先生颁发2003年"克劳斯亲王奖最高荣誉奖",以表彰其通过创造性研究,把一部分被埋没的中国文化展现到世界面前。这是华人首次获此殊荣。

12月 国家文物局以文物保发[2003]93号文,发布《全国重点文物保护单位记录档案工作规范(试行)》。

本年 承担高句丽王城、王陵及贵族墓地本体保护设计任务,主要进行了文物本体总体保护工程设计及各单位项目的保护工程设计方案的制定和施工指导工作。

完成援柬吴哥古迹周萨神庙南藏经殿、南塔门、中央圣殿南抱厦的维修保护和东塔门基座部分维修工作以及周萨神庙石质文物化学保护。

开展科研课题研究14项,其中,属于国家科技部的课题有:出土竹木漆器脱水保护规模化研究、遗址大型木构件原址保存技术研究、大型木结构原址保护研究、仪器总线技术改造及文物保护实验室标准前期研究、中国珍贵文物数据库,共4项。

组织参与内蒙古吐尔基山辽墓出土文物保护方案的制定与修复保护工作,完成部分纺织品及漆器的修复及木棺等灭菌保护工作。

赴内蒙赤峰市进行震后考察,提交考察报告,完成震后文物抢险加固工程设计方案。

组织制定厦门胡里山炮台保护方案、连云港将军崖岩画和孔望山摩崖石刻的前期实验工作及保护设计方案、河南洛阳出土东周车马坑的保护方案。

完成规划项目内蒙古大遗址保护规划、湖南里耶遗址保护规划、甘肃天水伏羲庙保护规划3项,勘测设计任务北京故宫维修工程设计(三大殿以北区)、新疆库木吐喇石窟维修工程设计、重庆大宁河栈道留取资料项目等13项。

完成出版《新中国出土墓志》《陕西卷》[贰]、《北京卷》[壹],同时完成《河北卷》[壹]的编纂。

完成《长沙走马楼三国吴简·竹简》第二卷的释文工作。

编辑出版《文物科技研究》第一辑;完成《中国文物保护与修复技术》一书的初审工作。

2004年

1月12日 由我所主持的全国重点文物保护单位记录档案库改造装修工程论证工作正式启动。

1月 王世襄先生在光明日报、网络文明工程组委会、中国网主办的2003年度杰出文化人物评选中,入选2003年度10位杰出文化人物。

2月26日~3月5日 乔梁赴日本北海道参加东北亚中世纪考古、民族国际研讨会,以"鞣鞨陶器的分区与编年"为题发表演讲。

2月 中意合作项目意方专家组组长Mario Micheli

及助手 Vakalis 到达培训中心，开始中意合作项目的筹备工作。

历史照片抢救整理项目第二阶段工作全面展开，多次与兄弟单位进行合作，提供服务。

杨森参加北京红十字会义务献血活动。

举行中意合作文物保护修复培训班开学典礼，国家文物局单霁翔局长及部分司处领导和意大利驻华大使、使馆官员、国家各部委、在京文博单位、专家、领导、媒体、学员、中意双方教员约86人出席典礼。

意大利文化遗产部秘书长（副部长）Proietti 先生、意大利驻华大使馆文化参赞 Sisci 先生、意大利驻华大使馆合作处项目专员 Sabrina 女士参观培训中心。

意大利外交部合作发展司中国项目官员Luigi Noia 先生、意大利使馆合作处处长 Giorgio 先生、意大利驻华大使馆合作处项目专员 Sabrina 女士来中心参观。

3月17日~19日　国家副总理吴仪访问柬埔寨等四国，期间赴吴哥工地视察，承诺中国政府再帮助柬埔寨维修一处吴哥寺庙。

3月　与文物出版社、长沙简牍博物馆联合举办长沙走马楼三国吴简整理出版工作会议。

财政部拨款的历代金石拓片抢救整理项目第一阶段工作正式启动，首先进行拓片的除尘、清点工作。

国家文物局在《关于中国文物研究所文化体制改革（试点）配套方案的批复》：原则同意我所改革方案，将机构调整为办公室、人事处、科研处、财务处、文物保护基础理论研究室、古文献与文物研究中心、古代建筑与古迹保护中心、文物保护科技中心、文物资料信息中心、文物保护与修复培训中心与服务中心。

4月　"全国馆藏文物腐蚀损失调查"项目办公室成立。

4月、8月、10月　在福建福州、河北易县和云南昆明召开三次全国重点文物保护单位记录档案备案工作情况交流会。

5月8日~20日　全国重点文物保护单位记录档案项目实施小组"文物保护单位记录档案档号编制"工作在河北省文物局进行试点。

5月21日~30日　全国重点文物保护单位记录档案项目实施小组编制了《全国重点文物保护单位记录档案档号全宗号一览表》，并下发实施。

5月　荣大为副所长率全国古建所长23人到柬埔寨考察。

胡平生、李均明赴英国参加国际研讨会，进行学术交流。

受国家文物局委托，中国文物研究所开始启动全国馆藏一级文物建档备案工作，《文物档案管理办法》草拟工作同时启动。

党委召开中国文物研究所改革工作动员大会。

日本筑波大学泽田正昭教授来到中心参观，并为中意班学员举行了学术报告会。

美国盖蒂研究所的专家到培训中心参观。

培训中心参加了我国首届博物馆技术博览会，租用了展位并制作了展版。

召开文研所文化体制改革试点工作实施动员大会，吴加安所长主持，童明康副局长代表局党组做改革实施动员报告。

5月~6月　委托清华大学房屋安全鉴定室，对文研所大楼七、八层荷载超限房间进行加固处理工程设计方案和编制加固工程预算。

6月8日　国家文物局以文物博发〔2004〕35号文，下发《关于完善全国馆藏一级文物档案（纸质）备案工作的通知》，部署备案工作，并组建以荣大为为组长、侯石柱为执行组长的项目实施小组。

全国古建所长培训班第二期培训班召开。

7月　全国重点文物保护单位记录档案评估工作正式启动。

2004年非洲文物保护修复技术及管理人员培训班召开。来自非洲肯尼亚、卢旺达、安哥拉的三位学员参加培训。

国家文物局副局长童明康率博物馆司司长孟宪民、人事司副司长黄元、科技处处长姚兆到我所听取改革工作汇报。

在中央文化体制改革领导小组的统一部署下，在国家文物局党组支持下，实现人员结构调整，科研、管理队伍优化，妥善解决了转岗分流安置问题，全所提前退养、退休8人，转岗11人；同时引进了一批有活力、有潜力、有竞争力的新生力量。

7月1日~9月30日　全国重点文物保护单位记录档案项目实施小组编发《全国重点文物保护单位记录档案备案工作手册》。

8月8日~10日　全国馆藏一级文物建档备案工作项目实施小组在内蒙古自治区召开了由北京、天津等八省（自治区、直辖市）参加的首次建档备案工作会议。国家文物局派员出席会议指导工作。

8月20日　国家文物局发布《文物保护单位记录档案档号编制规则》。

8月　沈阳主持完成《里耶古城遗址保护规划》。

丁燕主持，永昕群、颜华、闫明负责完成提交了新疆昭苏修缮设计方案。

第二期古建所长班、非洲班结束培训。

国家文物局批准了"全国馆藏文物腐蚀损失调查"项目实施方案，并向各省、自治区、直辖市印发了启动项目的有关通知。

中意项目意方专家组组长 Mario Micheli 及助手 Vakalis 到达中心，开始中意项目实习阶段的教学。

乔梁受长江委规划勘测院邀请作为南水北调中线工程文物保护规划专家工作组成员赴武汉参加工作会议。

在洛阳山陕会馆实习基地举行中意项目实习阶段的

开学典礼,国家文物局领导及意大利驻华使馆代表出席典礼。

9月9日~26日　全国重点文物保护单位记录档项目实施小组赴陕西、四川等地检查、督促、指导备案工作。

9月　文研所党委办公室为开展先进性教育活动做前期准备工作。

沈阳、永昕群负责广西桂林桂海石刻保护规划。

王金华主持完成国际合作项目新疆库木吐喇千佛洞保护初步设计方案。

冯丽娟主持、葛川参加,完成内蒙大窑遗址保护规划。

根据国家文物局和水利部联合下发的《关于做好南水北调东、中线工程文物保护工作的通知》的要求,京杭运河航片遥感教研项目正式启动

全国馆藏文物腐蚀损失调查项目工作会议及数据库填报系统培训班在北京举行,来自全国各省、自治区、直辖市文物局(文化厅文物处、文管会)的31个普查单位和12个重点调查单位的100余名代表参加了会议。

意大利国家电视台的Cavazzutiandrea、Longopaplo、林静到洛阳实习基地采访考察。

长沙简牍博物馆派员来京进行走马楼三国吴简第三卷的整理工作,胡平生、李均明、刘绍刚等参与工作。

10月11日　国家文物局副局长、全国重点文物保护单位记录档案备案工作领导小组组长张柏等领导小组成员听取项目实施小组工作汇报。

10月　文研所办公大楼开始进行为期1年的整体加固、装修工程,除培训中心外,文研所所有人员搬迁至文博大厦12、13、14层临时办公。

国际广播电台记者到洛阳实习基地参观采访;洛阳电视台到实习基地参观,对项目情况进行报道。

由国家文物局主办,中国文物研究所和中华世纪坛艺术馆共同承办的"科技之光照耀不朽文明——历史文化遗产保护科学和技术成果展"在中华世纪坛开幕,反映了我国五十五年历史文化遗产保护科学与技术的飞速发展,历时一个月,共有6万人次参观。

经局党组8日研究决定,任命马清林为中国文物研究所副所长。

10月~11月　举办首届"出土文献抢救、保护、整理、研究骨干培训班"。来自全国十三个省、市、自治区的22名学员参加培训。

11月9日~12日　新中国出土墓志河北卷(一)出版,王素、任昉负责本项工作。

11月　全国馆藏一级文物档案备案工作项目实施小组在北京召开了由山东、黑龙江、新疆等20个省(自治区、直辖市)参加的第二次区域性工作情况交流会。研讨建档备案工作的行政、学术问题。国家文物局博物馆司的领导出席会议指导工作。

中国文物研究所承担的中组部《全国公开选拔领导干部考试题库》文物专业科目考试内容和试题命制工作

取得阶段性成果。

韩国国立文化财研究所建造物研究室室长裴秉宣一行四人来华,进行友好学术交流访问。

"全国馆藏文物腐蚀损失调查"项目与北京京海宇通科技发展有限公司签订销售合同,为全国31个省(自治区、直辖市)文物局配备调查用计算机设备。

由意大利非洲东方研究院、意大利图斯雅大学、中华人民共和国商务部、国家文物局组成的中意合作项目指导委员会到达洛阳,召开会议,并对三个实习工地进行了考察和评估。

在报请国家文物局机关服务中心对科研楼抢险加固工程进行政府采购同意后,21日科研楼抢险加固工程公开招标,经专家评议确定北京东洋机械建筑工程有限公司为中标单位。

吴加安等,应大韩民国国家文化财产研究所所长金奉建的邀请,赴韩国进行学术交流活动,为期5天。

被中央国家机关精神文明建设委员会评为2004年度中央国家机关精神文明单位。

11月25日~12月5日　全国重点文物保护单位记录档案建档备案工作项目实施小组和全国一级文物建档备案工作项目实施小组,联合组织人员,分五组赴山东、河南、江苏等12省、区,督促检查"两档备案"工作进展情况。

12月　意大利总统访华,在钓鱼台国宾馆接见了詹长法及中意班学员代表。

中意合作项目举行结业典礼。意大利使馆合作发展处处长Mr．Giorgio SPARACI、项目经理Micheli,联合国教科文组织代表杜晓帆,商务部陈汝华处长,国家文物局副局长董保华、劳动人事司司长黄元,中国文物研究所所长吴加安、书记葛承雍等参加了典礼。

"全国馆藏文物腐蚀损失调查"项目在南京组织召开了中期工作总结会议。项目办负责人郭宏就项目启动以来项目办公室的主要工作进行了汇报,就各调查单位任务进行情况向与会代表进行了通报。

历史照片抢救整理项目第二阶段工作完成,共抢救整理照片37000余套,新建档案1903册,并进行了数字化处理。

历代金石拓片抢救整理项目第一阶段工作基本完成,共抢救整理拓片20000余张、修复拓片2000余张,建立了所藏拓片数据库。

参加南水北调大运河流域文物保护前期勘查工程。

国家文物局局长单霁翔,副局长张柏、董保华、童明康及各司办领导到所现场办公,听取全国重点文物保护单位记录档案和全国馆藏一级文物建档备案工作汇报。单霁翔局长作重要指示,提出文物建档备案的立法、管理、宣传、基础设施建设,建立工作制度和长效机制问题。

编辑出版《文物科技研究》第二辑、《出土文献研究》第六集。

2005 年

1月16日~2月8日　全国重点文物保护单位记录档案项目实施小组出台《不可移动文物编码工作实施方案》、《记录档案备案工作教材编写方案》、《第一至四批记录档案评估工作实施方案》、《第五批记录档案评估工作实施方案》。

1月　科研楼抢险加固工程开始施工。

乔梁参加国家文物局和国务院三峡建委联合组成的三峡库区文物保护工作检查组对三峡库区2004年文物保护项目进行检查。

召开所党委会，研究先进性教育活动，成立领导小组和先进性教育办公室。

召开全所党员"保持共产党员先进性教育活动动员大会"，局督导组组长马自树、副组长王永茂、成员杨小波参加会议，马自树讲话。

召开所长办公会，研究给拉萨市捐款事宜。西藏自治区文物非常集中，文物保护工作尤为重要，文物管理局事业经费欠缺，会议同意一次性援助10万元。

1月~4月　里耶古城遗址保护工程设计，李宏松、张金风提交总体设计方案。

2月　国家文物局重点课题"中华早期文明遗存综合研究可行性重大专项"启动，乔梁任课题负责人。

李兵、刘晓、田兴玲、周霄、杨小亮参加北京红十字会义务献血活动，超额完成下达我所的指标。

单霁翔局长来文研所听取先教工作汇报，并作重要讲话。

吴加安所长及培训班学员赴意大利参加中意培训合作。

国家文物局召开"传达贯彻中央纪委第五次会议精神大会"，传达胡锦涛讲话和温家宝在国务院第三次会议上讲话。单局长关于文物局学习中央精神，开展反腐倡廉的动员报告。文化部监察局局长王哲讲话。

中意合作文物保护修复培训班学员及国家文物局、文研所领导和部分中方教员一行73人赴意大利进行考察及学术交流活动，在意大利罗马非洲和东方研究院举行报告会，意方为学员颁发结业证书，为教员和工作人员颁发纪念牌。

3月18日　国家文物局副局长张柏一行来我所调研全国重点文物保护单位记录档案备案工作项目实施情况。

3月29日　全国馆藏一级文物建档备案工作项目实施小组组织国内专家开展《一级文物藏品档案工作规范（试行）》及相关标准、《全国一级文物藏品建档备案工作'十一五'规划》、《关于全国一级文物藏品认定工作意见》和《非文物系统国有文物收藏单位文物建档备案工作情况调研报告》等四个课题的科研和起草、编制工作。

3月30日　国家文物档案库装修竣工。

3月　葛承雍书记为全所党员上题为"借鉴历史经验，经受党性锤炼"党课。同时吴加安传达中组部关于先教活动第一阶段学习回头看的明文电报内容。

在报请国家文物局机关服务中心对科研楼改造、装修工程公开招标进行政府采购获准后，科研楼改造、装修工程公开招标，经专家评议确定黑龙江国光建筑装饰工程有限公司为中标单位。

科研楼改造、装修工程施工单位开始施工。

科研楼抢险加固工程竣工，"四有"档案库改造、装修工程竣工。

39名党员到天津、塘沽进行"继承革命光荣传统，不忘却历史"主题教育，瞻仰"平津战役纪念馆"、"周邓纪念馆"及"大沽口炮台"。

中国文物研究所召开"关于共产党员先进性具体要求"全体党员大会，由葛承雍书记作动员。

召开"三八妇女节暨女共产党员先进性座谈会"，葛承雍书记和吴加安所长进行了祝贺与讲话。

荣大为副所长主持我所基建小组、办公室、财务处、科技中心与装修施工单位、监理单位三方协调会议。

中意合作故宫文物保护修复技术人员培训班开学典礼，国家文物局劳动人事司副司长黄元、商务部张朝霜处长、意大利驻华使馆公使 Raffaele Trombetta 先生、合作发展处处长 Mr. Giorgio Sparaci 先生、吴加安所长及故宫副院长晋宏逵出席典礼。

4月12日~22日　在河北省秦皇岛市举办两期全国"文物保护单位代码编制工作培训班"。国家文物局局长单霁翔重要指示，国家文物局副局长张柏出席结业仪式。

4月　由北京化工大学承担的文物腐蚀损失经济价值数学模型研究课题研讨会分别于在中国文物研究所举行。参加研讨会的专家有：谢辰生、李晓东、杨伯达、王丹华、陆寿麟、黄克忠、周宝中等。

历史照片抢救整理项目第三阶段工作与历代金石拓片抢救整理项目第二阶段工作正式启动。

国家文物局以文物博函〔2005〕443号文，批复下发中国文物研究所上报的《2005年全国馆藏一级文物建档备案工作实施方案》。国家文物局组建全国馆藏一级文物建档备案工作领导小组，童明康副局长任组长，负责全国馆藏一级文物建档备案工作的组织领导工作。

国家文物局免去吴加安中国文物研究所所长，葛承雍中国文物研究所党委书记职务，任命张廷皓为中国文物研究所所长，孟宪民为中国文物研究所党委书记。

参加国家文物局在西藏中学举办的春季运动会，我所取得团体总分第一名。

中国文物研究所被评为2004年度北京市朝阳区小关街道办事处人口与计划生育工作先进集体。

5月　国家文物局和国务院三峡建委联合发文委托我所负责三峡库区地下文物保护综合监理工作。

意大利参议院第七议会代表团一行10人来文研所培训中心参观。

中国文物研究所七十周年所庆筹备工作正式启动。

在云南省昆明市举办了"科技管理信息综合系统"软件操作培训班，组织项目专家和技术支撑单位代表对研究报告内容进行讨论。

5月~7月 《全国一级文物藏品认定工作意见》和《非文物系统国有文物收藏单位文物建档备案工作情况调研报告》课题组采用问卷调查、座谈和重点调研方式在全国范围开展调研，接受调研对象各类文物收藏单位600余个。北京、河北、四川、内蒙古和西藏等五个省文物行政部门和有关单位接受了重点调查。

6月10日 国家文物局以文物保发[2005]15号文件，下达《关于开展县（市）级以上文物保护单位代码编制工作和重新制作第1~4批全国重点文物保护单位记录档案主卷·文字卷工作的通知》。

6月 张廷皓所长与大韩民国国立文化财（文物）研究所所长金奉建，在我所培训中心会议室共同签署了《文物财研究交流协约书》。

国家文物局重点课题《中华早期文明遗存综合研究重大专项可行性报告》完成。

《全国馆藏文物腐蚀损失调查》项目"文物科技管理信息综合系统"启动。

意大利外交部合作发展司技术中心Marina Miconi教授与意方项目负责人 Mario Micheli教授到中心工作，24日，中意双方对会议内容达成共识，并签署协议，张廷皓所长与Miconi女士签署了中英文会谈纪要。

7月 培训中心詹长法、张晓彤、张可赴山西大同参加2005'云冈国际学术研讨会。

向中铁建设集团有限公司追讨科研楼工程被骗工程款一事诉讼结束。中铁建在赔偿我所全部损失136391元的基础上，请求与我所庭外和解。

项目办邀请有关专家对全国31个普查单位和12个重点调查单位分报告进行验收。召集相关专家在京参与编写总报告，并于9月4日提交总报告初稿。

文化部直属机关第二届妇女工作委员会成立大会授予财务处"巾帼建功"先进集体称号，并获荣誉证书。

8月 《出土文献研究》第七集完成组稿、结集，稿件交上海古籍出版社，并正式签订出版协议。

完成《文物科技研究》第三辑组稿、审稿、交稿工作，并与科学出版社签定出版合同。

为落实国务院副总理吴仪访问柬埔寨时承诺再帮助维修一处吴哥寺庙的指示，受国家文物局的指派以张廷皓所长为团长的中国文物代表团，于1~7日赴柬埔寨进行援柬工程二期项目的考察选点工作。拜会了APSARA局班那列局长，与柬副总理宋安阁下会谈，达成初步协议：将茶胶寺寺列为二期工程首选项目；对柬文物保护技术人员进行短期赴中国培训。

邀请古建中心所有老专家参加《中国文物研究所历年项目情况调查会》。

与北京大学考古文博学院就"中国文物研究所和北京大学文化遗产保护学高层次人才联合培养项目"合作完成计划书的起草和项目申报工作，并正式提交项目申报计划书。

召开党员大会选举产生中共中国文物研究所第二届党委委员，会议选举孟宪民为党委书记，张廷皓为党委副书记。会议议定：孟宪民主持党委全面工作，主抓组织和科技工作；张廷皓主抓纪律检查工作；荣大为主抓宣传和工青妇工作；付清远主抓统战和知识分子工作；王金华协助孟宪民主抓组织和科技工作。

9月5日~27日 全国重点文物保护单位记录档案、全国馆藏一级文物建档备案项目实施小组派员分赴河南、重庆、西藏等11省（市、自治区）检查、指导工作，协助西藏自治区完成了两档建档备案工作。

9月27日~10月7日，意大利外交部合作发展司培训项目主管Marina Miconi博士来华就中意合作二期项目的筹备事宜开展工作。

9月30日 《中国文物研究所七十年》编纂工作按照计划顺利完成合稿、送审工作。

9月 乔梁赴河南参加国家文物局组织的南水北调中线工程文物保护前期控制性项目考古发掘工地检查。

张廷皓率队参加大同云冈石窟纪念及学术大会。

国家文物局重点课题"中华早期文明遗存综合研究重大专项可行性报告"送审稿进行初审。

文物保护基础理论研究室启动编制"强所计划"。包括：中国文物研究所"十一五"发展规划暨中长期发展规划纲要(草案)、中国文物研究所科研平台运行方案和保障措施(建议稿)、中国文物研究所绩效评估考核暂行办法(建议稿)、中国文物研究所后勤社会化改革的实施方案(建议稿)、中国文物研究所规章制度汇编手册等五方面的内容。

詹长法同志参加国家文物局与日本东京文化财研究所合作开展"丝绸之路沿线文物保护人员培训项目"的会谈，之后由培训中心完成该项目的协议书草案。

意大利外交部合作发展司培训项目主管领导及中方项目负责人就二期项目计划的修改和意大利政府赠款项目等事宜进行商谈 。

参加西安"大遗址保护论谈会"。

《文物档案管理办法》报审稿正式上报国家文物局。

（截止日期： 2005年9月30日）

中国文物研究所职工名录

（按姓氏汉语拼音排序）

在职职工

步晓红	常 飞	陈超平	陈 青	陈 秀	邓文宽	丁 燕
杜晓帆	冯丽娟	冯耀川	付清远	付红领	高 峰	葛 川
葛琴雅	宫建杰	顾 军	何 流	赫俊红	侯石柱	胡平生
胡 源	黄 彬	黄田帛	嵇益民	贾永红	瞿亚平	李 兵
李 戈	李宏松	李均明	李雅君	理 炎	梁宏刚	刘爱河
刘 刚	刘 江	刘 军	刘兰华	刘绍刚	刘维平	刘小兰
刘 晓	刘意鸥	刘志雄	刘忠平	鲁 民	罗来营	马菁毓
马清林	孟宪民	苗清林	彭跃辉	乔 梁	任 昉	荣大为
尚利成	沈大娲	沈 阳	宋 燕	孙延忠	田兴玲	王金华
王 磊	王 素	王小梅	王 昕	王雪莹	王云峰	王志良
肖 东	谢 顺	邢淑琴	闫 明	颜 华	杨朝权	杨 琳
杨 淼	杨树森	杨小亮	杨 新	杨招君	殷新杰	永昕群
于 冰	袁毓杰	岳志勇	查 群	詹长法	张兵峰	张金凤
张金容	张 可	张立国	张庆华	张秋艳	张廷皓	张晓彤
张治国	赵桂芳	郑一萍	郑芝梅	郑子良	周保华	周 霄

离退休职工

白素琴	鲍 勇	步连生	蔡 润	蔡学昌	崔晓麟	崔兆忠
杜仙洲	高念祖	郭竹云	胡继高	胡 骏	华芝芳	黄景略
黄克忠	嵇沪民	贾克俭	贾瑞广	姜怀英	景 爱	孔祥珍
李秀清	李育成	李竹君	梁 超	刘启益	刘 逊	刘育玲
盛永华	施子龙	宋森才	王碧云	王丹华	王去非	王世襄
王 真	王中年	吴九龙	吴树真	吴铁梅	徐毓明	杨玉柱
叶学明	于和宽	余鸣谦	张道承	张 放	张 进	张书礼
张燕英	张之平					

已故职工 *

陈连瑞	陈效先	陈裕如	邓鸣胜	董裕库	韩仲民	何国基
何云祥	姜佩文	姜锡爵	金荣	荆惕华	黎辉	李春长
李宽	李淑其	李宗文	刘醒民	路鉴堂	门玉华	南峰
祁英涛	沈宝安	司惠泉	苏香厂	唐群芳	汪德庆	王家琦
王丽英	王振铎	夏纬寿	谢元璐	杨德山	杨烈	于豪亮
俞同奎	袁钟山	张振英	赵杰	朱希元	曾权	

* 此名单不包括调离后去世人员。

曾经在我所工作过的部分人员

白明仁	蔡宁	蔡青山	曹勇	陈长龄	陈国莹	陈继宗
陈军科	陈岩	陈颖敏	陈中行	崔淑贞	邓景安	丁军军
段彦文	冯经湖	冯屏	冯学芬	高凤岐	高洪莉	葛承雍
郭旺	郭旃	何凤兰	和良弼	侯治国	侯宗彦	侯作计
纪思	贾金锋	江淑娟	姜晓冬	蒋湉	金豫震	井庆升
孔德垞	雷从云	李方岚	李方	李化元	李惠岩	李良姣
李培松	李全庆	李向平	李新伟	李杏	李勋仕	李英华
李永奎	李玉来	李哲元	连劭明	廖英	廖泳庠	林梅村
林小安	刘芳	刘敏	刘慕三	刘廷三	刘金友	刘世厚
刘燕文	鲁秀芳	陆寿麟	路凤台	吕俊岭	律鸿年	罗歌
罗杨	罗哲文	马恩田	马衡	蒙淑云	孟繁兴	苗建民
莫涛	祁建克	乔人	秦秀云	钱光依	邱百明	单少康
舒永泰	孙培欣	孙铁宗	唐在瑛	陶宗震	田鸿英	田楠
佟泽泉	王从干	王东明	王辉	王惠林	王俊启	王木楠
王汝蕙	王月亭	王允丽	王哲	王仲杰	吴加安	奚三彩
谢方开	徐海	徐涓涓	许言	杨晶	杨永秀	杨泽民
杨占庭	于采苣	于承续	于倬云	俞明	岳瑾瑜	臧华云
张阿祥	张崇德	张凤山	张金福	张金祥	张思信	张贻义
张羽新	张逊	张智	张中义	赵超	赵冬生	赵林贵
赵溥芹	赵小彭	赵志军	赵仲华	郑军	钟德旺	朱介夫
朱有朋	朱月美	庄敏				

严林　张引国　樊志民
陈秀　　邢淑琴　闫志玲　陶　　杨小松　冯跃川
李　　　　任昉　　　刘层河　邓寅
　　　　　陈超华　谢顺　李柒　孟宪武
　　陈青　周　　　　　　　查群
　　　　王令华　刘张兵峰
沈　　　袁航杰　郭胡赵永辉
黄于冰　刘玉平　瞿炎
永昕群梦郭宏　刘延德　之明
　　　　蒋俊红赞　　　张晓彬
程必年　丁燕永　我　王之峰
张秋华　　　　　王志良
严新忠　闫明　　　　刘志雄

后　记

　　2005年，是中国文物研究所成立七十周年。在中国文物研究所成立七十周年之际编一本全面回顾、总结、展示、宣传中国文物研究所的书，是每一位中国文物研究所人的心愿。

　　中国文物研究所七十年历程，本身就是一部中国近现代古代建筑与文物研究、保护、修复史。中国文物研究所的事业自始与中国五千年文化遗产的命运息息相关。中国文物研究所初创时期，中国文物研究所的老一辈专家，当时还是二十多岁的青春少年，就义无反顾地投身于文化遗产保护这一艰辛而神圣的事业中来，其间经历了日寇入侵、新中国建立的大悲大喜与"十年动乱"的跌宕沉浮而矢志不移，直至今天已是年逾八旬、白发苍苍的长者，仍旧在为文物保护事业奔波呼号。中国文物研究所人用自己的汗水与生命写就了中国文物研究所的历史。置身于这一伟大的历史进程中，任何个人的悲欢荣辱、恩怨得失都显得那样微不足道，一座座至今屹立的古代建筑与历史文物都是中国文物研究所人的无字丰碑。

　　编写《中国文物研究所七十年》的任务于2005年5月中旬下达，而经费落实到位、工作全面启动是在6月上旬。荣大为副所长主抓此项工作，11月份出书是他和编纂组立下的军令状。究竟应该怎样创编这部所史，又怎样才能详简得当、严谨而又生动地展现出中国文物研究所的概貌？我们考量再三，终于决定采用画报式图文并茂的表现形式，让原始资料现身说法。使这部所史尽可能展示每一位参加者的工作与贡献。尽量使每一位中国文物研究所人都能从中找到自己的名字，都能饶有兴趣地与我们的前辈对话、与自己对话。这是一个充满挑战、充满艰难的创编方案，几乎所有中国文物研究所人都为之付出了极大的努力。本书展现的大量原始资料来源于中国文物研究所藏历史档案及兄弟单位尤其是北京市档案馆的珍藏，以及与中国文物研究所相关的新、老同志及家属的珍藏。书中珍贵的原始资料（含照片）很大部分系首次披露，这是敬请读者特别关注的。

　　当这部书即将结稿之际，在筹划、调研、采访、征集、考证、撰写、编辑、设计各环节中给予我们真诚帮助、并付出艰苦劳动的前辈与朋友们的身影——浮现在我们眼前。我们衷心感谢北京档案馆及刘苏、王兰顺先生在查阅收集原始资料时给予的无私支持与帮助；衷心感谢林是镇先生的后人，已年逾古稀的林涛、林宁先生给我们讲述新中国北京市政府给林是镇先生落实政策的动人史实，并提供宝贵的历史资料；衷心感谢文物资料信息中心特聘专家、国家图书馆著名版本学家丁瑜先生解决了本书资料收集中的重要难题；衷心感谢已离所30余年、年逾八旬的纪思先生以及前辈陆寿麟、佟泽泉诸先生对所史作出的校正与重要补充；衷心感谢我所已故去的老领导及职工王书庄、姜锡爵、王辉、韩仲民、陈明达、刘敏、张振英家属提供的珍贵资料；衷心感谢北京市建筑设计研究院《建筑创作》杂志社金磊、刘锦标先生和新华社著名记者、《城记》作者王军先生给予的无私支持与帮助；衷心感谢我

所老一辈文物专家王世襄、罗哲文、杜仙洲、余鸣谦和学界前辈宿白、谢辰生先生对所史编写的大力支持，并题词留念；衷心感谢梁超先生，把与杨烈先生共同保存多年的《中国文物研究所大事记》提供给编纂组，解救了编纂工作的燃眉之急。对所史编撰帮助尤大的还有贾瑞广、徐毓明、王去非、李竹君等先生，贾瑞广先生说："编撰所史是我多年未了的心愿，就是不给任何报酬我也干。"令人感动不已；衷心感谢编纂组特聘专家刘季人、温玉清两位先生，他们分别对历史档案的整理与所史文字的撰写倾心贡献了他们丰厚的学识与研究成果；衷心感谢版式设计蔡明恕、鲍勇先生，正是他们的创造性劳动才使得书稿如此赏心悦目；感谢打字员罗婷婷小姐，她能把改划极乱的底稿快速而准确无误地打成清样，功不可没。至于我所自最高领导至年轻同志对编纂组工作给予的理解与竭尽全力的支持帮助，由于是自家人做自家事，说感谢倒有些见外了；不过我们还是要表达我们内心的感动，家和万事兴，我们从编书这件小事感到了温暖和慰藉。我们应该感谢的人还有很多，由于篇幅所限，恕不一一列举。

当编纂组在预定时间内将这部书呈现给大家的时候，我们的内心依然充满了未尽其责的惶恐和力不从心的遗憾。还请大家怀着宽容与关爱之心，原谅它的筹划不周、表现不当、甚至挂一漏万，原谅它的疏失与谬误。因为这毕竟是编纂组在极短的时间内所作的一次大胆尝试，今后补充、完善、修改它的机会还很多。编纂组将认真听取各方意见，虚心接受批评、指正，把所史研究工作继续下去，以不辜负大家的期望。

中国文物研究所从事的事业是伟大的事业，中国文物研究所七十年历史是一部光荣的历史。我们作为她的一员，感到无比自豪、无比荣耀。如果您能驻目细读这部书并有所同感，那将是对我们最大的褒奖与鼓励。

《中国文物研究所七十年》编纂组

2005 年 10 月

题　签：启　功

装帧设计：蔡明恕
责任印制：王少华
责任编辑：张广然

图书在版编目（CIP）数据

中国文物研究所七十年／中国文物研究所编．—北京：
文物出版社，2005.11
ISBN 7-5010-1819-7

Ⅰ.中…　Ⅱ.中…　Ⅲ.文物—研究所—概况—中国
Ⅳ.K87

中国版本图书馆 CIP 数据核字（2005）第 126632 号

中国文物研究所七十年

中国文物研究所　编

*

文物出版社出版发行

北京五四大街 29 号

http://www.wenwu.com

E-mail：web@wenwu.com

北京燕泰美术制版印刷有限责任公司印刷

新华书店经销

889×1194毫米　1/16　印张：21.5

2005 年 11 月第一版　2005 年 11 月第一次印刷

ISBN 7-5010-1819-7/K·964　定价：260.00 元